精致教育

建构全面育人体系

林华庆　田飞虎　编著

暨南大學出版社
JINAN UNIVERSITY PRESS

中国·广州

图书在版编目（CIP）数据

精致教育：建构全面育人体系/林华庆，田飞虎编著.—广州：暨南大学出版社，2022.6

ISBN 978-7-5668-3400-3

Ⅰ.①精… Ⅱ.①林… ②田… Ⅲ.①中学—课程改革—研究—广州 Ⅳ.①G632.3

中国版本图书馆CIP数据核字（2022）第068631号

精致教育：建构全面育人体系

JINGZHI JIAOYU：JIANGOU QUANMIAN YUREN TIXI

编著者：林华庆　田飞虎

出 版 人： 张晋升
策划编辑： 高　婷
责任编辑： 苏　洁　王燕丽
责任校对： 孙劭贤　林玉翠　黄晓佳
责任印制： 周一丹　郑玉婷

出版发行： 暨南大学出版社（511443）
电　　话： 总编室（8620）37332601
营销部（8620）37332680　37332681　37332682　37332683
传　　真：（8620）37332660（办公室）　37332684（营销部）
网　　址： http：//www.jnupress.com
排　　版： 广州市天河星辰文化发展部照排中心
印　　刷： 佛山市浩文彩色印刷有限公司
开　　本： 787mm×1092mm　1/16
印　　张： 16
字　　数： 390千
版　　次： 2022年6月第1版
印　　次： 2022年6月第1次
定　　价： 64.80元

序　言

作为一所分校，湛江二中港城中学虽然只有十多年的办学历史，却传承了拥有百年办学历史的老学校——湛江市第二中学的文化精髓，既继承了老二中“尊师重道、因材施教”的校训之华，又发扬了新二中“爱国敬业、求实创新”的校训之光。

学校结合实际，创新发展，以“修品行、善学习、强体魄、美志趣、树理想、敢担当”为学生发展目标，围绕“立德树人”教育根本任务，以“追求精致、臻于至善”为宗旨、以“乐学善教、合作探究”为导向，致力于提升师生综合素养，努力探索新时代五育并举的教育教学发展之路，提出并践行基于核心素养的精致教育。

“精致”，从字面上理解是“精到极致”，着眼于教育的目标精准科学、内容精当合理和方法精巧高效。我们推行的精致教育，就是围绕“立德树人”教育根本任务，以“为党育人、为国育才”作为教育者的初心使命，对照发展学生核心素养的要求，高质量培养全面发展的人。

精致教育立足于新时代，对焦于高品质，着力于师生成长，探索和建构符合学校实际的全面育人体系。精致教育从五个维度推进：一是探索以“精致课堂”为核心的“精致教学”，二是建构以“三项六阶”为抓手的“精致德育”，三是打造“社团活动”等多种形式的“精致活动”，四是开展以“问题研究”为导向的“精致教研”，五是实施凸显以“责任担当”为主体意识的“精致管理”。

在精致教育理念引导下，我们通过设在本校的十多个省、市“三名”（名校长、名班主任、名教师）工作室的示范带动，推广学校在有效德育、高效课堂、教学改革、学校管理、文化建设、教师专业成长、教育教学增效、核心素养提升等方面的做法和经验，带动了大批骨干教师的成长。

在精致教育的实践中，我们以建立精致学校为目标，全校一心，聚焦于“精致”二字，形成了“人人学精致、人人谈精致、人人参与精致、人人实践精致、人人研究精致”的良好局面，师生的精气神发生了巨大的变化，教育教学成果显著，促进了学校的发展。

作为湛江市德育示范学校，学校德育方面的“三项六阶层进：家校互动教育之亲子教育的实践教育案例”入选广东省“家庭教育指导品牌项目”，被评为首批“全国家庭教育创新实践基地”；教学改革省级课题“‘三环五步’精致课堂教学模式研究”获评湛江市基础教育教科研成果一等奖，学校成为“湛江市学科教研基地”中心学校；社团文化方面，“本土文化特色——版画和版画藏书票特色发展项目”获评广东省特色教育成果二等奖，获授牌“广东省版画特色学校”，学校还被评为“广东省首批优秀传统文化传承学校”“广东省艺术特色学校”，2021 年被评为新一批的“全国中小学优秀传统文化传承学校”。

教育需要传承，成长需要帮扶。为更好地向全市及市外推广经验，发挥辐射作用，我们在对精致教育进行探索与总结的基础上，提出了具有鲜明特色的精致教育育人体系，编成本书。正所谓守正笃实，久久为功，聚沙成塔，集腋成裘，为新时代教育抛砖引玉，也为同行借鉴。

一本著作的完成需要很多人的默默奉献，本书编委涵盖了学校各个部门，精致教学部分由田飞虎、林冠佳编写，精致教研部分由尤小蓉、许骥腾编写，精致德育部分由王海波编写，精致社团部分由许瑞恩、陈丽娜、殷志伟、黄江编写，精致管理部分由林华庆、王海波编写，全书由田飞虎设计统稿、林华庆审定。本书凝聚了同事们辛勤的劳动和汗水，是集体智慧的结晶。

谨以"'精致教育'情怀"为题，赋诗一首以志：

育苗精致花开艳，为党培才责在肩。
"三项六阶"扬美德，"三环五步"显能贤。
春风化雨情怀健，学业求精素养全。
使命初心当谨记，复兴路上绘鸿篇！

林华庆
写于 2022 年 4 月

目录

Contents

序　言 …… 001

第一部分 精致教学

第一章　实施策略 …… 002
　第一节　精致教学"三五"特征 …… 002
　第二节　精致教学基本环节实施原则 …… 005
　第三节　精致教学课堂操作模式 …… 008
　第四节　精致教学教案编写使用 …… 012
　第五节　精致教学课堂组织 …… 017

第二章　教学案例 …… 022
　第一节　精致教学教案编写 …… 022
　第二节　课堂实录 …… 030

第三章　资料选编 …… 046
　第一节　"精致课堂"教学改革报道 …… 046
　第二节　林校长讲备考 …… 051

第二部分 精致教研

第一章　实施策略 …… 056
　第一节　精致教研阐述 …… 056
　第二节　精致教研实施 …… 061

第二章　教研案例 …… 070
　第一节　集体备课案例 …… 070
　第二节　"五课"评课案例 …… 079
　第三节　专题研究案例 …… 085

第三章 资料选编 …… 100
第一节 跟岗学习方案 …… 100
第二节 林校长讲教研 …… 104

第三部分 精致德育

第一章 实施策略 …… 110
第一节 精致德育阐述 …… 110
第二节 精致德育实施 …… 111

第二章 德育案例 …… 115
第一节 学生管理：构建初中学生文明素养养成体系 …… 115
第二节 班级建设：打造特色班级文化 …… 124
第三节 家校联动：提升家庭教育指导力 …… 130
第四节 社会实践：扩大社区辐射力 …… 135

第三章 资料选编 …… 143
第一节 主题班会课优秀教案 …… 143
第二节 家长学校教案 …… 147
第三节 亲子活动优秀案例 …… 153
第四节 家校共育 …… 158

第四部分 精致社团

第一章 实施策略 …… 170
第一节 精致社团阐述 …… 170
第二节 精致社团实施 …… 170

第二章 社团活动案例 …… 174
第一节 社团活动 …… 174
第二节 社团文化节 …… 179
第三节 社团活动方案（部分） …… 182

第三章 资料选编 …… 184
第一节 林校长讲社团 …… 184
第二节 其他活动（节选） …… 189

第五部分 精致管理

第一章 实施策略 …… 194

第一节 “精致教育”理念的提出 …… 194

第二节 以“精致教育”理念为核心开展课题研究 …… 194

第三节 “精致教育”全面育人体系的构建 …… 195

第四节 打造“名师工程”，唱响“精致教育”品牌 …… 197

第二章 管理制度 …… 198

第一节 精致教学管理制度 …… 198

第二节 精致教研管理制度 …… 203

第三节 精致德育管理制度 …… 205

第四节 精致社团管理制度 …… 208

第三章 资料选编 …… 215

第一节 规划报告 …… 215

第二节 林校长讲管理 …… 227

附 录

基于核心素养下的“精致教育”实践与研究 …… 238

第一部分　精致教学

第一章　实施策略

精致教学在实践中经过不断探索、完善、总结，在当前可概括为“‘三五’特征和‘三五三’模式”，即“双三五”精致教学模式。

“三五”特征指“三个维度”：教学主题精炼深刻、教学内容精当合理、教学方法精巧有效；“五个意识”：目标意识、主体意识、问题意识、模式意识、落实意识。

“三五三”模式指“三个环节”：确定目标、当堂自学、适当讲练；“五个步骤”：预习反馈—呈现目标—自学讨论—展示提升—检测巩固；“三种课型”：新授课、复习课、讲评课。

“三五”特征是精致教学的内在要求，是培养学生核心素养、实现高效课堂的保证，它贯穿于精致教学全过程。“三个环节”是精致教学组织的基本结构，“五个步骤”是落实“三个环节”的操作过程，是精致教学的外在表现形式。“三五”特征和“三五三”模式是互为表里的关系，不能把两者分离开来。

第一节　精致教学“三五”特征

一、三个维度

精致理论认为，提高常态课的精致程度，必须在教学主题的提炼上体现精炼深刻，在教学内容的整合上体现精当合理，在教学方法的设计上体现精巧有效，做到用最少的时间使大多数学生获得最佳的学习体验、最大的进步与发展，实现课堂教学效益最大化。

教学主题精炼深刻、教学内容精当合理、教学方法精巧有效，既是精致教学的“三个维度”，也是构建精致课堂的三大支柱。

1. 教学主题精炼深刻

这里是对教学目标的确定。一节课达到的目的一定要具体、得当，切合实际，讲求“一课一得”“得得相联”。

评价标准：

（1）教学定位是否恰当（符合大多数学生实际）；

（2）教学目标是否明确并加以呈现；

（3）重难点教学是否有效；

（4）思想方法的渗透是否切合实际；

（5）三维目标是否融合。

2. 教学内容精当合理

这里是指“讲什么”“讲多少”的问题，要求“少而精”。

评价标准：

（1）理解是否准确；

（2）整合是否得当；

（3）重点的教学是否到位，难点的教学是否有突破；

（4）拓展是否适中。

3. 教学方法精巧效

精致教学追求的教学方法是简约、实用。

评价标准：

（1）能否引导学生自主学习；

（2）能否落实课堂训练；

（3）能否激活学生思维（设问技巧）；

（4）选择的教法是否恰当；

（5）多媒体、板书等辅助是否适度。

二、五个意识

“五个意识”是三个维度在课堂教学中的五个着力点，是实现精致教学的核心要素。

（一）目标意识

目标是一节课要完成的任务和达到的结果。这个目标对于教者叫“教学目标”，对于学者叫“学习目标”。它不仅是教学活动的出发点，更是教学活动的归宿点。

目标意识是实现高效课堂的先决条件之一。在教学过程中，它要体现以下五个要素：

1. 目标始终呈现

课堂教学要呈现目标，而且目标自始至终都要呈现出来，这是精致教学的一个突出特点。教学目标不仅教师要知道，学生也要知道。因为从根本上讲，教学是让学生掌握知识、解决问题。

2. 目标清晰、具体

一要区分“三个维度”与“三种目标”。三个维度不是三个目标，不是三件事，而是一个目标的三个维度，贯穿在教学的各个环节当中。二要表述清晰，具有可操作性，一般多用行为动词、动宾结构的句式。例如复习课学习目标的基本表述模式：复习巩固……，熟练掌握（计算出）……；运用……，体会……等。

3. 目标适度

提倡“一课一得”“得得相联”。一个课时的学习目标不宜太多，一般以 2 个左右为宜，不应超过 3 个。否则，学习目标的知识点梳理得过于详尽，以知识点代替目标，会导致知识点零碎分散且目标不够明确，容易造成学生心理上的压力，削弱学习效果。

4. 目标有层次性

一是目标要体现知识的层次性（由浅入深、由易到难）；二是对不同程度的学生要求不同，一个年级有不同层次的班级，一个班又有不同层次的学生，要因人而异。

5. 目标考虑预设性与生成性的有机统一

教学目标是教师在课前拟定的，但在实际的教学过程中，有教师和学生情感、智慧、思维和精力的投入，有互动的过程，并不一定与预设的学生学习状况完全吻合，会偏离教师课前拟定的目标，这种教学中的不确定性产生课堂资源的生成性。因此，教师应根据具体情况适时进行调整，使课堂的生成性资源更好地为预设目标服务，增强课堂教学的实效性。

（二）主体意识

主体意识就是学生意识。一切活动的设计都要围绕着学生进行，以学定教、以生定教。

1. 在时间分配上，以学生活动为主

一节课教师讲解不得超过20分钟，以10～15分钟为宜，而且随着学生自学能力的增强讲解时间还要逐渐减少，以保证学生思考、活动的时间。

2. 充分体现“学生是主体，教师是主导”

一节课要让学生去思考、让学生去讨论、让学生去总结、让学生去训练，这样才叫“以学生为主体”；教师的主导性体现在课堂的谋划、组织，要退在幕后，少讲、精讲、恰到好处地讲。

3. 保护学生的学习积极性

学生的主体意识还要体现在备课、教学、辅导、作业、考试等诸多环节当中。平时的作业要难易适中，让不同程度的学生都能有题可做；考试题目不要太难，让绝大多数学生能及格；改卷也要处理好严格与激励的关系，“使大多数学生获得最佳的学习体验、最大的进步与发展”。

（三）问题意识

问题是教学设计的灵魂，也是培养学生自主学习能力的关键。一节好的课，首先体现在问题的设计与处理上面。设计课堂问题的基本要求：

1. 准确理解问题的内涵

一是教师围绕教学目标（知识、能力和情感）在课前预设的问题；二是在实践教学过程中通过学习生成的问题。

2. 问题的设计有思维性

问题要能带给学生足够的思考，并能推动学生进行深层次的思考，让学生成为一个“发现者”“探索者”，而不是简单的知识问答者。

3. 问题的设计具体、有启发性

问题不能太空太大，要善于从不同的角度切入，能引发学生思考。

4. 问题的设计立足于学生的生活体验

问题要能引起学生的情感共鸣，激发学生的学习愿望与热情。

5. 问题的设计适量

问题的设计在于质量而不是数量。一节课40分钟，设计两三个宜于学生探讨的问题即可。

（四）模式意识

模式意识是指课堂教学要讲究方法，不同的模式就是不同的“法”。

1. 模式的意义

模式是课堂教学规律的直观反映，是抽象理论、经验与智慧的结晶。模式的意义既是我们的教学行为的一种规范、指导，也是追求更高层次的重要途径。只有先通过

"有法"才有可能达到"无法"。

2. 模式的作用与个人素质相关

模式能发挥多少作用，离不开执教者个人的素质，离不开执教者的基本功。知识广博、功底深厚是硬道理。为有源头活水来，不能片面地追求模式。

3. 熟悉并运用精致教学模式

"三环五步"是精致课堂教学模式，在教学过程中，要体现出"三个维度""五个意识"。

（五）落实意识

落实意识体现在备课、教学、作业、辅导、考试等各个环节当中。

1. 在课堂上落实

一节课当中要留给学生消化、巩固的时间和内容，反对"满堂灌"，力求"堂堂清"。

2. 在作业布置上落实

推行作业校本化制度。课外作业由备课组审定，实行三级管理：备课组每周作业提前一周上传，出题者签名、备课组长签名、年级负责人签名，最后由各年级负责人统一交教导处审核备存（建立题库）。作业分"必做"和"选做"部分，其中列为必做的作业原则上必须全批全改。

3. 在学习习惯上落实

落实《湛江二中港城中学优秀学生 20 个学习生活好习惯》，抓好"三本两清"（笔记本、错题本、作业本，日日清、周周清）。

第二节　精致教学基本环节实施原则

精致教学"三环五步"模式中的"三环"指确定目标、当堂自学、适当讲练三个基本环节，它是精致教学组织的基本结构，在教学中要体现以下原则：

一、"确定目标"的实施原则

目标就是一节课要完成的任务和达到的结果。这个目标对于教者叫"教学目标"，对于学者叫"学习目标"。

1. 科学性

学习目标的设定要符合新课程标准的总体要求和教材的具体要求，不能随意拔高或降低知识点的层级要求；同时要通过提炼整合，由知识上升到能力，融入情感体验。

2. 规范性

学习目标必须以动宾结构的句式加以呈现，动词注意多选用能够观察和测量的行为动词，少用表述人的心理状态的动词。

3. 适度性

提倡"一课一得""得得相联"。一个课时的学习目标不宜太多，一般以 2 个左右为宜，不应超过 3 个。

4. 持久性

学习目标要以适当的方式始终呈现在课堂上，以此在学生头脑中形成刺激源，有助于强化师生的目标意识。也可以在呈现学习目标后，让学生齐读一遍或对目标中的关键词语进行解释，这些都是教学效果比较好的细节呈现。

5. 层次性

一是目标要体现知识的层次性（由浅入深、由易到难）；二是对不同程度的学生要求不同，虽然教材是相同的，但要因人而异，人始终是个变量。

6. 全面性

新授课、实验课、练习课、复习课、讲评课等课型都要设定并呈现学习目标。

二、“当堂自学”的实施原则

实现当堂自学高效的前提是对学生自学指导的科学设计。

1. 规范性

自学指导的设计必须融合自学内容、自学方法和基本事件三项内容。预留的时间必须足够让学生完成自学任务。课堂自学应包括学生自主学习和讨论交流两个阶段。在学生自主学习阶段，教师要尽量减少干扰而侧重学法指导；在讨论交流阶段，教师要注重学生的思维过程，注意发现问题、捕捉“闪光点”。

2. 适度性

一节课里自学和讨论的安排一般不超过 3 次（或 3 个场次）；每次设置问题不超过 3 个，每次原则上只提出 1 个问题。

3. 达标性

无论采用何种方式组织自学，都必须为达成学习目标和培养学生的学习能力服务，不宜为了活跃课堂气氛而降低应达成的目标和教学的要求。

4. 层次性

自学必须结合学习目标的呈现有层次地进行，以有利于调控课堂教学节奏，不宜将所有自学内容集中在一次完成。

5. 灵活性

同一课时、同一教学内容的自学指导应根据不同学情和不同教师而有不同要求，备课组不强求统一；一节课中，有些教学内容的学习需通过自学实施，有些则根据难度和教学主题的实际情况来确定是否由教师讲授。

三、“适当讲练”的实施原则

适当讲练就是针对学生在展示和检测过程中存在的问题相机点拨和讲解。适当讲练的关键在于讲练结合的适当，要处理好四个问题：“讲什么”“怎么讲”“练什么”“怎么练”。从类别来看，“讲什么”和“练什么”属于内容范畴，要求围绕教学目标，按照效益最大化的要求明确重点讲和练的内容，以此研究教材，把握重点与难点；“怎么讲”和“怎么练”属于方法范畴，是指在确定讲和练的内容后，教师所运用的旨在使学生夯实基础、活跃思维的方法或方式。

（一）“讲什么”与“怎么讲”的原则

1. “讲什么”的原则

（1）依纲靠本、突出重点。围绕教学目标，根据课程标准的目标要求，确定需要讲清讲透的核心目标所涉及的重难点。这部分内容要求讲授到位，确保学生能够抓住关键，强化对主干知识的理解。

（2）普遍性。学生在自学、练习或作业中反映出来普遍存在的知识疑难，包括解题思路、方法、技巧等，也是教师必须要讲的内容。这些问题一般是在知识转化为能力的过程中表现出来的，需要教师用心观察，仔细分析。

（3）适度性。讲授需依照课程标准，避免教学缺失和过度教学。①教学缺失。教学缺失的一个集中体现是用貌似热闹的学生自主学习来掩盖作为教学主导力量的教师在教学上存在的问题。包括：教学数量不足，内容过于单薄，学生普遍有“吃不饱”的感觉。教学强度不够，在需要强化讲授或强化训练的地方，其强度不到位。教学智慧不够，教师的学科知识结构、课堂活动设计、学科思维、课堂管控和教法运用缺少整体筹划和把握能力。新授课尤其要注意这个问题。②过度教学。过度教学多指教学数量过多以及教学和训练强度过大。教学数量过多，单位教学时间所涉及的教学内容过多过杂，学生普遍有“吃不了”的感觉。包括：教学强度过大，教师的课堂讲授密度过大，教学引申的宽度和深度过宽过深，学生课内课外用于训练的时间过长（拖堂也是过度教学的一种表现），所涉及的训练内容数量过多、难度过大。

2. “怎么讲”的原则

以学生为主体，教师为主导。怎么讲本质上要解决“详讲”“略讲”或“不讲”的问题。教材中的重点、难点以及学生自学或作业中普遍存在的知识疑难，要详讲；为讲授重点内容而提前做铺垫或辅助的内容，要略讲；学生发挥自主学习的能动性，借助自学指导能理解的内容，教师应不讲或点到为止。

人文学科教材中的字词、注释、时间、地点等内容可以不讲或点到为止；自然学科教材中的定义、单位、人物等内容可一带而过。

（二）“练什么”与“怎么练”的原则

1. “练什么”的原则

（1）针对性。练习的内容要有针对性，对重点内容进行训练，对容易疏忽的知识进行训练，对难以理解透彻的内容进行训练，对核心知识的能力转化进行训练。另外，练习的对象也要有针对性，应根据各种不同层次学生的特点，设计不同层次的练习，以利于因材施教，让每一个学生都能参与到学习活动中，从而得到不同的发展和提高，体验学习的成功与快乐。

（2）有效性。靠大量的、机械的反复做题让学生掌握知识的练习不是有效练习，只让学生掌握知识而忽视学生能力发展的练习也不是有效练习。有效练习在设计时应具有全面性、层次性、应用性，让学生通过练习真正达到掌握知识、形成技能、培养能力、发展智力的目的。

2. “怎么练”的原则

从练的时间频度上来看，要解决“及时练”“反复练”的问题；从练的方式上来看，要解决“口头练”“书面练”的问题；从练的方法上来看，要解决用什么题型练的问题。

学科不同，其教学目标和教学内容就不同，知识应用的范围和方式也不尽相同，因而训练的方法就不相同。自然学科的知识技能一般是概念、定理、学科思想方法、规律及其运用，体现在“练”上，做习题就成了最主要、最直接的方式。所以，自然学科的“练”要围绕两个原则展开。

（1）及时性。对于新课而言，在讲完教材中的一个重点难点内容后，应紧跟着设置1～2道练习题，以便及时帮助学生将理论知识转化为解决实际问题的能力。因为是刚接受的知识，所以及时练的题要紧扣新知，紧靠知识点，以难易适度的基础题为宜，让学生直接运用知识就能思考出答案。

（2）渐进性。自然学科新授课的练习应当以基础为主，突出基础知识、基本规律、基本技能；而习题课的练习应当在归纳、比较、整理、总结的基础上，突出变式性、滚动性、梯度性，以综合性练习或题组的形式给出，以达到提高的效果。

第三节 精致教学课堂操作模式

精致教学基本环节操作模式分“三种课型”“五个步骤”，“三种课型”为新授课、复习课、讲评课，“五个步骤”在三种课型中基本相同。

一、精致教学之新授课的实施

五个步骤：预习反馈—呈现目标—自学讨论—展示提升—检测巩固。

1. 预习反馈（3分钟）

通过学生课前的自主学习达到三个目的：一是初步了解新课所学的内容，巩固在新课中解决问题所运用到的知识点，为学生顺利完成本节课的任务扫清知识上的障碍；二是通过与学生交流得到预习情况的反馈，获悉难点和疑问，把握学情，明确本节课的学习目标，生成本课的重点、难点及初步达成的目标，确定教学指导方法；三是培养学生构建知识、储备和搜集信息的能力。

课前预习是当堂自学和展示的基础，是课堂顺利进行的前提和保障，也是决定课堂效益的关键。对教材预习越充分，对自读设计越熟悉，课堂效果就越好。教师要指导学生认真钻研教材，查阅相关材料，静心思考课本内容，在此基础上基本完成自读设计的内容，并带着问题和思考进入课堂。

预习反馈的形式可以是小组长检查，可以是学生举手回答，也可以是教师根据课前检查情况直接说明。教师应对预习环节做得好的个人和小组予以及时评价。

2. 呈现目标（1分钟）

在预习反馈的基础上，明确本节课的学习目标和重难点（有预设的，也可能有生成的），提倡“一课一得”。一个课时的学习目标不宜太多，一般以2个左右为宜，不应超过3个。

目标在各个学习环节都要紧扣，自始至终呈现出来，让学生在课堂上全力以赴、积极思考、迅速行动，没有一丝一毫的注意力游离于课堂之外。课堂结束时，教师再引导学生对照学习目标，对重要知识加以强化和落实。

呈现的目标要具有科学性、规范性、适度性、持久性、层次性和全面性。

3. 自学讨论（10～12 分钟）

本步骤分自主学习和交流讨论两个阶段。在自学讨论前教师将学习任务平均分配到小组内，一般每组完成 1～2 项即可。如果任务较多，小组长负责再将任务分给组员，组员分工合作，分配原则一般是：中下游学生讲解、分析，优生点评、拓展。需要注意：①各组任务尽可能均衡，每个小组分配任务的多少应根据题目的难易来确定，如果此题目有不同的做法，或能够根据此题目进行拓展或延伸，或能够进行变式训练，一般是两组分一道题目，如果题目涉及的知识点较少，规律和方法较少，则一组分一道题目；②明确完成任务所需的时间，有时间限制，学生就会有紧张感，避免拖拉的毛病。教师则根据各组完成任务的快慢、质量的高低打分。

自主学习有三个层次要求：一是完成自读设计上教师预设的问题，了解学习文本的主要知识点、需要掌握的知识、考查的技能等；二是对自读设计中涉及的问题进行质疑，提出自己的问题，对未涉及的问题要进行补充；三是敢于质疑书本中既成的事实和结论，并发表自己的见解和结论。

高效的自学离不开设计科学的自学指导。自学指导的设计要体现规范性、适度性、达标性、层次性和灵活性。

交流讨论是小组内的合作探究，是学生相互学习、共同促进的重要步骤。在此步骤中，主要针对自读设计中的内容，在自主学习的基础上进行组内交流、探究。在这个步骤中，要充分发挥“兵教兵”的作用，不仅是优秀学生帮助后进生，最重要的是让每个学生都提出不同的观点，交流思想、碰撞智慧。这样，后进生弄懂了教学内容的疑难，优秀学生增强了对知识的理解，二者在合作中互相提高。

教师全面掌控讨论过程，让每个学生明确讨论的内容、要求和分层目标。小组长负责具体组织，围绕问题进行交流、讨论，坚持分层讨论原则，先在三个不同层次中一对一讨论，再打破层次界限讨论解决相关问题，小组内部不能解决的问题要提交全班讨论解决。教师在此环节中要把握好四点：一要注意适度性原则，讨论的问题要适度集中，不要太多、太杂，一般不超过三个为宜；二要让学生在自学的前提下讨论，不要一开始就进入讨论；三要巡查，最大程度掌握学生学习、探究的情况，坚决克服低效讨论或不专心讨论、讨论不分层或层次不明显、不能落实分层达标等问题，确保讨论高效、有深度；四要在重难点突破上进行方法指导，帮助学生形成最终探究成果，为成果展示交流做好准备。

4. 展示提升（15～18 分钟）

小组之间进行成果展示，教师相机点评（点拨、评价）。通过分组合作和教师点评，学生对本组的问题进一步理清思路、加深理解。

每个学习小组推选代表进行展示，对讨论的问题进行讲解、分析，其他同学进行点评，说出此题所运用到的知识点、解题关键点、易错点、总结的规律，或由此题进行知识拓展、变式训练等，学生也可以提出自己的疑问，其他同学或教师给予解答。展示过程中要求每个学生注意倾听其他同学的不同观点，并积极进行质疑、补充、纠正和评价，实现学习成果的交流和共享。学生在展示、互动、交流的过程中，互相学习和借鉴，对知识加深理解和掌握，并通过说、写、讲、读、对话、表演等形式，使知识转化为技能。

在学生展示交流过程中，教师要及时进行点拨精讲（遵循“适当讲练”原则），把握好“讲什么”“怎么讲”的原则，主要放在重难点的突破上、解题思路的揭示上、学习方法的指导上和解题规范化的强调上（“重难点、思路、方法、规范”），注意引导学生归纳总结规律。要及时、恰当地评价和激励学习团队，采取各种评比加分方式，燃起学生学习的热情，让学生积极地参与学习展示，体验学习的成功和快乐。

展示提升是精致教学最关键也是操作难度较大的一步，是自学讨论合作学习探究的成果展示，是“教”和“学”能否达到高效的具体体现，需要课前的精心准备和课中的细心指导与精当把控：

（1）教师备课时要设计好向学生展示的内容，针对不同层次的学生要展示不同难度的问题，确保展示有针对性。

（2）要求学生主动展示、主动点评，避免教师点名，教师可提前帮助学生做好展示和点评的准备（如谁代表小组展示、如何计分、是用黑板还是实物投影等）。

（3）学生可以书面展示，也可利用黑板或多媒体，多个小组同时展示，板书认真工整，点评规范大方。

（4）保证脱稿展示和点评，言简意赅，一语中的，形式多样，展示要有深度和价值，展示的内容要对其他同学有启发和借鉴意义，可以是正确过程，也可以是错误教训，可以是总结沉淀的方法规律，也可以是对题目的拓展提升。

（5）展示和点评全员参与，严防课堂变成几个同学的独角戏。展示的问题要满足不同层次学生的需求，班级要创设一种安全环境，让每一个学生敢于展示，勇于点评，不怕说错。每个小组可以多人同时参与展示，鼓励小组间的质疑对抗，真正实现合作探究学习，共同学习提高。

（6）学生点评时，教师要聆听每一句话，关注每一个细节，根据情况给予恰当帮助，可以抛出问题引导学生联想质疑，也可以就某个问题启发学生拓展深化并提炼出规律性的结论。

（7）教师要在点评过程中进行即时性评价，对生成性问题和重点疑难问题进行启发、引申、拓展、追问，对知识进行深化、提升。

（8）即时评价时，一评知识，二评情感态度，三评过程方法、肢体语言是否合适、声音是否洪亮、语言表达是否准确等。

（9）课堂要注意知识的生成过程，如概念、规律、原理、公式、定理、事件等，注重突破原有的认识，注重核心观念的树立和方法的落实，注重挖掘教学内容的社会价值和功能。

学生展示完后，给学生约 3 分钟的时间对自己组没有展示的题目进行疑难交流，重点是小组长对组员进行帮扶或检测。

注意：“自学讨论”和“展示提升”两个环节可以根据学习任务的不同而灵活处理，可以几个问题集中讨论再展示，也可以讨论完一个问题即展示，但讨论的问题或场次一般不要超过 3 个（次），即：

$$\text{预习反馈—呈现目标—}\left\{\begin{array}{l}\text{自学讨论 1—展示提升 1}\\ \text{自学讨论 2—展示提升 2}\end{array}\right\}\text{—检测巩固}$$

复习课与讲评课与此相同。

5. 检测巩固（5 ~ 8 分钟）

总结反刍（3 分钟）。先引导学生根据课堂学习的内容和活动情况以灵活多样的方式对所学知识进行全面的回顾、归纳、总结、整理和反思，构建清晰的课堂知识网络，从而达到知识系统化的目的，同时更进一步强化学习目标，巩固所学知识。可以是学生谈收获，大致内容为“通过本节课，我学到了什么，还有什么问题，向其他同学请教”等，也可以是教师根据展示情况设置几个题目或问题进行单独抽测并及时反馈课堂效果（与当堂测评结合在一起）。

当堂测评（5 分钟）。让学生迅速、独立完成自读设计上的达标巩固练习，小组间交流练习结果，实现“堂堂清”。

拓展延伸。布置作业，预习新知。每一节课后，教师都要布置新的自读设计和课后作业，对下一节课的自学内容提出明确的要求，明确完成自读设计的时间、内容；分层布置作业，督促小组长收齐并及时上交。

课堂评价。组织学习小组对学习内容和小组成员课堂表现进行总结性评价和计分。

注意：以上课堂每个步骤的时间分配是从整体上大体界定的，允许教师灵活把握。

二、精致教学之复习课的实施

五个步骤：预补反馈—呈现目标—自学讨论—展示提升—检测巩固。

1. 预补反馈

自主预习，查漏补缺。学生带着自读设计中教师提出的问题提前自主复习，复习的过程要注重查漏补缺和对新授内容的拓展延伸、重新感悟，要避免对照课本找自读设计中问题的答案的倾向。预习中存在的问题在上课前向小组长或教师提出来。其他要求同新授课。

2. 呈现目标

依据反馈，确定目标。在预补反馈的基础上，明确本节课的复习目标和重难点，并自始至终呈现出来。

3. 自学讨论

组内交流，完善设计。自主复习过程结束后，在小组长组织下，小组内交流复习心得，提出复习过程中的疑难进行讨论、帮教，弄明白问题后，个人修改、完善自读设计，并集中组内交流、讨论结果及不能解决的问题以待展示或解答。

4. 展示提升

展示点评，达成共识。各小组推荐代表展示本小组的复习成果及疑难问题，其他小组同学进行全方位的点评并解答其他小组提出的疑难，教师可相机补充或总结，使复习成果得到进一步的深化。展示过程中，学生要注意倾听并及时做好记录或进行修改，形成全班的共识。

需要说明的是，复习课往往是对一个单元或一个阶段的知识学习进行小结，是对本单元知识结构的梳理。因此，在这个环节中，师生可以共同展示，进行有效的“二次补充”，为本单元建立“知识树”，建立完整的知识体系。

5. 检测巩固

当堂检测，及时巩固。根据复习内容有针对性地设计练习题或当堂检测题，学生独立限时完成。教师公布正确答案，小组内交换批阅，组内评价。举手统计集中出错的题目，学生自纠后将集中出错的题目分配到各小组，在读题、审题、解题方法、解题思路、错因分析等方面集体研讨后展示。教师再次强调要注意的问题，布置课后作业。

三、精致教学之讲评课的实施

五个步骤：预纠反馈—呈现目标—自学讨论—展示提升—检测巩固。

1. 预纠反馈

预习纠错，及时反馈。教师课前认真分析考试情况，掌握学生不同考点的得分情况，诊断学生存在的问题（如知识性、能力性和习惯性等），以表扬鼓励为主。试卷提前下发给学生，先让学生自主改错，教师公布答案后，学生对照答案查看自己的改错情况，提出存在的问题。

教师将阅卷过程中统计出的集中出错的题目分配到各学习小组。

2. 呈现目标

依据学情反馈，确定教学目标。教师根据阅卷情况聚焦存在的问题，确定讲评目标。

3. 自学讨论

错题解剖，组内交流。小组内将分配到的错题分给个人或小组集体研讨，深入解剖，在仔细读题、认真审题、总结已知条件、分析存在陷阱、题目考查的知识及规律、用到的解题方法、解题思路、可能出现的错误、出现该错误的原因等方面集体研讨后准备展示。

4. 展示提升

展示点评，达成共识。根据分工情况，各小组推荐或教师点名学生进行展示，展示内容包括读题、审题、题目考查的知识及规律、用到的解题方法、解题思路、可能出现的错误、出现该错误的原因等方面。其他同学从上述各方面进行全方位的点评，使问题得到深化。点评过程中，学生要注意倾听并及时做好记录或进行修改。

5. 检测巩固

当堂检测，及时巩固。教师根据讲评内容有针对性地设计练习题或当堂检测题，学生独立限时完成。教师公布正确答案，小组内交换批阅，组内评价。举手统计集中出错的题目，学生自纠后将集中出错的题目分配到各小组，在读题、审题、解题方法、解题思路、错因分析等方面集体研讨后展示，教师最后布置课后作业。

第四节　精致教学教案编写使用

精致教学的教案包括教师上课使用的“讲读设计”和学生学习使用的“自读设计”，它们是互为一体的两个方面，前者强调教师的主导作用，是教师组织教学的“脚本”；后者强调学生的主体作用，是学生自主学习的“拐杖”。两者的编写要求基本一致，可互为参照。

一、教师讲读设计的编写和使用

（一）讲读设计编写的原则

（1）主体性原则：讲读设计必须尊重学生，充分发挥学生的主观能动性；必须信任学生，注意留给学生时间，让学生自主发展，做学习的主人，确立学生是学习的主体。

（2）指导性原则：讲读设计是用于指导学生自主学习、主动参与、合作探究的学习方案，是学生自主学习的路线图、方向盘、指南针，具有指导学生学习的作用。

（3）探究性原则：讲读设计的编写目的是培养学生自主学习的能力，因此，讲读设计要有利于学生进行探索学习，有可供学生在研究中学习的内容，从而激发学生思考，让学生在解决问题的过程中体验到成功的喜悦。

（4）层次性原则：学习的过程要充分调动每一个学生，提高每一个学生学习的积极性，让每一个学生都能有所收获，讲读设计的问题要关照不同层次学生的不同需求。

（5）实践性原则：讲读设计要注重学生的动手能力和每个环节的可操作性，让学生在做中学，培养学生解决实际问题的能力。

（二）讲读设计编写的要求

讲读设计编写的前提是教师个人的精心备课，个人备课是对课堂上学生学习过程的精心设计。讲读设计一般要体现精致教学“双三五”特点，既包含预习反馈、呈现目标、自学讨论、展示提升、检测巩固等环节步骤的内容，也涵盖预习反馈、学习目标、学习任务（自学探讨）、检测巩固、归纳总结、拓展延伸（课后作业）六个要素。同时，还要努力做到以下十二条：

（1）要有对课前预习的检查、学习小组培训方法的设计和培养目标的要求。

（2）每堂课都要对班级每一层次学生的学习目标进行立体设计，要精心安排实现目标的过程控制及检查评价。根据学科需要大胆创新展示方式，展示内容要有价值，展示方式要高效。

（3）要有对新生成目标的预测及答疑准备。

（4）要有即时性评价的设计和时间控制的预设。

（5）要有当堂检测（堂堂清）和周测（周周清）的精当设计和学习目标达成的预想。

（6）对讨论、展示、点评、总结等课堂环节要有紧凑高效的时间安排。

（7）对课堂“三量”（信息量、思维量、训练量）要有总体的设计和落实措施。

（8）要有学法指导，包括学生看懂课文中的关键词句、图片等的指导，学习方法、记忆方法、理解角度、理论活用等活动方式的指导及疑难问题的索引、提示的指导。

（9）知识要有系统性，注意新旧知识间的前后勾连，把本节课内容放在该学科整个初（高）中学习过程中，指出以往哪些知识为本节打下铺垫，本节又为以后的学习做了哪些准备。

（10）不同学科、不同课型的教案要有各自不同的特色。

（11）每节课要有板书设计，板书设计可与课件相结合，也可用思维导图等形式提示学习要点或学习目标。

（12）每节课后要有教学反思，及时记录课堂上的得失。

（三）讲读设计编写的流程

教师的讲读设计是集体备课的重要内容，要严格按照集体备课十个“是否”要求和学校的集体备课规定编写。讲读设计的编写程式可概括为提前备课、轮流主备、集体研讨、不断优化等环节。

（1）寒暑假备课（一次备课）。寒暑假每位教师要了解学生，疏通教材，把握知识体系，扎实备课，开学前一周备课组长检查，然后以备课组为单位打包发到教导处邮箱。

（2）主讲备课。主讲教师提前两周确定教学目标，选择教学方法，设计教学程序，将讲读设计初稿交备课组长审核。

（3）备课组备课（二次备课）。备课组长初审讲读设计后提前一周将讲读设计草稿发给全体组员；由备课组长召集组员集体审稿，提出修改意见；主备教师按集体审稿的意见修改后交审核人审查，定稿后印发给每位教师，或将电子稿上传至备课组邮箱，再由备课组长签字确认需要打印的自读设计、周测等相关内容。

（4）个人修改（三次备课）。在备课组二次备课的基础上，根据不同层次和学情的需要，各班再次自行斟酌增补，打磨教案。

（5）课后修改（四次备课）。师生根据讲读设计实施课堂教学，课后教师要写教学反思，学生写学习心得，认真记录课堂教学情况，用于下次集体备课时小组交流。

（6）备课组长将集体备课修改好的讲读设计电子稿放入学校教学资源库存留。

（四）讲读设计编写的格式

1. 讲读设计设计规范

（1）文案体例规范。在正文的上方（用表格的形式）要有讲读设计的编制人、审核人、主讲人、课题、课型、课时、班级、日期等内容。正文主体包含预习反馈、呈现目标、自学讨论、展示提升、检测巩固等具体内容。

（2）文案的版式规范。

①版面为16K双面（一般为一节课的容量），边距上、下、左、右均为1.5厘米，行间距为单倍行距（为了版面美观可适当调整）。

②字体以宋体为主，适当用黑体和楷体，二级标题（如教学目标、教学过程等）宋体加粗（可用黑体），正文内容一律用宋体，结论或强调部分可用黑体或楷体（GB2312）。

③字号，标题用小四号，正文部分一律用五号。

④每一页均有页码显示（页面下方居中）。

2. 课件（PPT）设计规范

课件是讲读设计操作运用直观形象的反映，有利于教师组织教学、勾连知识提要、提高课堂效率。

①内容。明晰教学步骤（预习反馈、呈现目标、自学讨论、展示提升、检测巩固），呈现学习目标，提示知识要点。

②容量。一节课的内容不要超过20帧。

③版面。图案简明、色彩单纯、整体协调，不宜繁杂；字的颜色，正文以黑色为主，一级标题用红色或蓝色，结论和强调的内容用红色或蓝色。版面不应过于花哨，否则会喧宾夺主，分散学生的注意力。

④字体字号。课文标题以端正大方为原则，黑体、宋体、魏碑、艺术字均可；正文以宋体加粗为主，可适当使用楷体加粗；一级标题黑体加粗。文字大小在28～40号之间，一级标题比正文大一至两个等级即可（如正文用32号，则一级标题用40号）。

二、学生自读设计的编写和使用

“双三五”精致教学的目的是让学生学会学习。自读设计的出现，也可以说是课堂的预先呈现。设计者将学习内容清晰化、文字化，同时将学生在学习过程中要完成的知识目标清单化、明确化。学生能够预先感知自己接下来的学习，从而有计划、有目的地学习。由此可见，合理地设计和使用自读设计不仅能让学生养成良好的学习习惯，而且对训练他们的思维极为有利。

学生使用的自读设计是教师教案的重要部分，是教师导学的载体，两者的使用对象不同，侧重点也不同，讲读设计强调教师的主导作用，自读设计强调学生的主体作用，但编写的思想和原则基本一致，可互为参照。

（一）自读设计编写的原则

自读设计的编写应遵循以下基本原则：

（1）主体性原则：确立学生是学习的主体；

（2）指导性原则：具有指导学生学习的作用；

（3）探究性原则：尽可能设计可供学生在研究中学习的内容；

（4）层次性原则：关照不同层次学生的不同需求；

（5）开放性原则：有可供师生丰富完善的“留白处”；

（6）创新性原则：有利于培养学生创新意识；

（7）合作性原则：师生可共同参与；

（8）实践性原则：让学生在做中学。

（二）自读设计的内容

自读设计是精致课堂教学的重要载体，是学生自主学习的重要支撑。根据精致课堂五个步骤的要求，自读设计一般要具有以下六个要素：预习反馈、学习目标、学习任务（自学探讨）、检测巩固、归纳总结、拓展延伸（课后作业）。

1. 预习反馈

预习反馈的设计要注意三点：一是引导学生回顾学过的知识，并能掌握识记类内容；二是引导学生认真钻研教材，查阅相关材料，运用学过的知识解决基本的问题；三是引导学生思考学过的知识与本课的关系，提出新的问题。

2. 学习目标

要针对课标要求和当堂内容，制定出符合学生实际的学习目标。制定的目标要注意两点：一要明确、具体，具有可检测性，并与本节当堂大标题相对应；二要聚焦、适度，不宜太多，一般以 2 个左右为宜，提倡“一课一得”“得得相联”，能突出学习的重点和难点。

3. 学习任务（自学探讨）

学习任务是指通过课堂学习达到掌握知识、发展能力的目的。一般通过学生自学和探讨的方式完成。学习任务的设计要做到“知识问题化、问题层次化”。

知识问题化：根据学生的认知特点、教学内容的结构特点，把需要掌握的知识化解为问题，并精心设计问题，问题明确、具体、坡度小，能切实引导学生自学、讨论、探究，学生解决问题的过程就是完成学习的过程。

问题层次化：问题设计分为 A、B、C、D 四级，以适合不同层次学生的学习需要。

A、B（基础）：结合本节内容，选编基础性较强的习题，题目要能体现学生对本节所学基础知识、基本规律的理解，要求学生独立完成。

C级（中等）：结合本节内容，选编有一定综合性的习题，题目要能体现学生对本节所学基础知识、基本规律的运用，可以让学生合作完成学习。

D级（拓展）：结合本节内容，选编一至两道供学有余力的学生完成的综合性习题，体现学生对知识的灵活运用，并用基本概念和基本规律分析问题与解决问题，甚至能把知识、经验和社会以及最新科研成果挂钩。

4. 检测巩固

对当堂课内容进行检测，达到巩固目的。当堂检测要紧扣本节课的学习目标，选择能覆盖本节课所学内容的题目；对学生进行达标测试，以查看本节课学生的学习效果，并针对学生的反馈情况及时进行补偿教学；题目不可太多，难度不可太大，以考查知识的掌握及运用为主。

当堂检测后小组间要交流练习结果，错题一定要改正，若个别学生当堂不能改正错题，则小组帮助改正，采用“兵教兵”形式，最后达到“堂堂清”。

5. 归纳总结

当堂形成知识网络，及时复习，力避遗忘。最好是学生自我总结（让学生回答），大致内容为“通过本节课，我学到了什么，还有什么问题，向其他同学请教”等。

6. 拓展延伸（课后作业）

布置作业，预习新知。对下一节课的自学内容提出明确的要求，明确完成新的自读设计的时间、内容；分层布置作业，要求及时收齐上交。

在编制自读设计时要一并考虑“周周清”和单元小结的训练设计（如小单元过关测试），注重限时训练（一般以一节课为宜）。

（三）自读设计的使用

（1）提前发放。上课前一天将自读设计发给学生，有指导，有要求，有收有批（检查），有评有纠。

（2）课后修改。师生根据自读设计实施课堂教学，课后教师要写教学反思，学生写学习心得。

（3）归类保存。每隔一定时间（如一个月、半个学期等）后，让学生将各科自读设计归类整理，装订成册，以备复习使用。

（四）自读设计编写的格式

1. 体例规范

在正文的上方（用表格的形式）要有自读设计的编制人、审核人、主讲人、班级、学生姓名、组别、评价等级、学习日期等内容。

2. 版面规范

（1）版面为16K双面（一般为一节课的容量），边距上、下、左、右均为1.5厘米，行间距为单倍行距（为了版面美观或完整可适当调整）。

（2）字体以宋体为主，适当用黑体和楷体，二级标题（如学习目标、学习任务等）宋体加粗（可用黑体），正文内容一律用宋体，结论或强调部分可用黑体或楷体（GB2312）。

（3）字号，标题用小四号，正文部分一律用五号。

（4）每一页均有页码显示（页面下方居中）。

第五节　精致教学课堂组织

精致教学课堂的主要学习形式是学生小组合作学习，它充分体现了学生学习的主体性。在小组组建的过程中我们遵循“激励为主，师生共评；小组为主，兼顾个人”的原则。

一、学生分组形式

组员分工：全班按照“组内异质，组间同质”的原则，根据学生的不同程度划分为实力相近的8个小组，各组起名为1至8组。每组6~8人，每人有一个编号，1号为组长，组长负责检查各项目标的落实情况；2~6号为副组长，2号负责记录课堂表现分数，3号负责纪律，4号负责收交作业，5号负责课前准备，6号负责整齐清洁。学生的学科作业本封面的姓名后用括号注明某组某号（如1组2号标示为“1—2”），便于教师抽检作业。

座位安排：全班分4个大组（每组两列），每大组分前后两个小组，每小组3排共6人，“一帮一”的两人同座。讨论时以每小组中间一排为中心。若为8人组，采用“4+4”的形式讨论，前后两排各4人分别讨论，然后集中派代表发言。

座位调整可采用以小组为单位前后、左右循环法，要保持小组成员的稳定性，小组人员调整不宜过于频繁。

二、学生学习行为

1. 组织教学

课前三分钟科代表领读该科内容；教师喊“上课”，班长喊“起立”后，全班学生立刻起立，无附加动作和声音，立正姿势站好，大声说“教师好”，教师回敬“同学们好”；然后全班学生齐颂班训，声音洪亮，有力度、有气势，从而起到振奋精神、增强信心的作用。学生在上课前，应由5号负责检查每个同学是否准备好当堂课所需的学习用品；6号负责课桌上方的整齐，避免课桌上堆放许多书本或杂物（学生书本尽量放收拾箱）。下课铃响教师说“下课”，全班学生起立大声说“老师辛苦了”。

2. 自主学习

每位同学要在充分看书的基础上，认真思考并独立安静（要求朗读除外）完成作业，不得抄袭他人答案，用红笔标注疑难点，便于教师了解或小组探究。

3. 合作探究

由一人主讲（注意音量适中），其他同学手拿课本或习题，安静、集中精力关注发言人，要学会听取别人的见解。主讲人讲完后，其他同学可以逐个发表自己的见解，但需得到组长同意后才能发言。探究完毕后，必须立即安静坐好，可以继续复习、探究问题或做其他练习，不得做与学习无关的事。

4. 成果展示

（1）语言展示：有同学展示时，其他同学必须安静、认真地倾听思考，在展示结束后如有补充，要举手经教师同意后方可发表自己的见解。展示的同学要使用普通话，使用本学科的专业术语，声音洪亮、清晰，表述的规范为“我们×（组号）组讨论的结果是……回答完毕”或“我们×组认为……回答完毕”“我代表×组回答这个问题”。如果要上讲台展示，尽量做到边写边讲边提问，身体要避免挡住其他同学的视线。

（2）板演展示：在黑板上展示时，首先用“×—×”的形式在顶行写上组号和组员号。其他同学应在教师或组长的安排下，积极完成自己的任务，不得提醒或评论展示的同学，否则予以口头警告或扣1～3分。

三、小组评价办法

（1）自主预习：语文、数学、英语、物理、化学五科要求教师布置适量的预习作业，教师在上课前可抽改每组某号或某几个号的作业来代表该组情况，做得好的酌情加1～3分，做得不好的（如没有完成或有抄袭情况）扣1～3分。得分在上课前填写到教室“堂堂比”评分表“预习”栏目内（见下表）。

堂堂比

学科______ 第____节

组别	类别					
	预习	课前	合作	展示	纪律	得分
1						
2						
3						
4						
5						
6						
7						
8						

（2）课前准备：科代表和教师根据小组课前准备情况（包括课桌及周边的整洁，学习用品和课本、笔记本的准备，静坐到位，课前三分钟读书等）酌情加1～3分，做得不好的酌情扣1～3分。

（3）自主学习：教师根据小组完成课堂预习作业的质量、速度等情况酌情加1～3分。

（4）合作探究：教师根据各组讨论参与程度、互帮互助情况、学习行为等酌情加1～3分；没有组织、没有讨论或违反课堂纪律的酌情扣1～3分。

（5）成果展示：教师根据展示质量分别加1～3分：声音不太清晰，回答基本明确，加1分；声音清晰，观点明确，加2分；声音洪亮，条理清楚，语言简明，观点明确，加3分；声音洪亮，条理清楚，语言简明，见解或方法独特、有新意，或展示形式新颖如顺口溜、小品、歌曲等再加1～3分；能全员参与加3分。

非展示组提出有价值的问题或补充纠正问题的酌情加1～3分；认真倾听的酌情加1～2分；对问题回答情况点评到位、精彩的酌情加1～3分。

在展示环节，表现突出的个人既可以加该小组分数，也可以加其个人分数。

（6）课后作业：教师根据小组课后作业情况酌情加1～3分，有抄袭情况的扣1～3分，迟交的一人扣1分，缺交的一人扣3分；课后作业要通过“一帮一”确保“日日清”，完成得好的酌情加1～3分，完成得不好的酌情扣1～3分。得分在上课前填写到教室“堂堂比”评分表“展示”栏目内。

（7）其他情况：学生每天纪律、整洁、两操、好人好事等方面的加分或扣分由班主任负责落实到小组，下午的课程结束后，班主任对当日情况进行简单小结，加分或扣分填写在教室后黑板的“小组天天比”栏目内。填写后再发生的情况计入第二天的评分。

小组天天比

___年___月___日

组别	科目					
	纪律	整洁	做操	仪表	好事	合计
1						
2						
3						
4						
5						
6						
7						
8						

（8）任课教师和班主任评分时要注意鼓励性、目标性原则，既要把机会均等地分配给每个小组，也要把机会向落后的小组和目标生倾斜，以便形成竞争态势。同时，为鼓励小组每个人都能积极回答问题，同一个人第二次回答，该组最多计1分；一周之内，该组有1人未主动回答问题的，扣该组2分，有2人则扣4分，有3人则扣6分，以此类推。

（9）小组竞争鼓励优秀、鼓励进步、鼓励特长。在单元测试、周侧、月考、期中和期末考试中，小组总分在班级前10名的在当月分别加上1～10分，总分在年级前10名的翻倍计算；单科在班级和年级前10名的分别减半；小组成员每进步5名加1分，退步5名扣1分。

在年级举办的各种活动中，小组获得一、二、三等奖的分别加上5分、3分、1分；在学校举办的各种活动中，获得一、二、三等奖的在年级的基础上翻倍计算（即10分、6分、2分）。

此项计分如属同类（或考试成绩、活动获奖）且为同一个人时只计算一次，就高不就低；同一个人不同类的分数累计。

四、组内学生个人评价办法

小组每节课要对组内成员的表现进行考评。一节课一考评，可用“正”字统计，一分一笔；或直接用数字，下课后由组内2号负责填入《小组组员日评价表》，一天一统计（分数），一周一评比（评出一名“星级学生”，由班长每周一公布在教室表彰栏内）。

小组组员日评价表

学生							
时间	预习检查	课前准备	自主合作	成果展示	课后作业	纪律情况	合计
周一							
周二							
周三							
周四							
周五							

考评根据小组评价内容，共分六项：

（1）预习检查：认真完成的酌情加1~3分，有抄袭或未按时交齐情况的扣1~3分。

（2）课前准备：及时准备学习用品和课本、笔记本，静坐到位或大声读书的酌情加1~3分，不合要求的酌情扣1~3分。

（3）自主合作：按要求完成课堂预习作业、积极参与讨论、互帮互助的酌情加1~3分；否则酌情扣1~3分。

（4）成果展示：展示组成员根据展示质量分别加1~3分，有解题方法的总结或得到教师特殊表扬的加1~3分，展示或回答错误不加分；非展示组成员提出有价值的问题或补充纠正问题的酌情加1~3分，对问题回答情况点评到位、精彩、得到教师特殊表扬的酌情加1~3分，认真倾听的酌情加1~2分。

（5）课后作业：认真完成课后作业的酌情加1~3分，有抄袭情况的扣1~3分。

（6）纪律情况：在小组学习过程中，讨论和问题无关、注意力不够集中、纪律差的每次扣1分，教师点名批评的扣2分。连续两天多次违纪的，需向教师、班主任汇报，严重的予以纪律处分。

五、小组评价管理

（1）值周学生在每天晨检前将教室后黑板的“小组天天比”的当天所上科目填写完整备用。

（2）当堂课教师必须对该堂课学生表现和课后作业以及预习作业进行即时评分，并及时填入教室前黑板的“堂堂比”内。

（3）每堂课下课后由该堂课的科代表将本堂课教师对各组的评分记入教室后黑板“小组天天比”相应栏目内，并将前黑板擦干净备用。

（4）每节课下课后班长（专人）将教室后黑板“小组天天比”的分数抄在小组综合评价表内。下午的课结束后班长再对各组当天其他各方面表现进行评分，并汇总交班主任审核。再将此表汇总在小组综合评价汇总表内，作为当周小组评比的依据。

（5）考试成绩和活动获奖分数由班长或班主任计入当周小组分数。

六、小组激励办法

（1）每周各班评出一个“周冠军小组”（分数最高），由年级每周一在年级宣传栏通报表彰。

（2）每月各班评出一个“月冠军小组”（获周冠军次数最多，如小组次数相同则比分数），由教导处在周一升旗仪式上通报表彰，并同时在年级宣传栏通报表彰。

（3）每学期各班评出一个“学期冠军小组”（获月冠军次数最多，如小组次数相同则比分数），由主管教学的校长在散学典礼上通报表彰并颁发奖状，同时在学校宣传窗进行展示。

（4）以上分数和荣誉（包括“星级学生”）作为评选优秀学生、优秀干部、推选团员等各种评先选优的主要条件。

第二章　教学案例

第一节　精致教学教案编写

《背影》讲读设计

课题	课型	编制人	审核人	主讲人	课时	授课班级	授课日期
背影	新授课	田飞虎	杨艳春	田飞虎	2	初二（18）班	

【教学目标】

1. 有感情地朗读，体会文中蕴含的父子深情。
2. 学习本文抓住“背影”这一感情聚焦点展示人物心灵的写法。
3. 引导学生珍爱亲情，理解父母，懂得感恩回报。

【教学重点】

1. 四次背影、四次流泪的描写作用。
2. 感受深切的父爱，体会作者的思想感情。

【教学难点】

抓住“背影”这一感情聚焦点展示人物心灵的写法。

【教学方法】

诵读法、小组合作法。

【教学过程】

第一课时

一、导入新课

生活中时时有感动，处处有感动。它有时是一种声音，有时是一种色彩，有时是一种状态，有时也可以是一种场景。如果你有一颗善良的心，同学的批评可以给你感动，妈妈的唠叨可以给你感动，甚至爸爸的背影也可以给你持久的感动。今天我们来学习朱自清的著名散文《背影》，看他是怎样被父亲的背影感动的。

二、预习反馈

1. 作家简介和写作背景

朱自清（1898—1948 年），字佩弦，中国散文家、诗人。名篇有《绿》《春》《桨声灯影里的秦淮河》《荷塘月色》。

《背影》是纪实散文，写于1925年。作者曾说："我写《背影》，就因为文中所引的父亲的来信那句话。当时读了父亲的信，真是泪如泉涌。我父亲待我的许多好处，特别是《背影》里所叙述的那一回，想起来跟眼前一般无二。我这篇文只是写实……"

2. 生字注音及词语解释

（1）读准下列词语：

交卸（xiè） 奔丧（sāng） 狼藉（jí） 簌簌（sù） 差（chāi）使（shǐ）
迂腐（yū） 琐屑（xiè） 栅栏（zhà）搀（chān） 颓唐（tuí）
晶莹（yíng） 赋（fù）闲（xián） 典（diǎn）质（zhì） 蹒（pán）跚（shān）

（2）需掌握的多音字：参见PPT。

（3）需掌握的词语：

狼藉：乱七八糟的样子。

簌簌：纷纷落下的样子。

变卖典质：（把财产、衣物）出卖和典当出去。典，当。质，抵押。

惨淡：凄惨暗淡，不景气。

赋闲：丢了工作，在家闲住，即失业。

勾留：逗留、羁留、耽搁；短时间停留。

踌躇：犹豫。

迂：言行守旧，不合时宜。

蹒跚：腿脚不灵便，走路缓慢摇摆的样子。

颓唐：衰颓败落。

触目伤怀：看到（家庭败落的情况）心里感到悲伤。怀，心。

三、呈现目标

（1）有感情地朗读课文，体会文中蕴含的父子深情。

（2）理清文章结构层次，理解背影的线索作用。

（3）学习本文抓住人物特征刻画人物的方法，品味朴实简洁的语言。

四、自学讨论

（一）整体感知

1. 朗读课文（或播放录音），感受文中的情感（注意：语速、语调、节奏和感情）

2. 归纳内容

（1）本文写的主要事件是什么？

明确：（两年前奔丧完毕）父子浦口送别（提示抓住时间、地点、人物、经过、结果等要素归纳。全文具体写了父亲为我做的几件事：奔丧完毕，父子同行；虽嘱茶房，亲自送行；讲定价钱，送子上车；月台买橘，依依惜别。学生能归纳出主要意思即可）。

（2）通过这些事件表达了什么样的思想感情？

明确：父疼子，子爱父——父子深情。

3. 分析结构

思考：全文共写到父亲几次背影？背影在全文中起什么作用？

提示：让学生快速默读课文，从文中画出有关背影的描写，理解四次背影的不同含义，在此基础上理清文章结构。

明确：共四次（择要板书）。第一次（在第1段）：怀念父亲，惦记背影；第二次（在第6段）：望父买橘，刻画背影；第三次（在第6段）：父子分手，惜别背影；第四次（在第7段）：别后思念，再现背影。

背影贯穿全文，是全文的线索，使全文脉络清晰，结构严谨。

（二）精读探究

在这四次背影描写中，大家一致认为第6段写得最感人，下面我们一起来欣赏这一段。

1. 朗读品味，进入情境

提示：可指名让学生朗读，注意对学生朗读技巧（轻重音）的指导，圈点勾画出对父亲进行描写的语句，找出应重读的词，加以体会，从而体会朴实的语言中所饱含的深挚感情。

2. 思考探讨：本段从哪些方面描写父亲

提示：注意父亲穿着、动作、语言、细节以及背后的深厚感情。也可以不限制地让学生品读并谈自己的感受。

明确（择要板书）：

①衣着：黑布小帽，黑色大马褂，深青布棉袍。（有丧事，沉重）

②姿势：蹒跚。（缓慢，摇晃，年龄大，腿脚不便）

③动作：走，探，穿过，爬上，攀，缩，倾。（行动不便、步履艰难）

④细节：一股脑儿，心里很轻松似的。（力所能及，无微不至）

3. 学生展示完毕，再齐读课文，感悟课文

五、展示提升

“自学讨论”中的“整体感知”和“精读探究”两部分可以分别展示，小组单号回答、双号补充。

六、检测巩固

1. 听写词语

踌躇　蹒跚　颓唐　狼藉　交卸　琐屑　簌簌　赋闲　奔丧

2. 拓展延伸

（1）回忆你身边关于父爱或母爱的故事，学习本文的手法，抓住一个细节，为大家讲述你身边爱的故事。

（2）课后思考：文章对父亲的描写除了衣着、动作等之外，还有语言描写，请找出来并分析其中所蕴含的深厚情感。

3. 完成“高分突破”作业

第二课时

一、预习反馈

朱自清先生对父亲的描写除了衣着、动作之外，还有语言描写，请找出来。（指名回答，代表小组计分）

二、呈现目标

（1）领会本文语言简练、朴实的特点。

（2）领悟本文写作特点对写作的启示。

（3）进一步体味文章所表达的父子深情，引导学生珍爱亲情，理解父母，懂得感恩回报。

三、自学讨论

（一）品析素语深情（语言）

1. 从父亲的五句话里面，你体会到怎样的父爱？

提示：先思考，再与同学交流心得；然后各组选出代表，全班交流。

明确：

①事已至此，不必难过，好在天无绝人之路。（宽慰儿子）

②不要紧，他们去不好。（担心别人照顾不周）

③我买几个橘子去，你就在此地，不要走动。（担心儿子口渴，疼爱）

④我走了，到那边来信。（牵挂是否平安抵达）

⑤进去吧，里边没人。（担心行李没人照看，儿行千里“父”担忧）

教师点评：这四句话都很简短，意思也很平常。这样简短平常的话是否缺乏感情？不是，朴素的言语中往往含有深挚的爱意；平淡的话语里往往隐藏着不平静的心情。

写作启示：同学们写作时，要善于用朴素的语言表达出深挚的情感；选材时，也要善于选择那些平常而又饱含深情的素材。

2. 儿子理解父亲的深情了吗？请找出相关句子加以说明

明确：面对这样深沉浓烈的父爱，20 岁的朱自清先生感动不已，三次流泪（第 2 段的流泪是因看到家境的衰败和祖母去世的悲伤），两次自责。

①望父买橘，艰难背影（原句“这时我看见他的背影，我的泪很快地流下来了”）——感动之泪。

②父子离别，惜别背影（原句“等他的背影混入来来往往的人里，再找不着了，我便进来坐下，我的眼泪又来了”）——惜别之泪。

③含泪读信，再现背影（原句“我读到此处，在晶莹的泪光中，又看见那肥胖的、青布棉袍、黑布马褂的背影”）——思念之泪。

④两处自责：太聪明了；聪明过分——后悔自责（褒词贬用，反语，都是“幼稚无知，自以为是”之意，反衬了儿子越来越真切、深入地感受和理解了父爱的博大、含蓄和深沉）。

小结：儿子对父亲的感情变化——从不理解到理解、体谅、感动、思念（人非草木，孰能无情）。

（二）感悟写作特点

这篇散文之所以经久不衰，感人至深，除了表达了宝贵的至爱亲情，在语言、立意、选材等方面也很有特色，对我们的写作很有启发，请结合文章略举一二加以说明。

提示：学生能选择一点，结合文章具体分析即可。个人先思考，后小组讨论，然后派代表回答。

（1）示例：本文语言简练、朴实，没有华丽的辞藻，但一言一语都充满了父亲对儿子的关心体贴之情，“有极大的感动力”。如前面分析的父亲对儿子说的五句话，简单的句子饱含深情。

（2）表现角度新颖（立意）。一般写人物，多从正面着笔，或面部肖像，或姿态、服饰等，但本文选择背向的特定角度，以饱含深情的笔触，全力抒写父亲的背影，令人拍案叫绝。姜白石说：“人所易言，我寡言之；人所难言，我易言之，自不俗。”

（3）选材详略得当。全文围绕父亲的特定背影选材，突显了主旨（父子深情），其他地方一概略过。文章第 2、3 段叙写父亲和作者同到南京，父亲亲自送作者到火车上，是必要的交代，为第 6 段铺垫。第 4 段到南京后大半天时间被朋友约去逛街，不详写游逛的情形而是一笔带过，因为与父亲的背影没有关系。

其他分析，言之成理即可：如多处点题、一线串珠、以小见大等。

四、展示提升

“自学讨论”中的“品析素语深情”和“感悟写作特点”分别展示，小组双号回答、单号补充。

五、检测巩固

1. 我的收获

学生自由发挥，针对全文语言、立意、选材等方面谈谈个人的收获。

2. 根据你对父爱的理解，仿写练习

（1）父爱如伞，为你遮风挡雨；父爱如雨，为你濯洗心灵；＿＿＿＿＿＿＿＿，＿＿＿＿＿＿＿＿。

（2）父爱是一缕阳光，让你的心灵即使在寒冷的冬天也能感到温暖如春；父爱是一泓清泉，让你的情感即使蒙上岁月的尘垢依然纯洁明净；＿＿＿＿＿＿＿＿，＿＿＿＿＿＿＿＿。

六、拓展延伸

同学们，去孝敬父母、珍爱亲情吧。因为只有爱父母，才会爱他人，爱集体，爱祖国，爱我们这个人类社会。（屏幕出示作业）

（1）回报爱。回家后为父母做一件他们需要做的事，给父母夹一次菜，给他们写一张纸条，为他们倒一杯水，向他们道一声辛苦……

（2）学习本文的写法，写一篇以父爱为主题的作文，题目自拟，600 字以上。

附：板书

背　影

第一次：怀念父亲，惦记背影
第二次：望父买橘，刻画背影
第三次：父子分手，惜别背影
第四次：别后思念，再现背影
父爱子
三次流泪
两次自责
子爱父

主旨：父子情深

七、教学反思

（1）本课讲读设计的编写，从文章整体上看是按从整体到局部、由浅入深的顺序，从课堂结构上看是按照“三环五步”来设计的。课文内容较多，因此设计为两个课时。每个课时既考虑到每节课的相对完整，也考虑到整篇课文的完整性。

（2）第二课时“自学讨论（二）”对基础不太好的班级可以不做要求。

《背影》自读设计

编制人	审核人	主讲人	学生姓名	班级	组别	评价等级	学习日期
田飞虎	杨艳春	田飞虎		初二（18）班			12月7日

第一课时

一、预习反馈

1. 说说你了解的作者
2. 生字注音及词语解释

（1）读准下列词语，并给加点的字注音。

交卸（　）　奔丧（　）　狼藉（　）　簌簌（　）　差（　）使（　）
迂腐（　）　琐屑（　）　栅栏（　）　搀（　）颓唐（　）　晶莹（　）
赋（　）闲（　）　典（　）质（　）蹒（　）跚（　）

（2）须掌握的多音字：（略）

（3）须掌握的词语：（略）

二、学习目标

（1）有感情地朗读课文，体会文中蕴含的父子深情。

（2）理清文章结构层次，理解背影的线索作用。

（3）学习本文抓住人物特征刻画人物的方法，品味朴实简洁的语言。

三、自学讨论

（一）整体感知

1. 朗读课文，归纳内容

（1）本文写的主要事件是什么？

（2）通过这些事件表达了什么样的思想感情？（中心）

2. 分析结构：全文共多少次写到父亲的背影？背影在全文中起什么作用？

（二）精读探究

朗读第6段，思考探讨本段从哪些方面来描写父亲。

四、检测巩固

1. 听写词语：（略）

2. 延伸拓展

回忆你身边的父爱或母爱，学习本文的手法，抓住一个细节，为大家讲述你身边爱的故事。

五、课后作业

思考：文章对父亲的描写除了以上衣着、动作等描写之外，还有语言描写，请找出来加以分析其中所蕴含的深厚情感。

第二课时

一、预习反馈

朱自清先生对父亲的描写除了衣着、动作之外，还有语言描写，请找出来。

二、学习目标

（1）领会本文语言简练、朴实的特点。

（2）领悟本文写作特点对写作的启示。

（3）进一步体味文章所表达的父子深情，珍爱亲情，理解父母，懂得感恩回报。

三、自学讨论

（一）品析素语深情（语言）

（1）从父亲的五句话里面，你体会到怎样的父爱？

（2）儿子理解父亲的深情了吗？请找出相关句子加以说明。

（二）感悟写作特点

这篇散文之所以经久不衰，感人至深，除了表达了宝贵的至爱亲情，在语言、立意、选材等方面也很有特色，对我们的写作很有启发，请结合文章略举一二加以说明。

四、检测巩固

1. 我的收获

2. 根据你对父爱的理解，仿写练习

（1）父爱如伞，为你遮风挡雨；父爱如雨，为你濯洗心灵；__________________，____________________________。

（2）父爱是一缕阳光，让你的心灵即使在寒冷的冬天也能感到温暖如春；父爱是一泓清泉，让你的情感即使蒙上岁月的风尘依然纯洁明净；_____________________，____________________________。

五、课后作业

（1）回报爱。回家后为父母做一件他们需要做的事，给父母夹一次菜，给他们写一张纸条，为他们倒一杯水，向他们道一声辛苦……

（2）学习本文的写法，写一篇以父爱为主题的作文，题目自拟，600字以上。

第二节　课堂实录

《沁园春·雪》新授课课堂教学（实录）

田飞虎

［教学设计］

诗词的教学在于让学生领会其意念、意象和意境（“三意”），诗词的理解在于如何指导学生朗读。正如清代曾国藩所言：“非高声朗读则不能得其雄伟之概，非密咏恬吟则不能探其深远之韵。”如何进行朗读教学？笔者在实践中总结出诗词教学“三读”法：音读、品读和情读。

本词是一首大气磅礴、意境丰满的“正能量”之歌，要引导学生通过诵读把握作者睥睨千古、再造乾坤的思想感情，通过分析意象品味其壮美开阔、心旷神怡的恢宏意境。

在教学方法上，以诵读为核心，采用初读、听读、分组朗诵、全班朗诵、个读等多种形式，让学生在诵读中感悟诗词的内涵，感受意境之美；通过小组合作探讨，让学生积极参与和互相学习，感受探究的乐趣，体会作者的感情。

在教学组织上，按照“精致课堂”教学“定向—自学—讲练（点拨）”三个基本环节，将诵读作为主线贯穿全过程，并分为三个乐章：通过音读，把握诗词思想内容；通过品读，理解诗词描写的恢宏意境；通过情读，感受词人的胸襟气度，熏陶壮美情怀。

［教学过程］

一、导入反馈

（一）课前思考

1. 你对毛泽东的事迹有哪些了解？

2. 写作背景对把握诗词的思想感情有何作用？

（二）导入新课

1. 中国出了个毛泽东：让一个学生唱《东方红》。（一学生自告奋勇唱，渐渐其他学生深情吟唱）

师：“他为人民谋幸福，他是人民大救星”，这是人民发自内心的歌颂，他让中国人民从此站起来了，他是我们的伟大领袖毛泽东！

他不仅是一位伟大的政治家、军事家、哲学家，更是一位杰出的诗人。他一生写下了许多催人奋进、震撼人心的光辉诗词。我们今天将要学习的《沁园春·雪》（板书）就是其中的典范之一。

2. 请大家看课文下面的注释一，这首词写于什么时候？（1936 年 2 月）

师：1936 年是一个什么样的历史时期呢？请一位同学介绍一下这首词的写作背景。

生：1931 年 9 月，日本帝国主义占领我国东北地区。1935 年，日本帝国主义侵占我国华北地区，中华民族处于生死存亡的危急关头。而此时，国民党政府却奉行不抵抗政策。1935 年 10 月，毛泽东率领长征部队顺利到达陕北。1936 年 2 月，毛泽东率领抗日先遣队准备东渡黄河，奔赴抗日前线。在渡河前夜，恰逢大雪，毛泽东曾于雪后登上海拔千米、白雪覆盖的塬，视察地形。面对祖国的壮丽河山、茫茫雪景，毛泽东意气风发，豪情满怀，写下了这一气吞山河的壮丽词篇。

[回答要点：①中华民族处于生死存亡的危急关头；②毛泽东率领抗日先遣队奔赴抗日前线；③恰逢大雪（触景生情）]

师：下面让我们一起走进毛泽东的《沁园春·雪》。

二、呈现目标

教师展示“学习目标”，让学生齐读学习目标：

1. 通过音读，诵读感悟，把握诗词思想内容；

2. 通过品读，品味极富表现力的语言，理解诗词描写的恢宏意境；

3. 通过情读，纵情高歌，感受词人的胸襟气度、英雄情怀。

师：同学们读学习目标时发现学习这首词的方法了吗？

生：要通过“读”来学习这首词。

师：人们常说“三分诗，七分读”，可见，对诗词的理解在于诵读，正如古人所讲：“书读百遍，其义自见。”所以，我们今天也从诵读入手，分三个乐章来领会全诗。

三、自学讨论

第一乐章：音读——初步感悟。

（一）读得准确流畅

师：这是一首韵律优美的词。让我们一起走进诗词学习的第一乐章：音读感悟。

（出示 PPT）

师：请大家以自己喜欢的方式读一遍课文，注意屏幕上的字音，要求读得准确、读得流畅。

（生自由读，师倾听）

师：让我们把屏幕上的字词朗读一遍。接下来，我想请一位同学读这首词，哪位同学愿意站起来试一试？

（生读。注意提醒学生读准字音）

师：不过在朗读时还是有一定技巧的。大家认为朗读诗词有哪些技巧呢？

（PPT 展示、板书）

明确：读出节奏、重音；读准语速、语调；读出感情。

（二）读出音韵美

师：读准了节奏和重音，我们就能将诗词读得抑扬顿挫，感受到它的音韵美了。

（师试着读前三句，投影展示重音和停顿）

师：请同学们根据老师读的节奏和重音来读一遍课文，注意突出节奏和重音。

（生看屏幕齐读）

师：现在同学们和同桌一起读这首词，一边读一边讨论如何读得更好，力求读准重音和节奏，然后每组派一个代表比一比。

（生分组读。师选两个组：一个组读上阕，一个组读下阕）

师：这一遍读得很有韵味。

（三）读出豪迈情

师：读诗词还要读出感情，通过刚才的朗读，大家觉得这首词要读出怎样的感情？

（明确：豪迈；赞美；气势磅礴）

师：同学们把握得很准确，诗人柳亚子读后曾经这样评论这首词（展示 PPT），咱们一起读一遍。

（生齐读：“展读之余，以为中国有词以来第一作手，虽苏、辛未能抗，况余子乎？”）

师：连豪放派词人苏轼、辛弃疾都不能与他相提并论。同学们，毛泽东他不是一个普通的文人，而是叱咤风云的一代伟人，他有着经天纬地之才、再造乾坤之志，有着奋发向上、永不消沉的性格，所以他的诗词豪放激昂、大气磅礴（板书），足以雄视万代、辉映千秋。那我们先来欣赏扮演过毛泽东的著名演员唐国强朗诵的这首词。

（播放视频）

师：真是慷慨激昂，豪迈大气！哪位同学愿意来向唐国强挑战的？

（生读）

师：你不但读出了音韵美，而且感情也很投入，我们大家都被深深感染了。

（生再齐读）

第二乐章：品读——品味意境。

师：刚才我们一起领悟了诗词的音韵之美、情感之美。这又是一首意境深远的词，好词一定是有丰满意境的。下面我们进入诗词学习的第二乐章：通过品读，品味这首词的意境。

（出示 PPT）

（一）品壮美雪景

问：词的上阕描写壮美雪景，品读这一部分，想一想我们应读出什么样的感情？请找出关键字词，结合描写手法加以分析。

（师简要提示，生讨论回答）

提示：应读出对祖国壮美河山的赞美和歌颂之情。可以从以下角度分析：

1. 品领字

①师：什么叫作领字呢？通俗地说，就是在词中起领起作用的字，它能领起词中的一句话或者几句话。同学们细细品读上阕，能不能发现上阕哪个字是领字呢？自己读一读，想一想，思考一下如何朗读，再分小组讨论。

生：“望”字是领字，它领起到“欲与天公试比高”。“须”以下是诗人的想象。

②师：下阕有一个字同“望”字有异曲同工之妙——惜。通过领字的巧妙运用，我们看出了诗人的写作思路，也增加了朗读诗词的节奏感。

（开头两句“江山如此多娇，引无数英雄竞折腰”承上启下，从上阕的写景过渡到下阕的抒情）

③师：“望”能不能换成“看”呢？

生：不能，长城很长，用“看”表意普通，根本不能显示这是一片白茫茫的景色。

"望"说明诗人站的位置高，突出诗人极目远眺的情态，视野开阔呀！

（师板书：视野）

④师：那首先请一组同学说说上阕该怎么读。

生：第四句的"望"要读出由近及远眺望的感觉，要拖一点。"莽莽""滔滔"展现出了几千里地都被大雪覆盖的场景，所以要有激昂的感情。"欲与天公试比高"的"试比高"一字一顿，表现了要与天公比个高低的气势。最后"分外妖娆"要读出一种委婉的感情。

⑤师：让我们带着对祖国大好河山的赞美和歌颂，带着自己的体会，走进北国的飘雪世界，美美地朗诵上阕。

（全班齐读上阕）

2. 品手法

①师：写景都有哪些手法？

生：修辞角度，比喻、拟人、夸张；描写角度，衬托、动静结合、以动写静、虚实结合等。

②师：现在大家和同桌一起从上阕中找出一种手法细细品味，说说它好在哪里。

a. 夸张："北国风光，千里冰封，万里雪飘。望长城内外，惟余莽莽，大河上下，顿失滔滔。"用夸张的手法，让人十分直观地感受到雪下得大，绵延千里。

b. 拟人："山舞银蛇，原驰蜡象，欲与天公试比高。"运用比喻、拟人的手法，生动形象地表现了雪白、山高，高原连绵起伏。

③师："欲""比"拟人，读这一句时我们要读出这种斗志来。男生来一遍吧。

（男生齐读）

c. 以动写静：一个"舞"字，一个"驰"字，把群山高原写得富有生机。这叫"着一字而境界全出"。从这里我们可以体会到诗词语言凝练、含蓄的特征。

师："银""蜡"是什么意思？表示白色。不见雪字，却写得雪景，这就叫作"不着一字，尽得风流"。

d. 虚写："须晴日，看红装素裹，分外妖娆。"写的是雪后晴天的美丽景色，用的是想象的手法，虚写。

师：雪后晴天，分外的美呀！读得婉转一点，读出那种艳丽多姿。所以要美美地读呀！这几句咱们女生一起读一读。

（女生齐读）

师：作者在这里运用精妙的语言和多种手法给我们描绘了一幅幅壮丽的自然画卷。不仅词中有画而且景中有情。现在我们再来齐读上阕，体会词人蕴藏在字里行间对壮丽山河的热爱。

（二）品千古帝王

师：上阕是一幅意境开阔的自然画卷，下阕则是一幅波澜壮阔的历史画卷。

（板书：下阕历史画卷）

师：作者将视野转向烟波浩渺的历史长河"指点江山，激扬文字"。作者对历史人物是怎样的态度？应读出什么样的语气？

生：从"惜（惋惜）""略输""稍逊""只识"等字可见作者对他们的态度。历史人物有着共同的缺陷——只知武功，缺少文治，缺少文学才华。

（师引导学生朗读，语气从惋惜到不屑）

师：同学们，秦始皇扫除六合，汉武帝平定匈奴，唐太宗南征北战，宋太祖结束五代纷争，成吉思汗更是纵横驰骋，他们都是英雄啊！但毛泽东委婉地批评他们，傲视群雄，可谓“欲与英雄试比高”，谁胜过这些英雄，比这些英雄高呀？

生：后来者居上，今人必定超过古人。词人发出了超越历史的宣言：俱往矣，数风流人物，还看今朝。

（三）品风流人物

师：毛泽东所指的风流人物是哪些人呢？咱们一起来了解一下这首词的写作背景。

（PPT 出示写作背景，生读写作背景）

写作背景：这首词发表于 1945 年 8 月，中国人民刚刚取得抗战的胜利，毛泽东不顾个人安危，去重庆与国民党谈判，为和平做积极的努力。其间，诗人柳亚子向毛泽东“索句”，毛泽东就赠以《沁园春·雪》。随后该词在《新民报》晚刊公开发表，迅速在民众当中广为传颂，极大地鼓舞了全国人民的革命斗志和胜利的信心。

师：结合时代背景，毛泽东笔下的风流人物是指哪些人呢？

（明确：以毛泽东为首的共产党人领导人民大众，他们必将胜过古人，平定乱世，开创辉煌，迎来“分外妖娆”的明天，他们就是那个时代的风流人物）

师：下阕评价千古帝王，歌颂风流人物，在时间上跨越上下几千年。作者的大视野、大胸襟、大抱负，使得这首词大气磅礴（板书：“大”字）。现在我们都来模仿伟人毛泽东，共同演绎这种大气磅礴！

（生齐读下阕）

师：在今天这个和平年代，什么样的人称得上风流人物呢？

生：在各种平凡的岗位上做出贡献的人，科学家、体育健儿、战士、劳动模范等。

师：十年、二十年后，时代的风流人物是谁呀？

生：是我们。

师：你们都有毛泽东“自信人生二百年”的气概，让未来听到了我们的呐喊。“江山代有才人出，各领风骚数百年”，同学们，只要我们大家立下鸿鹄之志，并为这个目标拼搏奋斗，相信我们一定会成为国家的栋梁之材，也一定会自信地高歌——“俱往矣，数风流人物，还看今朝！”

第三乐章：情读——纵情吟唱。

师：这真是一首大气磅礴的词。我们进入诗词学习的第三乐章：纵情吟唱。

（出示 PPT）

师：现在请全体起立，让我们怀着深深的敬意纵情吟唱，唱出诗词优美的韵律，唱出词人豪迈的激情和伟大的抱负，更唱出我们对未来的无比自信。

（生全体起立，配乐，集体朗诵）

四、拓展延伸

（1）搜集毛泽东的其他诗词，摘录背诵其中名句，写在积累本上。（提示：可推荐

《沁园春·长沙》《长征》等）

（2）展开、想象，用一段文字描绘诵读本词时脑中浮现的北方雪景的画面。

“变化”中的物理问题

——《物态变化》复习课课堂实录

尤小蓉

一、激趣导入

师：这是湛江的酒楼中常见的一道美食，看到这“云雾缭绕”的情景，从物理学的角度，你能提出什么问题？

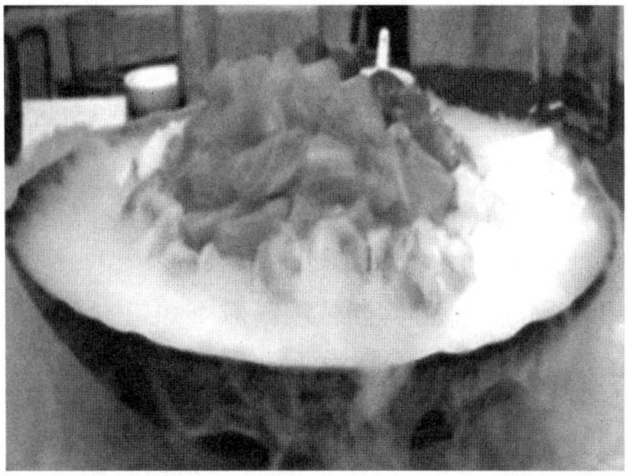

生1：白雾究竟是什么？它是怎么形成的？

生2：生鱼片为什么可以一直处在低温状态？

…………

师：谁能解答这些问题？

生3：白雾是小水珠，它是空气中的水蒸气遇冷液化而成的。

生4：冰块要融化就要从生鱼片上吸收热量，导致生鱼片温度降低。

…………

二、预补反馈

师：其实刚才所有的问题都与我们学过的“物态变化”有关，请根据所学知识完成思维导图。

（生回忆所学知识完成思维导图，并进行展示交流）

生1：我们通常见到的物体有固态、液态和气态，同一种物质也有这三种状态，当温度发生变化时物质的状态就会相应发生变化。固态可以经过熔化变成液态，液态可以经过汽化变成气态，相反气态可以经过液化变成液态，液态也可以经过凝固变成固态。除此之外固态可以直接变成气态，气态也可以直接变成固态，这两个物态变化过程称为升华和凝华。

生 2：吸热的物态变化有熔化、汽化、升华；放热的物态变化有凝固、液化、凝华。

三、自学探讨

师：其实老师还有一个身份——魔术师，不信？那我就给大家露一手吧。你们看这是一把坚硬的勺子，你们可以摸一摸。我可以随心所欲把它变成液体，又变成固体。认真观察金属勺子的变化，思考它经历了哪些物态变化。

教师把金属勺子放在温水中变成了液态，然后用注射器把它吸起来放在冰块上变成了固态。

生 1：这个勺子先在温水中吸收热量由固态变成液态，是熔化；后来在冰块上放出热量由液态变成固态，是凝固。

师：观察得很仔细，描述得也很规范。你们还观察到了什么？

生 2：我发现把它放进温水中，它并没有马上熔化，而是过了一会儿才熔化，我觉得它应该是晶体。

师：在仔细观察的基础上又有分析和推断，得知它是晶体，非常棒！你有更具有说服力的理论或准确的方法判断出它是晶体吗？

生 2：可以用温度计去测量它熔化时的温度，如果熔化时温度不变就可以证明它是晶体。温度变化就证明它是非晶体。

师：你们同意他的观点吗？他的判断依据是哪个知识点？

生 3：同意，依据的知识点是固体分为两种：晶体和非晶体，划分的依据是是否有固定的熔化温度。

师：真棒！判断方法正确，说明大家掌握得不错，在这里我揭秘一下，我使用的是金属镓做成的勺子，它是熔点为 29. 8℃。所以你最初的判断也是正确的。

四、检测巩固

师：我们用几道习题检验一下大家对基础知识的掌握情况。3 分钟内完成下列 2 道题目。

1. 下面四个物态变化实例，属于吸热的是（　　）

A. 初春，湖面上冰化成水　　B. 盛夏，草叶上形成露

C. 深秋，枫叶上形成霜　　D. 寒冬，河水结成冰

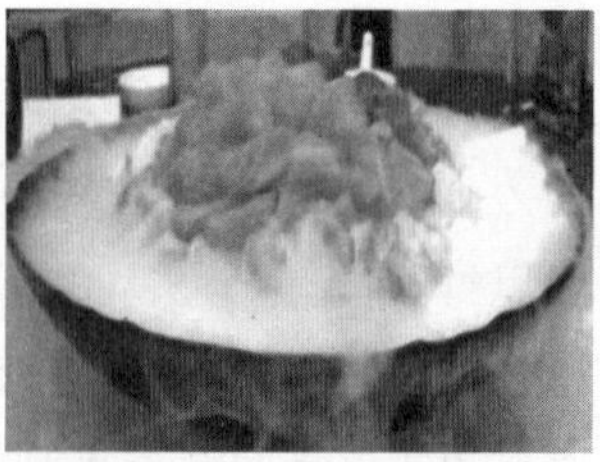

2. 如右图所示，在较大的装有水的餐盘中放入适量干冰，水面出现大量白雾，此时将盛有食物的盘子放入其中，看到的是精美的食物在“云雾缭绕”中。这是因为水中的干冰________（填物态变化名称）成气态二氧化碳，此过程干冰迅速________（选填“吸热”“放热”），水面上大量水蒸气________（填物态变化名称）形成白雾。

（学生独立完成练习，教师巡查）

师：请同小组的同学相互核对一下答案，存在疑问的小组内合作解决。

（学生相互核对答案，个别错误由组员帮助订正讲解）

五、拓展延伸

师：为了保障安全，我们每个教室里都配有灭火器，灭火器分为干粉灭火器和二氧化碳灭火器，请观察一下，我手中的是哪种灭火器？

（生疑惑）

师：从外形上的确看不出来，我们可以看哪个部分找到答案？

（投影标识的信息）

生：这个是二氧化碳灭火器。

师：我们知道常温下二氧化碳是气态的，可是瓶子里装的却是液态的。用什么样的方法能把气态的二氧化碳变成液态呢？

生 1：液化有两种方法，降低温度和压缩体积。我觉得是降低温度。

生 2：我觉得是压缩体积。课本上介绍了液化石油气，我觉得它们两者相似。

师：究竟谁的答案正确呢？我们来看一下小资料。

中文名	二氧化碳	英文名	carbon dioxide
别称	碳酸气，碳酸酐，干冰（固态）	化学式	CO_2
沸点	−56.55℃（216.6K）	熔点	−78.45℃（194.7K）
密度	气态 1.977g/L，液态 0.9295kg/L（0℃，101.3kPa）	水溶性	1.45 g/L（25℃，100kPa）
危险性描述	酸中毒	外观	常温常压下无色无味气体
应用	做灭火剂、气肥、药用等	制备方法	碳酸钙与盐酸反应

师：现在找到答案了吗？谁来分享一下你的判断及依据。

生 3：降低温度。因为资料中显示沸点是 −56.55℃。

生 4：我不同意，我觉得是压缩体积，因为这里的温度后面还有说到压强，它比平常的压强大。所以应该是压缩体积。

师：其实大家的观点都正确，理由也找得比较充分。实际上，要使常温下气态的物质液化，一般在压缩体积的同时降低它的温度，以辅助完成液化过程。换句话说，我们见到的瓶装存储的液化石油气、液氧、液氢、二氧化碳都是压缩体积和降低温度同时使用的。

师：因为高浓度的二氧化碳是有毒的，喷射出来时液态二氧化碳迅速吸热，所以我在实验时需要戴好护目镜和口罩，并戴上手套；待会儿大家也不能长时间接触易拉罐，以免冻伤。观察实验时请思考下列问题：

1. 你观察到了哪些现象？你用手指头轻轻触摸易拉罐外壁或者底部的“白色”物质时有什么感觉？

2. 在此过程中，有哪两种物质的状态发生了变化？分别先后经历了哪些状态？发生了哪几种物态变化？

（教师演示实验）

师：请说说你刚才观察到哪些现象。

生1：我看到二氧化碳喷出来时袋子上有白雾，被喷到的易拉罐上有一层霜。

师：你轻轻触摸易拉罐外壁或底部的白霜时有什么感觉？

生2：感觉很冰冷。

师：你能解释这个袋子附近的白雾和易拉罐上的霜是怎么形成的吗？

生1：袋子上的白雾是水蒸气液化形成的，霜是水蒸气凝华形成的。

师：哪里的水蒸气液化、凝华形成的？

（学生思考片刻后回答）

生2：我觉得是空气中的水蒸气。因为灭火器里的二氧化碳喷射出来迅速汽化，从空气中吸收热量，温度降低后水蒸气才会液化或凝华。

师：刚才大家对这个物理实验分析得非常透彻，假设你们是中考命题专家组成员，请以二氧化碳灭火器实验为素材，命制一道填空题（1～3空），要想好参考答案，然后全班展示交流。鉴于大家没有做过命题工作，我给大家做个提示：大家可以从以下两个方向着手命题：一、描述现象，考查原理：如（1）二氧化碳喷出的瞬间，在喷口的周围发现……（2）易拉罐的罐底部发现……二、描述对象，考查过程：（1）灭火器中的液态二氧化碳……（2）易拉罐附近的水蒸气……

（学生根据观察到的现象进行命题）

师：刚才老师巡视了一圈，发现大家命题水平真不错，语言规范严谨，提的问题切中要害。现在我们一起来看看同学们命制的题目。

（教师展示命制的题目）

二氧化碳喷出的瞬间，在喷口的周围发现大量“白雾”，这些“白雾”是（液化）形成的，它是个（放热）的过程。

师：请你们从语言的规范性上评价一下这道题。

生1：我觉得这道题符合要求，出得很好，而且很容易做对。

（同学们笑）

师：还有其他的意见吗？

生2：我觉得不太好。有很多物态变化都会出现“白雾”这种现象。所以我觉得我们应该把这个题目描述得更清楚一些，我的修改方法是将题目补充成“这些‘白雾’是空气中的水蒸气（液化）形成的”。

师：你们觉得哪位同学命得更好一些？

生齐：第二位同学。

师：我和大家的意见一致，我们在做题的时候要认真审题，找准研究对象，同样地，在命题的时候也要描述清楚对象，不要产生歧义。

师：我精选了两道与这个实验相关的题目。我们做个巩固练习，一方面感受已经命好的题目，另一方面巩固刚才对这个实验的理解。完成后小组内核对交流答案。

1. 用袋子包住二氧化碳灭火器的喷口，在二氧化碳喷出的瞬间，袋子周围出现大量白雾，白雾是________（选填“水蒸气”“小水珠”或“二氧化碳”），这是袋子周围的________（选填“水蒸气”“二氧化碳”）遇冷________（填物态变化名称）形成的。

2. 用二氧化碳灭火器对着易拉罐喷射之后，会发现易拉罐的罐壁或罐底附着一层白霜，白霜是水蒸气________（填物态变化名称）形成的，此过程水蒸气需要________（选填“吸热”“放热”）；发现易拉罐很“冻”手，是因为液态二氧化碳迅速________（填物态变化名称）吸收大量热导致的。

六、小结

师：通过这节课的学习，大家有哪些方面的收获呢？可以从以下三个方面谈谈。

1. 本节课我有什么收获？

2. 我用所学知识能解决什么问题？

3. 我还有什么疑惑？

生1：学习这节课后，我知道了有种金属它的熔点很低，很容易熔化和凝固。我还学到了命题的时候要表达清楚，不能有歧义。

生2：通过本节课的学习，我对二氧化碳灭火器灭火时的物态变化的认识更清楚了。可我还想知道二氧化碳为什么能够灭火。

师：由于时间关系，这节课我们一起学习到这里。二氧化碳为什么能灭火呢？这和它的化学性质有关，大家课后可以查阅资料去解决这个问题。

【教学反思】

本节课是中考复习的第一轮复习课，旨在梳理知识构成体系，整合素材以期提升学生的物理思维能力。所以在教学过程中更多地综合利用六个物态变化基础知识解决生活中与此相关的物理问题，培养学生的实践意识和解决问题的能力。本节课的亮点主要在于实验的运用和试题的编写。两个演示实验提高了学生学习兴趣，改变了复习课"炒剩饭"的沉闷课堂氛围；把不常见的二氧化碳的物态变化和霜的形成展示出来，增加了学生的感性认识，使其有深刻的体验和感官认识，符合初中生的认知水平；学生从编制试题的尝试中学会做题时如何审题和答题，有利于提高分数。这节课的尝试对于大部分学生都是积极有效的，对于课前没有自主复习的学生来说，复习压力较大，知识体系不清晰。所以课前一定要督促学生做好自主复习并画好思维导图，对于学习能力弱的学生需要提前帮助其完成梳理。

《高考仿真模拟（三）试卷》讲评课课堂实录

戴　凝

一、预纠反馈

（一）课前准备

1. 测试情况：略。

2. 答案：略。

3. 错误率最高的题目：选择题2、4，填空题29、31、32、37。

4. 每个同学提前一天用红笔在自己的答题卡上进行更正，并针对错误情况进行分析小结。

（二）新课

师：这次的测试卷比之前的难度大一点（PPT展示），从每道题的得分率可以看出错误率最高的题目是——选择题2、4，填空题29、31、32、37。下面对《高考仿真模拟（三）试卷》进行讲评。

二、呈现目标

教师展示“学习目标”，让学生齐读学习目标）

1. 掌握物质出入细胞的方式，系谱图中发病率、种群数量、生态系统能量流动等相关计算；

2. 学会分析光合作用的影响因素及色素提取和分离相关的实验；

3. 提高审题、分析解决问题的能力及表述能力。

三、自学讨论

师：（先分工）第1、2组负责选择题；第3、4组负责第29、32题；第5、6组负责第31、37题。小组集体研讨题目考查的知识点、用到的解题方法、解题思路，分析错误的原因。

（生按小组进行讨论，组长记录，师巡查）

四、展示提升

（学生讲评，教师对关键、疑难内容做出补充，再通过完成针对性训练，检测学生的掌握情况）

师：接下来我们来听听各小组讨论的结果，先听第一组。

（一）错题汇总第一模块：第2题

生：选择题第2题的点是物质出入细胞的方式，选项A、C、D需要区分主动运输、协助扩散、自由扩散，选项B考查的是胞吐。氧气、水出入细胞的方式是自由扩散，属被动运输；蛋白酶属大分子物质，只能靠胞吞、胞吐进出细胞。错误的原因主要是没有把物质出入细胞的几种方式及特点区分清楚。

师：刚才第一组同学分析得很完整很好，请同学们完成自读设计“物质出入细胞的方式比较表”（给学生2分钟时间）。

物质出入细胞的方式	被动运输		主动运输	胞吞、胞吐
	自由扩散	协助扩散		
特点				
模型	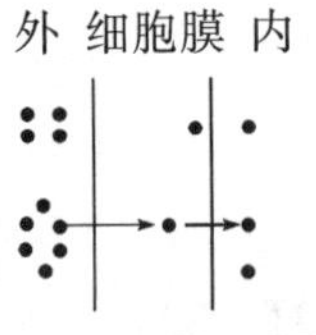	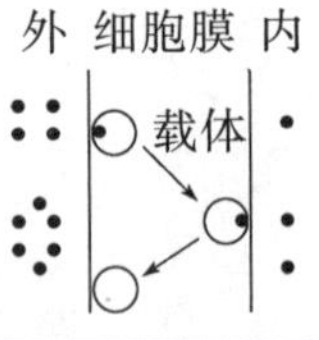	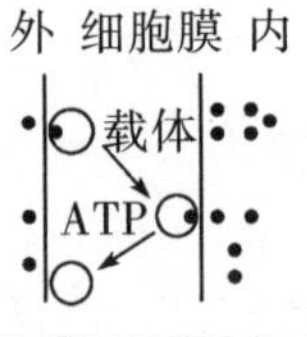	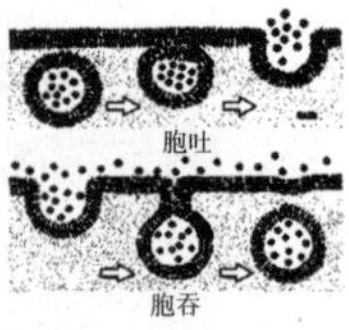
举例				

师：（PPT展示表格答案）消化酶、肽和蛋白质类激素、神经递质等靠胞吐分泌；水、氧气、二氧化碳、脂溶性物质靠自由扩散进出细胞；葡萄糖、氨基酸、无机盐等逆浓度运输时是靠主动运输，顺浓度运输时是靠协助扩散，注意从表格中的箭头方向区分这些运输方式。接下来请第二组讲讲第4题。

（二）错题汇总第二模块：第 4 题

生：（上讲台，用 PPT 图讲）选择题第 4 题的考点是系谱图中的概率计算，从图中 1、2 号正常，5 号患病，说明该病是常染色体隐性遗传病。从图中推出 1、2 号的基因型都是 Aa，6 号的基因型是 AA（1/3）或 Aa（2/3）；而 4 号是 aa，因此 7 号一定是 Aa（在黑板上列式子）。因此可以算出 8 号（1/3）×（1/2）+（2/3）×（1/2），结果没有得出 3/5，我们组还没找出原因。

师：大家帮他们看看问题出在哪里。

生：错误的原因是 8 号表现型正常，8 号基因型不可能是 aa，计算时没有把 aa 的概率去掉。

师：大家听明白没？（看到有较多同学还有疑惑）这类题的思维模型是：首先根据系谱图判断遗传病的遗传方式，然后确定亲本基因型的可能性，最后根据遗传定律算出相关的概率。

师：看图可知 8 号表现型正常，基因型只能是 AA 或 Aa，而 6、7 号的后代中有 aa 的可能性，因此计算 8 号的基因型时要去掉 6、7 号后代中 aa 的概率（2/3）×（1/4），所以 8 号基因型是 Aa 的概率为：［1÷6+（2÷3）×（1÷2）］÷［1－(2÷3）×（3÷4)］=1（边讲边板书）。因此做这类题时要注意整体“1”的变化（给学生 1 分钟小结时间）。

师：接下来请第四组分析第 29 题。

（三）错题汇总第三模块：第 29 题

生：第 29 题的考点主要是光合作用及呼吸作用过程、光合作用的影响因素、光合作用相关的计算、色素提取及分离实验。第一空主要是回答不够完整；第二空对叶绿素、类胡萝卜素的吸收光谱没记清；第四空 O_2 的产生速率代表植物的实际光合速率，应该是净光合速率加呼吸速率；第五、六空涉及的是色素的提取与分离实验，后面两个空考的是乙烯的作用及作用机制。错误的原因主要是：①需要记的没有记清楚，②光合作用的影响因素不能结合实例区分，③色素提取及分离的实验过程及所用药品的作用没理解透。

师：第四组同学基本能找出第 29 题主要考点及错误原因。大家的主要问题：第一方面，光合作用的影响因素包括内外因，内因是酶和色素，外因主要是光照强度、温度、CO_2 浓度，而本题 ab 段是 8：30—9：30 且是晴天和阴天相比，所以影响光合速率的主要环境因素（外因）是光照强度、温度。想想为什么不考虑 CO_2 浓度？

生：因为不管是晴天还是阴天植物周围 CO_2 浓度基本不变。

师：对。第二方面：图中标出的是净光合速率，题干中给了遮光时 CO_2 释放速率即呼吸速率，O_2 的产生速率代表实际光合速率。第三方面：色素提取及分离实验，注意实验过程、所用药品及作用、注意事项。请同学们完成以下两个自读设计（给学生 3 分钟时间）。

自读设计（1）：回顾课本，小结课本中色素知识相关内容；

自读设计（2）：典例分析（2011·高考广东卷）　中国的饮食讲究“色香味”，颜色会影响消费。小李同学拟研发“绿色”食用色素，他以生长很快的入侵植物水葫芦为材料进行如下实验。

Ⅰ. 提取叶绿素

绿色叶片 $\xrightarrow[\text{碳酸钙}]{X}$ 提取液 ⟶ 过滤液 ⟶ 浓缩液 ⟶ 叶绿素粗产品

Ⅱ. 探究 pH 对叶绿素稳定性的影响

取一些叶绿素粗产品，配成一定浓度的溶液，于室温（约 25 ℃）下进行实验，方法和结果如下表。

实验组号	叶绿素溶液（mL）	调 pH 至	处理时间（min）	溶液颜色
①	3.0	Y	10	绿色
②	3.0	7.0	10	绿色
③	3.0	6.0	10	黄绿色
④	3.0	5.0	10	黄褐色

注：叶绿素被破坏后变成黄褐色。

根据所学知识和实验结果，回答：

（1）提取食用叶绿素的 X 应该为________，原因是________________________________。

（2）表中 Y 应该为________，原因是____。

（3）若用作食品色素，天然叶绿素色素不适用________________________食品，否则____。

（4）小李想了解叶绿素粗产品中是否含有其他色素，请你提供检测方法并写出主要步骤。

师：（PPT 展示答案）强调：①课本中色素提取用的是无水酒精，食用叶绿素是为了防止污染，应该用食用酒精，不能用工业酒精。②自变量应等梯度设置。③总结色素的存在部位、种类、作用、提取分离过程。接下来请第六组讲讲第 31 题。

（四）错题汇总第四模块：第 31 题

生：第 31 题考的内容比较多，主要有种群、群落、生态系统、生物进化。错得较多的是种群数量计算、生态系统能量流动计算以及对生态系统的功能和正负反馈的理解。

师：（PPT 展示题目）我们一起来读题，画出题干中的关键词，比如第一小题中“生物进化的角度”“生态系统的功能的角度”，就能找到答题切入口：狼和兔子相互选择共同进化，生态系统功能中信息传递的作用。大家可以按照这种方法把（3）（4）（5）小题的关键词画出来。

（生读题画关键词，师巡查，发现问题及时纠正）

师：这道题大家错得多的原因主要是题目中涉及两类计算：J 型增长中的种群数量计算、能量流动中的生物量计算。（板书）$N_T = N_0\lambda^t$，λ 代表第二年是第一年的倍数，题干中给到每年均以 150% 的速率增长，因此 $\lambda = 2.5$，因此两年后为 $N \times 2.5^2 = 6.25N$。

师：根据食物网、能量传递效率（10%）、题干的要求（每种生物从上一营养级不同生物获得的能量相同），计算需要消耗草的量时可以先分别计算每条食物链的，再求和（板书）。

师：最后我们可以一起总结一下解决这类题的一般方法（师生一起小结）。大家课后完成“拓展延伸”的必修三中涉及的其他计算，不明白的课后多问。接下来请同学们独立完成检测巩固（给学生6分钟时间，教师巡查，对个别学生进行单独辅导）。

五、检测巩固

1. 如图表示细胞膜对不同物质的转运过程及相关结构。下列叙述正确的是(　　)

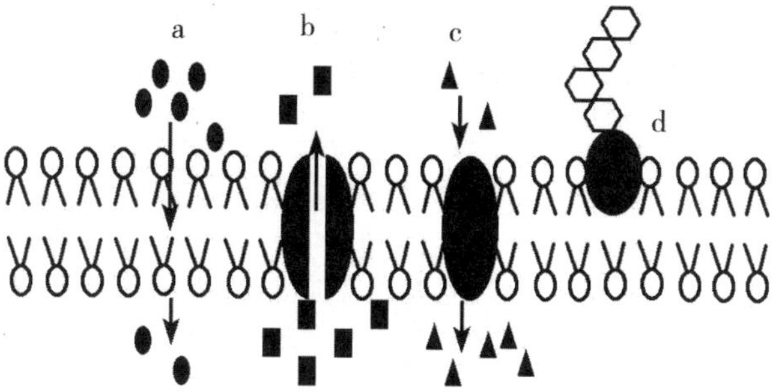

A. a表示发生质壁分离时水分子的主要移动方向

B. b表示神经细胞受到刺激后 Na^+ 的透性变化特点

C. c过程一定消耗能量

D. 浆细胞能够依靠d识别相应的抗原

2. 图甲为北极冻原生态系统中部分生物构成的食物网。图乙虚线方框内表示一个生态系统，箭头表示该生态系统能量流动的方向。请据图回答下列问题。

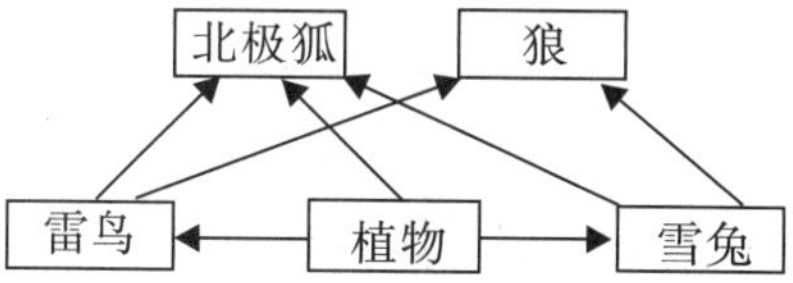

图甲

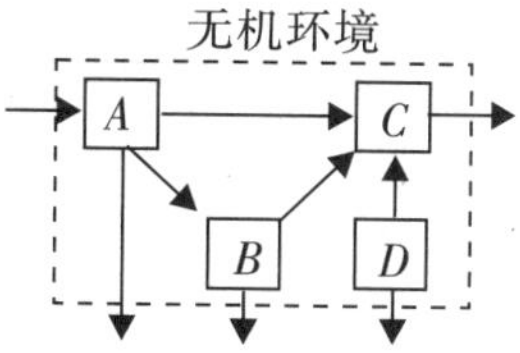

图乙

（1）图甲中雪兔和狼之间的种间关系是________。

（2）假如北极狐的食物1/2来自雷鸟，1/8来自植物，且该系统能量从生产者到消费者的传递效率为10%，从消费者到消费者的传递效率为20%，如果北极狐种群增加的能量为80kJ，若不考虑其他变化的影响，则需要植物的能量是________kJ。

（3）图乙中C代表生态系统中的成分是________。

3. 某生物兴趣小组为指导草原牧民更科学地放牧，对草原生物种类进行了调查。请回答下列问题：(1) 该兴趣小组为确定放牧量，对该草原上的某种优质牧草进行了种群密度的调查，所用的调查方法为样方法。若选取5个样方，种群密度分别是 N_1、N_2、N_3、N_4、N_5（单位：株/平方米），则该种优质牧草的种群密度为________株/平方米。

（2）在某一时刻有一田鼠种群迁入了该生态系统，这种田鼠以优质牧草的根为食，该兴趣小组对这一田鼠种群进行了一段时间的追踪调查，并绘制出如下图曲线：

①图中虚线表示在＿＿＿＿＿＿＿＿＿条件下田鼠种群的增长方式。

如果迁入时田鼠的种群数量为 a，而且每繁殖一代种群数量比原来增加 m 倍，则在此条件下繁殖 n 代以后，田鼠的种群数量为＿＿＿＿＿＿＿＿。图中实线表示田鼠种群在该草原生态系统上的实际增长情况，图中＿＿＿＿（填字母）点时，该田鼠种群数量的增长速率达到最大。

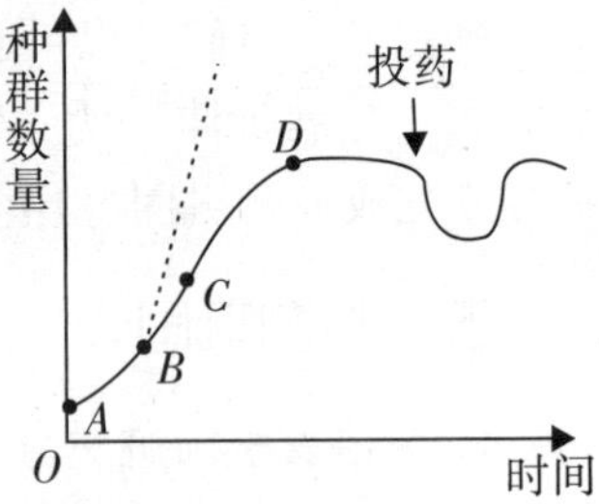

②在调查田鼠种群密度时应采用的方法是＿＿＿＿。如果田鼠在被捕捉过一次后更难捕捉，则统计的种群密度会比实际值＿＿＿＿＿＿＿＿。为保护牧草，牧民开展了灭鼠活动，即在图中所示的某时刻向该草原生态系统中投放了灭鼠药，但一段时间后田鼠的数量又恢复到原来的水平，可能的原因是＿＿＿＿＿＿＿＿＿＿＿＿＿＿＿＿＿＿＿＿＿＿＿＿＿＿＿＿。

参考答案：略。

师：（PPT 展示答案）强调：①如何判断细胞膜的内外表面；②样方法调查种群密度时注意随机取样，最后取所有样方的平均值，注意带单位。③注意标志重捕法的误差分析。

六、拓展延伸（必修三中涉及的其他计算）

1. 依据探究“培养液中酵母菌种群的数量变化”的实验过程和要求，回答下列问题。

（1）某学生的部分实验操作过程是这样的：①从静置试管中吸取酵母菌培养液进行计数，记录数据；②把酵母菌培养液放置在冰箱中培养；③第七天再取样计数，记录数据，统计分析绘成曲线。

请纠正该同学实验操作中的错误。

（2）利用计数板可在显微镜下对微生物细胞进行直接计数。计数板是一个特制的可在显微镜下观察的玻片，样品就滴在计数室内。计数室由 $25\times16=400$ 个小室组成，容纳液体的总体积为 0.1mm^3。现将 1mL 酵母菌样品加 99mL 无菌水稀释，用无菌吸管吸取少许滴在盖玻片边缘，使其自行渗入计数室，并用滤纸吸去多余菌液。

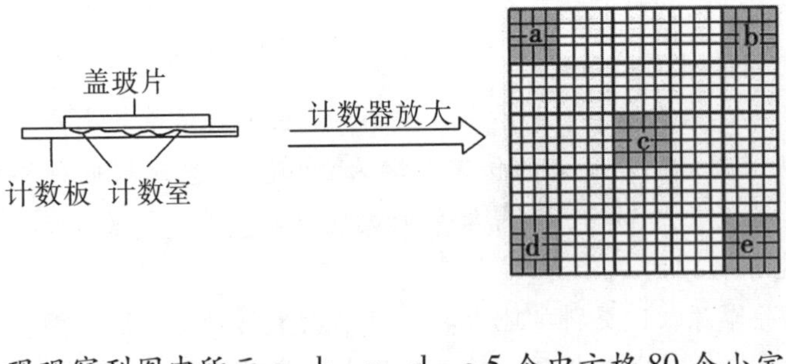

现观察到图中所示 a、b、c、d、e 5 个中方格 80 个小室内共有酵母菌 44 个，则上述 1mL 酵母菌样品中约有菌体＿＿＿＿个。为获得较为准确的数值，减少误差，你认为可采取的做法是＿＿＿＿＿＿＿＿。

2. 某弃耕地的主要食物链由植物→田鼠→鼬构成。生态学家对此食物链能量流动进行了研究，结果如下表，单位是 J/（$\text{hm}^2\cdot\text{a}$）。

植物	田鼠			鼬		
固定的太阳能	摄入量	同化量	呼吸量	摄入量	同化量	呼吸量
2.45×10^{11}	1.05×10^{9}	7.50×10^{8}	7.15×10^{8}	2.44×10^{7}	2.25×10^{7}	2.18×10^{7}

（1）能量从田鼠传递到鼬的效率是____________。

（2）在研究能量流动时，可通过标志重捕法调查田鼠种群密度。在 $1hm^2$ 范围内，第一次捕获并标记 40 只田鼠，第二次捕获 30 只，其中有标记的 15 只。该种群密度是________只/hm^2。若标记的田鼠有部分被鼬捕食，则会导致种群密度估算结果________。

（3）田鼠和鼬都是恒温动物，同化的能量中只有 3% ~5% 用于________________，其余在呼吸作用中以热能的形式散失。

参考答案：略。

第三章　资料选编

第一节　“精致课堂”教学改革报道

以精致名义，打造高效课堂

许瑞恩

2017年4月7日，是湛江二中港城中学“第二届精致教学开放日”。一大早，我们记者一行便慕名前往。

进入宽敞的校门，迎面看到的是横挂在教学楼两旁的几幅红色醒目的标语：“精致教学把时间还给学生，把课堂还给学生，把能力还给学生”“合作学习争先恐后，精彩展示当仁不让”“精致教学让学生表现课堂，体验课堂，感悟课堂，享受课堂”。“百名名师”宣传版在校道两旁一字排开，引人瞩目。整洁的校园，书声琅琅。听课、观摩的来宾成群结队，楼道处人头攒动，犹如盛大的节日。

一、定位“精致办学”，以教育名义，办“精致学校”

我们把镜头对准了正在初二（18）班上语文课的副校长田飞虎。田副校长是“精致课堂”教学的创立者、负责人，也是“精致课堂”教学改革的实践者、带头人。他的课堂始终是开放的，经常有老师直接推门进去听课。今天的课堂更是“济济一堂”，教室里座位不够，走廊上还站了不少人。田副校长讲的是毛泽东的《沁园春·雪》，他设计精巧，引导学生从诵读入手，按照“音读—意读—情读”的思路，层层推进；学生自由读、男女对比读、分组朗读、师生同读……最后是全班一起纵情吟唱。精彩纷呈，高潮迭起，学生不仅很好地把握了词人的情感，也深深地打动了在座听课的同行和家长。一位家长激动地对记者说：“太精彩了！从没有见过课可以这样上！听到最后我都想哭（感动）……”

“看到学校横幅上的标语突出的是‘学生’，您的课堂也几乎是学生在活动，这是‘精致课堂’教学的特点吗？”记者若有所思地问道。“是的。学生的主体性，应是我们教育的出发点和立足点，教育就是要弘扬人的主体精神。但在我们的实际教学中，由于老师的课堂‘满堂灌’，学生变成了填鸭式的机器，导致课堂效益和学生的学习兴趣大大降低。课堂时间不够，就用课外时间补，于是布置大量课后作业，这又大大增加了学生的学习负担。如此恶性循环，学生减负就成了一句空话。我们的‘精致课堂’教学，就是要致力于提升课堂教学质量和减轻课业负担两大改革任务，真正实现减负增效提质。”

田副校长认为，我国新课程改革已经进行了十几个年头，新课程理念深入人心，全国各地也涌现了不少课改先进学校和成功经验，但对很多学校来讲，这些成功经验往往“水土不服”，效果不佳。因此，教学改革一定要立足学校实际。课改之初，学校提出办“精致学校”的目标，确定了“立足校本，自主构建；经营课堂，内涵发展”的课改方针。

“立足校本，自主构建”是指学校改革的立足点，依据校情而定。

一是学校的品牌战略。湛江二中港城中学是2007年市政府指导成立的两所市直属民办中学之一，由湛江市二中直接管理，学校依托湛江市二中的师资优势、品牌优势，办学近十年的教育教学质量已稳居湛江市一流水平，连续多年获得湛江市“中考先进单位”。但离学校“三步走战略目标”（第一步：用前六年的时间，打造优质教育的品牌，以优质教育在湛江市确立领先的位置；第二步：用六年的时间，以特色教育、精品教育、内涵式发展跻身广东省示范学校；第三步：成为东西方文化结合的亮点），建成粤西一流的民办中学，挤入“广东省民办学校示范校”行列还有很大的差距。田副校长认为，一所优质学校的发展目标不应局限于湛江市，而应面向广东全省乃至全国。

二是生源结构。杨耀明校长来湛江二中以后，非常重视湛江二中港城中学的发展，提出“集二中之力打造港城中学”，生源质量大幅提升。学校超过80%的生源来自霞山中心区，学生很多来自知识分子家庭，生源素质比较好。家长、社会对学校教育教学提出了更高的要求。这必然促使学校要有先进的理念、科学的方法，以提高质量，真正实现优质教育，真正做到“学会求知、学会合作、学会做事、学会做人”，使学生终身受益。

“经营课堂，内涵发展”是指改革内容和方向。学校提出办“精致学校”的目标，“从提高常态课的精致程度入手，构建新的课堂教学模式，以转变教师的教学方式和学生的学习方式为突破口，以实现教师的课堂教学和学生的自主学习双向高效为目标”，从而形成自主特色的“精致课堂”教学模式。

二、解读“精致课堂”，构建“精致理论”，实践“精致模式”

田副校长说，“精致教学”传承湛江市“精讲、善导、激趣、引思”课堂教学八字要求，把“微笑、尊重、宽容、民主、探究、合作”带进课堂，符合市中小学新一轮课堂教学改革要求。经过两年的实践，“精致教学”已经形成了较为系统的理论框架和操作模式，即“精致教学”的“三五”特征和“精致课堂”的“三五三”模式。

1. 解读“精致教学”的意涵

精致是相对粗放而言的一种事物发展形态。提高常态课的精致程度，必须在教学主题的提炼上体现精炼深刻，在教学内容的整合上体现精当合理，在教学方法的设计上体现精巧有效，努力做到用最少的时间使大多数学生获得最佳的学习体验、最大的进步与发展，实现课堂教学效益最大化。

“教学主题精炼深刻、教学内容精当合理、教学方法精巧有效”是“精致教学”的三个维度，它是衡量备课、上课、评课、作业布置和教学检查这些教学教研工作效益的基本原则。同时，“精致教学”要贯穿五个意识，即目标意识、问题意识、主体意识、模式意识和落实意识。三个维度和五个意识是“精致教学”的“三五”特征。

2. 解读“精致课堂”的“三五三”模式

“三五三”模式是“精致课堂”的操作模式，它是三个环节、五个步骤和三种课型的简称。

三个环节：定向（确定目标）、自学（当堂自学）、讲练（适当讲练）。

五个步骤：预习反馈—呈现目标—自学讨论—展示提升—检测巩固。自学讨论和展示提升两个环节存在变式（根据学习任务的不同灵活处理，可以集中讨论几个问题再展示，也可以讨论完一个问题即展示）。

三种课型：新授课、复习课、讲评课。

“三五”特征是“精致教学”的内在要求，“三五三”模式是“精致教学”的外在形式。三个环节是课堂结构的基本要素，五个步骤是落实三个环节的操作过程。因此，“三五三”模式也称为“三环五步”模式。

有了科学的教育教学理论体系，有了可操作性强的“三环五步”，湛江二中港城中学的“精致课堂”教学改革得以有效推进。

三、全力推行“精致”，以工匠精神，打造“精致课堂”

1. 实践“精致”，教师素质全面提升

构建“精致教学”，打造“精致课堂”，学校从三个方面入手：

一是实行教学督导机制，确保“精致课改”持久有效。学校成立了教学督导小组，督导小组除了常规管理外，还有督查、指导两项功能。督导组每周一次例会，汇报督导情况，每周一通报，每月一小结。

二是抓实集体备课，充分发挥集体的智慧。集体备课是实现高效课堂的前提和保证，编写“精致课堂”教学教案是集体备课的重要内容。学校的集体备课有两个规范（《“精致课堂”教学教案编写规范》和《“精致课堂”教学自读设计编写规范》）、三个任务（学习“精致理论”、反馈上周教学问题、备好当周教学内容）、四个轮次（第一轮假期个人备课、第二轮学科组集中备课、第三轮个人打磨教案、第四轮“教学反思”）。

三是以“三课”活动为抓手。新教师的汇报课、骨干教师的示范课和“精致教学”的探讨课，学校称为“三课”。学校规定，各备课组在开学前一周安排好学期“三课”计划，每个学科每月不少于两节，由骨干教师、科组长带头。“三课”有着示范性、探讨性和科学性。“三课”活动，有效规范教学行为，提高教学质量。

“精致教学”，使教师的思想作风和精神面貌大为改观。

首先，增强了教学研究的自觉性，提高了科研意识。在实践中，教师养成了反思、总结的习惯，把研究当成个人成长的需要，积极撰写教学论文，积极参加各级课题研究。

其次，增强了集体备课的自觉性，提高了备课质量。备课组不仅是教师解决疑难问题的场所，更是教师分享成功心得、提升业务水平尤其是备课能力的重要平台。资深教师唐四春说：“现在回头看看以前备的课，实在是拿不出手！”反思过去本身就是一种进步。

最后，增强了相互听课、议课的自觉性，提高了学习意识。教师主动听课、议课已经形成了一股风气。记者在学校转了一圈，总会发现教室里经常有十几人甚至二三十人在听课。据教导处统计，学校每周安排600 多节听课，平均每人3 节，不少教师超过了5 节。

当一项工作变成了大家自觉的行动的时候，就会产生无穷的力量。年轻教师高凌雁来到学校才三年，就积极投入“精致课改”，学校公开课、市教学调研课、教学开放

课，她一次不落，课堂组织有条不紊，师生互动配合默契。当专家们得知她是上讲台不久的年轻人时，非常惊讶。

湛江市2016年初中高效课堂的比赛，参赛教师充分体现了“精致课堂”教学的优势。在市直属学校组比赛中湛江二中港城中学获得一等奖8个，是获一等奖最多、获奖率最高的学校。高分获得全市语文第一名的郭慧老师说：“我平时就是按照‘精致课堂’教学模式上课的，所以比赛觉得很轻松。”

2. 课堂“精致”，让学生真正成为学习的主人

优质的教学，一定是让学习发生在学生身上，让学生成为课堂的主人。学校制定了一个学生小组合作学习的评价机制，通过小组“堂堂比”和“天天比”，及时将学习过程评价与学习结果评价相结合，小组集体评价与小组成员个人评价相结合，大大激发了学生学习的主动性和创造性，提高了课堂效益，实现了高效学习，也增进了班级凝聚力。

记者观察到，在课堂上，举手的学生争先恐后，非常踊跃；上台展示小组探究成果的学生个个发言都落落大方，训练有素。每个班里基本上分了8个学习小组，每个小组6～8人，每个小组有小组长，小组成员分工明确，责任落实。在教师引导或同学展示分享时，学生认真倾听；在个人自学时，他们静心思考；在遇到难点、疑问时，小组成员在小组长的主持下，在组内有序发言，“不对，不对，是这样……”“不行，我的方法更有道理……”一阵阵争执的讨论声从教室里传出来，彼此各执一词，为一个意见争执不休，为一个细节耿耿于怀——这种情景成了“精致课堂”的常态。初三曾琳茜同学（2017年湛江市中考总分第二名）说：“‘精致课堂’让我们学会了预习，让我们在课堂上学会了合作探究，使我们有了更多的学习动力……‘精致课堂’让我精彩！”

“精致课堂”将大部分时间给了学生。广西百色市田阳县教研室主任梁凤雷在听了一节地理课后说：“我走遍了全国很多名校，老师在课堂上只讲五分钟很难做到，洋思中学提出来了但也没有做到，而你们做到了！”

学生不仅学到了知识，更能够在课堂中得到成长。刚上初一的王歆月同学说：“想想以前那个我，上课回答问题时总是很羞涩。有时遇到会答的题也不敢回答。如今，在精致课堂展示提升环节的帮助下，我正在慢慢改变这个毛病，我越来越懂得如何在课堂上展示自己发光的地方。因为我已经在一次次回答中锻炼出了勇气，在一次次准备中提升了能力。”

“精致课堂”教学受到家长的由衷肯定。一位初二学生的家长告诉记者：“孩子的学习热情、学习的自主性比以前提高了很多。我们的孩子有这样的学校、有这样的老师，我们家长非常放心！”

四、“精致”硕果累累，百花齐放，成果亮丽夺目

“精致课堂”教学真正实现了减负增效提质。有关机构对湛江市学生课外作业的调查对比发现，港城中学的作业量在同类学校中是最少的，一般每天不超过1.5个小时。把学生从题海中解放出来，才有可能实现学生的全面发展，做到田副校长所说的“素质与成绩齐飞，质量与特色并进”。

教学质量不断提升。“两考”连续创历史新高，2015年学校是湛江市唯一一所中

考、高考双先进的单位。学校中考成绩突出，2015 年包揽霞山片区总分前四名，前十名 6 人，包揽霞山片区省实录取名额；2016 年，考上一中、二中、华附、省实等重点中学 273 人，升学率达 31.5%，超过往年任何一届，夺取霞山片区总分第一，霞山片区前十名 6 人，同时包揽霞山片区华附、省实全部录取名额；2017 年，880 分以上人数比例居全市第一，包揽霞山片区前三名，霞山片区前十名 9 人；在重点中学减少招生人数、市区其他学校考取重点中学人数明显下降的情况下，湛江二中港城中学的重点中学升学人数反而比 2016 年增加了 49 人，其中 800 分以上增加 60 人，增幅 23%，位列全市第一。

各种竞赛捷报频传。近三届初中“华罗庚杯”，湛江二中港城中学考生获奖率、高分层学生比例列全市首位：2015 年，一等奖 16 人，获奖总人数占霞山片区获奖人数的 81%；2016 年，一等奖 16 人，获奖总人数占霞山片区获奖人数的 75%；2017 年，一等奖 10 人，获奖总人数占霞山片区获奖人数的 83%，包揽初一、初二组一等奖前四名。在 2016 年亚洲国际奥林匹克数学竞赛决赛中，获奖牌 132 块，占市总人数的 55%，其中金牌占总人数的 70.5%。在 2017 年语文大中华杯赛中，一等奖 9 人，占市总人数的 69%，并夺得初一组第一名、初二组前三名、初三组全部奖项；数学世奥赛包揽初三组一等奖，初一组一等奖占全市总人数的 75%。

“精致课堂”教学研究成果丰硕。2016 年 8 月，成功申报了一个广东省课题和四个湛江市重点课题。修订了《精致课堂教学实用手册》，并出版了《精致课堂教学优秀论文集》《精致课堂教学优秀课例集》和《精致课堂我精彩（学生征文）》三本著作。谭振兴老师两篇文章《聚焦物理核心素养，打造高效的精致课堂》《精致课堂管理，提升教学质量》分别发表在正式刊物《学校教育研究》和《教育》上。2016 年 11 月，湛江二中港城中学物理科组以优异的成绩和“精致教学”鲜明的特色在众多学校中脱颖而出，被评为“广东省初中物理示范科组”。

“精致课堂”教学已成为湛江二中港城中学一张新的名片。很多家长说：“我就是冲着这一点来报读湛江二中港城中学的。”2015 年初一招生报名人数与录取人数比为 4∶1，只用 20 多天就招满；2016 年优质生源增多，市区各小学的尖子生超过 70% 报考湛江二中港城中学；2017 年原本计划招收 20 个班，最后扩招到 22 个班。

“精致课堂”教学对外影响不断辐射、逐渐扩大。“精致课堂”教学在市内外甚至省内外产生较大影响，前后有 5 000 多人前来观摩听课，交流学习。其中，广西百色市田阳县教育局先后两次组织全县中学校长、骨干教师 120 多人专程来学校学习。2016 年 12 月，“精致课堂”教学应邀送课田阳，受到田阳师生的喜爱和高度赞赏。许多学生课后围着老师索要签名、电话。赖玉琳老师自豪地说：“是‘精致课堂’教学让我做了一次‘明星’。”

湛江市教研室主任张勉两度带领市教研室专家到湛江二中港城中学进行调研，并给予了高度评价。两次举办精致课室教学开放日，湛江电视台、《湛江日报》均进行了专题报道。

五、专家点评“精致”，课改的路子走对了，静待花开！

湛江二中港城中学的“精致课堂”教学改革，如乳燕初啼、春风拂面，给湛江市教学改革闯出了一条新路子，受到社会广泛关注。

教研专家点评：各学科“精致课堂”很好地落实了课堂教学的“三环五步”；教师集体备课功夫踏实，对教材的研究及处理到位，很好地解决了教学的重点难点；最难能可贵的是突出学生的学习主体地位，让学习发生在学生身上。“精致教学”模式有利于教师的成长与进步，减少走弯路、避免经验欠缺等方面的问题，尤其是可以让新教师快速地成长和提高，缩短了其与优秀教师之间的差距，许多上讲台不到一两年的教师，能讲到这个程度，实属不易。

湛江市教研室主任张勉点评：湛江二中港城中学传承了湛江市教学改革的思路，根据自己学校的实际情况，全力推行“精致课堂”教学改革，这条路子是对的。我总的看法是：一是领导重视，全员参与。二是态度坚决，勇气可嘉。三是准备充足，推进扎实。学校的理念很新，各方面准备充足、精细，并取得了一定成效，很值得肯定。这个课改的路子是对的，我静待花开！

教育媒体点评：湛江二中港城中学的“精致课堂”，真不愧是被称为“湛江市最具特色、最接地气、独创的最具操作性的高效教学模式，是湛江市课程改革中的一颗耀眼的明珠”。

外省市教育教研专家点评：“精致课堂”的各个教学环节安排得合理、科学，非常精致，对学生自主学习、合作学习、探索学习非常有帮助，很值得学习借鉴。

湛江二中港城中学“精致课堂”教学改革迈出了可喜的一步，学校以“追求精致，臻于至善”为宗旨不断精进。但改革永远在路上，正如林华庆校长所说：“我们的‘精致课改’，还要结合国家提出的未来学生核心素养的培养，不断创新、完善，为湛江市的教学改革拓宽广度、提升高度。”

据记者了解，湛江市教研室非常希望湛江二中港城中学在不久的将来能成为湛江市初中学校的标杆，成为湛江乃至粤西的精品学校。

让我们共同期待这一天的早日到来！

第二节　林校长讲备考

精彩人生源自信，攻坚数月拔头筹
——在初三年级备考大会上的讲话

老师、同学们：

初秋时节，天高气爽。我们湛江二中港城中学隆重召开初三年级备考大会，我代表学校向奋战在初三年级的全体老师表示衷心的感谢和崇高的敬意！向顽强拼搏、刻苦努力、奋发向上的同学们表示亲切的问候和美好的祝愿！

转眼间，我们到了初三了！初三！——毕业班！——中考！这字字千钧呵！同学们，中考是影响人生发展最重要、最关键的一次考试！它关乎你们今后的走向，甚至是前途命运，要明白中考竞争是异常激烈的，市区优质初中毕业生增多，优质学位却不多……考试的内容有所调整，更加注重综合能力和传统文化的融合……题量也增加了，这些给我们的迎考能力带来了新的考验。

同学们，“九年磨剑、六月试锋”，置身于升学竞争的洪流，实际上我们早已身不由己，升学压力在逼迫着我们，我们别无选择，只能破釜沉舟，背水一战，哪怕困难再大，也吓不倒我们，因为我们是二中人，湛江二中港城中学备考经验足、氛围好，我们一定能在这场激烈的竞争中展现优势！

在此，我送给大家四句话，为大家鼓劲加油。

第一，要有必胜的信念。要相信自己的能力——因为我们是全面发展的二中港城人，也要相信自己的潜力，只要付出努力，一定能再进一步。

第二，坚持就是胜利。行百里者半九十，意思是走一百里路，走了九十里才算是一半。干事情越接近完成时越艰难、越关键，做事愈接近成功时愈要认真对待。为山九仞，功亏一篑。意思是堆九仞高的山，只缺一筐土而不能完成。现在，不仅仅是在座的同学们觉得辛苦，觉得疲惫，全市10万多兄弟学校的同学也是一样。最后280天，谁能坚持到最后，谁就能笑到最后！

第三，努力才有回报。常言道：一分耕耘，一分收获。有了刻骨铭心的努力和汗水，才能获得丰厚的回报，不劳而获的事情是不存在的。请相信：只要足够努力，一切皆有可能；成功只属于有准备的人！

第四，方法灵活效果好。现在的考试，注重知识的迁移应用，多数题来源于实际，题目问得活。其实答案并不全在书上，我们一定要多练，平时要多思多问，发挥小组合作学习的优势，结合所学知识和原理去解答考题。

同学们，只有九个多月了，时间短，任务重，我们要以效率为先。进入毕业班后，对知识的梳理十分重要！我们要在老师的指导下，脚踏实地，系统地梳理知识，强化训练。只有这样，才能做到胸有成竹，应战自如。

同学们，明天的辉煌是以今天的汗水与艰辛为代价的。置身于竞争的洪流之中，面对考场这个战场，除了奋勇拼搏，我们别无选择。不能辜负父母的期盼，不能辜负老师的厚望，更重要的是不能辜负自己的青春和大好前程！

在此，我赋诗一首送给同学们：

备考动员会

寒窗九载苦来修，今日师生立大猷。
实现高标凭奋斗，提升效率戒心浮。
课堂明道专为径，题海畅游勤作舟。
精彩人生源自信，攻坚数月拔头筹！

最后，祝同学们中考取得优异成绩！我等着你们的捷报传来！

奋力冲刺一百天，迎接人生最大考

——在2021届湛江二中港城中学高考百日冲刺誓师大会上的讲话

各位高三年级的家长、老师，同学们：

在今天，全国各地高三年级都在召开高考百日冲刺誓师大会。此时，我们湛江二中港城中学高三级全体师生也已整装待发，以饱满的精神、昂扬的斗志、高涨的士气，奋力冲刺一百天，迎接2021年高考的洗礼！

二中高考的主战场在总校，总校是连续20多年的湛江市高考先进单位，拥有丰富的备考经验。我们的优势就是能共享总校的教学资源，我们港城中学高考也连续五年创新高。从刚才老师、同学和家长的发言中，我欣喜地看到，我们2021届高三毕业班老师、同学和家长都在积极备战，目标明确、信心坚定，我们的备考工作扎实有效，现在高三级的备考氛围很好，部分同学刚参加完体育艺术或传媒类的单考，专业成绩超过了去年的本科线，只要文化科跟上去，考上本科院校就不成问题。我们有理由相信，借总校备考的东风，今年定能取得高考新的突破！

我看到，在今年高三年级这个集体里，一大批优秀学子好学上进、勤于思考、勇于攀登，“少年强则国强”，学校将以你们为荣！我看到，在这个集体里，在改变同学们命运的关键时刻，老师们爱岗敬业、以校为家、无私奉献，“甘将心血化时雨，润出桃花一片红”，以更饱满的热情、更真挚的情感精心备课，科学讲解，细心批改，耐心辅导；我看到，在这个集体里，大家众志成城，相互鼓励，共同进步，同舟共济。我希望，我也相信，2021届的港城学子一定能在百日后的高考考场上取得理想的成绩！

我作为校长，同时也是一位有二十几年备考经验的老师，在这里向同学们提出以下四点备考建议和要求：

第一，要有坚定信心，“我必成功，舍我其谁”！牢固树立“只要努力，我能成功，我必成功”的信念。有了这个信念，才会有一颗永远不被征服的大心脏，才会在决战的关键时段始终保持旺盛的精力和坚实的前进步伐。同学们，自信是能创造奇迹的！

第二，要有刻苦自强的精神，要“依靠自己，战胜自己，超越自己，成就自己”。要勤学、善思、多问，认真查漏补缺，夯实基础。同学们，请你们严格自律，努力战胜自己的惰性及其他各种不良习性，排除影响学习、分散精力的各种杂念和干扰，全身心投入。执着追求，勇攀高峰！

第三，要有科学高效的学习方法，做到“投入专注，心无旁骛，一日胜十天”。摒弃一切诱惑，过简单的三点一线生活，“宿舍—教室—饭堂”，分秒必争，与强者竞争，向自我开战。同学们，这一百天如能科学安排，追求最大效益，其收获和提高可能超过三年的总和！

第四，要有平稳的心态，做到“每临大事先冷静”。对待考试，要有紧迫感和竞争意识，但在心理上却要沉着冷静，以一颗平常心正确对待，将平时考试当作高考对待，将高考视作平时考试。竭尽全力拼过程，问心无愧看结果！举重若轻，在高考场上以良好的心态充分发挥出自己的水平。

同学们，现在大家已经看到了你们坚定和执着的目光，感受到了你们奔腾的热血，我相信，百日奋战后的考场上，你们一定会以出色的成绩做到让父母放心，让老师满意，让学校骄傲！

我填词一首，与大家共勉：

浪淘沙·高三备考祝愿

二月沐春风，柳绿花红。港城学子换新容。三百师生齐互勉，六月争锋。

鸿鹄越高峰，翱翥苍穹。专勤博学贵旁通。决胜考场今日始，冲刺成功！

最后，祝大家梦想成真！每一位同学都能考上心目中理想的大学！

第二部分　精致教研

第一章　实施策略

第一节　精致教研阐述

教而不研则浅，研而不教则空。且教且研既是教师获得职业尊严和幸福感的途径，也是提升学校教育教学质量的途径。从2015年开始实施“精致教学”探索到今天日趋成熟的“精致教育”体系，我们构建了学校、学科组和个人三个层次的三位一体教研模式，旨在打造一支有理想信念、有道德情操、有扎实学识、有仁爱之心的教师队伍。

我校教研体系的基本构架：学校层面，在问题驱动下以课题引领的宏观规划；学科组层面，以核心素养为目标的学科特色建设；个人层面，准确定位个人成长目标，积极参与教育教研工作，以实现专业成长。

一、学校层面：问题驱动，课题引领

2015年9月，田飞虎老师调任我校教学副校长。上任后立即深入课堂收集大量一手调研资料，然后根据我校师资参差不齐和课堂效率低的现状果断提出了“提高常态课的精致程度”的要求。“提高常态课的精致程度”成为全校的研究课题。2016年2月开启全校范围的教学研究，即后来的省级课题“教育现代化背景下的‘三环五步’精致课堂教学高效模式研究”（课题编号：2017YQJK214）。

该课题旨在初中各学科的课堂教学中，着眼于“提高常态课的精致程度”，探究各学科课堂教学基本环节的实施原则和操作模式，规范教师教学行为，提升教师业务素养；探究学生小组合作学习，形成高效的小组合作学习模式，使学习发生在学生身上，激发学生的学习内在动力。该课题研究提高常态课的精致程度以及“定向—自学—讲练”三个基本环节的教学细节要求。研究精致教学的理论框架和操作模式，即“精致教学”的“三五”特征和“精致课堂”的“三五三”模式。研究小组合作学习高效模式及学生小组评价办法。并根据以上的研究，与之相应，制定相关教学模式、小组合作模式的制度与规范。

在这个课题的研究初期，颁发了一系列规章制度，并组织全校教师以教职工业务学习和学科组研学等方式学习系列文件与操作指南。学习内容包含从理论到实践的《湛江二中港城中学关于提高常态课精致程度的意见》《精致课堂教学实施原则与操作模式》《精致课堂教学教案编写规范》《精致课堂教学自读设计编写规范》《精致课堂教学学生评价办法》《精致教学督导工作条例》和《湛江二中港城中学“精致课堂教学”改革实施方案》。在了解操作后，各学科组由学科组组长、备课组组长和核心组成员组建学科教学研究小组探索适合各自学科的课堂教学操作模式。相关人员在学科组或全校范围进行课堂教学展示和教学研讨，优化流程及操作。

在研究中期，为了保障课题研究的顺利进行，学校成立了督导组、合作学习小组

建设组、宣传组和后勤组等部门为课题的进行提供保障。与此同时，我们邀请湛江市教育局教育研究室的各位教研员多次前来把脉指导，调整并完善操作方式。各个学科组、各位班主任深入研究课堂教学和小组管理模式。教研室及时向教师推介好的典型和操作模式。如面向全体班主任举行“班级管理经验分享会”，邀请在班级文化建设和小组建设方面做得好的班主任分享自己的经验，提高教师的整体水平。督导室以“推门课”的方式开展地毯式听课，检查每位教师的课堂教学情况，对于做得好的方法及时通报推广，对于暂时掌握不好的给予帮扶指导。教研室以“督导之声”的形式每周发布教研动态，全体教职员工以主人翁的姿态关注并参与“精致课堂”教学实践研究工作。

历经两年的实践研究，“精致教学”的理论和框架在各个学科各个课型中得到充实与发展。阶段性主要研究成果有：

（1）专题研究报告4个：开题报告、中期报告、结题报告和研究报告；

（2）正式出版《“三环五步”精致课堂教学研究与实践》（暨南大学出版社）；

（3）编印论文集2本（学科研究、小组建设），其中正式发表论文30多篇；

（4）正式出版“精致教学快乐假期作业”丛书一套（10本）（吉林经济出版社）；

（5）优秀课例集2本（文科优秀课例集、理科优秀课例集）；

（6）精致教学作业题库3个：数学题库、语文题库、物理题库；

（7）优质录像课60多节。

课题成果：

（1）2016年10月，在湛江市教育局教研室主办的湛江市直属中学初中高效课堂教学比赛中，高庆鑫等8位教师荣获一等奖。

（2）2016年11月，物理科组以优异的成绩和鲜明的特色在众多学校中脱颖而出，被评为“广东省物理示范科组”。

（3）2017年，在湛江市教育局教研室主办的首届湛江市中小学青年教师教学能力大赛中，高明阳等3位老师荣获一等奖。特别是物理王元庆老师在这次大赛中“独中三元”，夺得湛江市一等奖、广东省一等奖，并代表广东省参加全国比赛，夺得一等奖。

（4）在新一轮（2017年）省、市“三名”（名校长、名班主任、名教师）主持人选拔中，经过层层筛选，获评省名师工作室1个、市名师工作室8个。

（5）2019年，在第二届湛江市中小学青年教师教学能力大赛中，邓春燕等7位教师获一等奖。

（6）2019年，在湛江市教育局举办的第二届中学物理实验仪器制作和实验改进设计展评活动中，物理组获5个一等奖，9个二等奖。

广西田阳县教育局领导带队来我校观摩学习

我校教师赴田阳县送教

我校王元庆老师赴柳州送教

专家组来我校进行课题结题验收

借助“精致课堂”教学研究的成果，再向前走一步，全面提升办学的精致化程度，学校开始了“精致教育”的课题研究。以“精致管理”为核心，以“精致教学”“精致德育”“精致教研”“精致社团”为抓手，全面推进“精致教育”研究。各部门以“把常规工作做精做细做出特色”为导向创造性地开展实践研究，散开是独立的研究课题，聚拢就是完整的“精致教育”。定期开展校内交流活动、校外送教帮扶活动，在活动中修正和完善理论与实施策略。

二、学科组层面：核心素养，科组特色

学科教学是落实核心素养的载体，各个学科认真研读核心素养相关理论，结合学科特点开展教育教学活动，逐步提升学生核心素养。以英语科组为例，针对不同年级的教学内容，在“展示课”“示范课”和“探讨课”中做好课型和内容的规划，如初一上学期主要研讨语音课如何突破，力争每位教师都能出色完成语音课型。在学生活动方面，针对不同年级教学内容特点开展丰富多彩的活动，促进学生核心素养的形成。

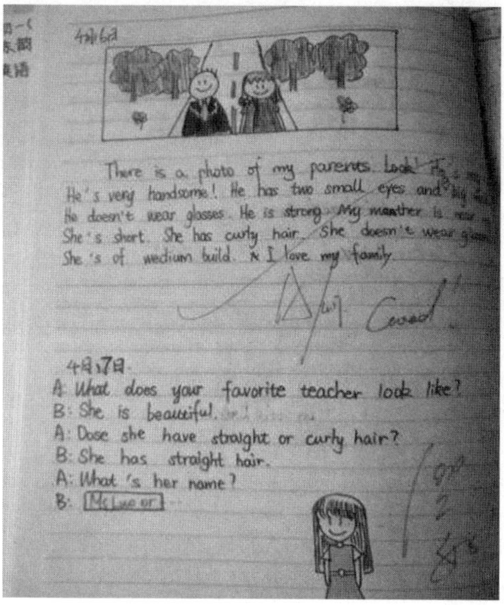

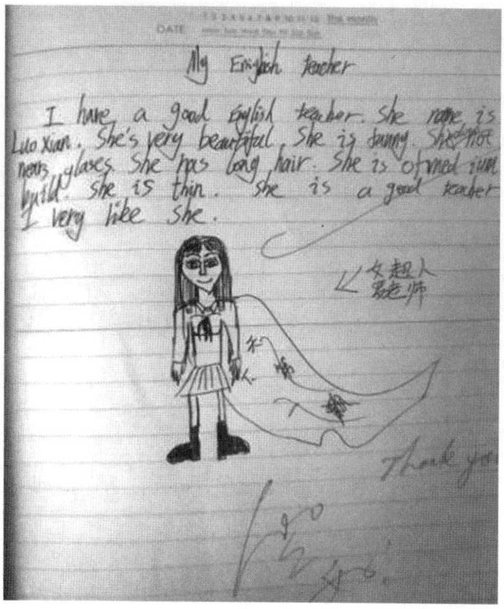

初一学生图文书写作品

初一学生英文诗歌诵读比赛

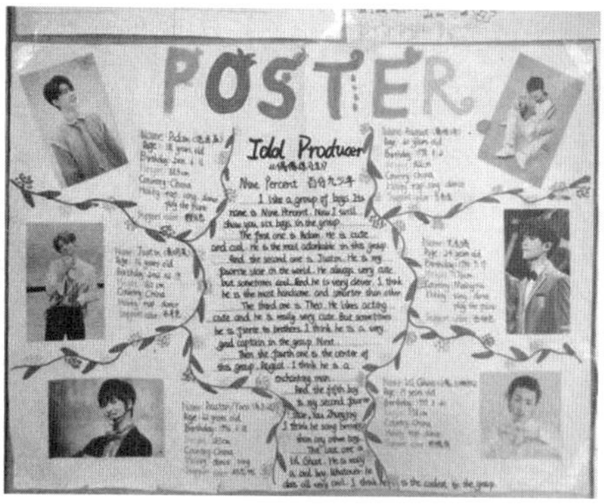

初二学生手抄报作品

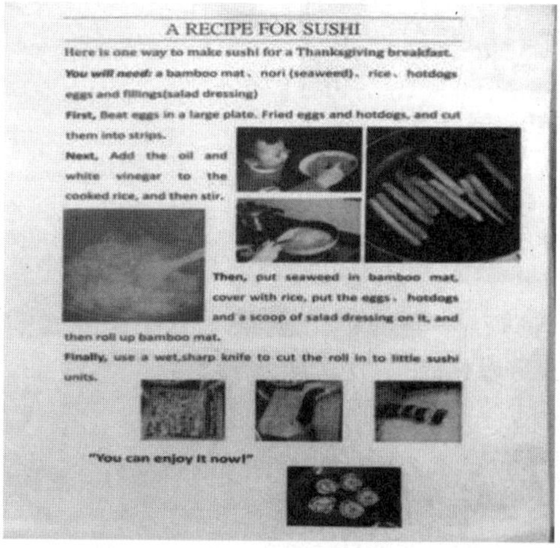

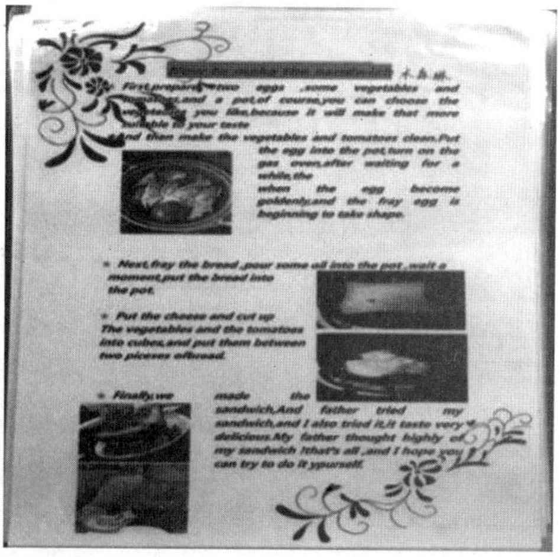

初二学生美食制作作品

初三学生英语剧表演

初三学生英语演讲比赛

三、个人层面：目标定位，砥砺前行

培养百名名师是学校提升教师专业能力的目标。讲台是教师成长的阵地，学校通过系列活动提升教师教育教学能力。

1. 目标引领成长

我们邀请湛江市教育局继续教育中心段亚东主任来我校做专题讲座“名师的成长途径”，点燃教师自我成长的激情，针对自己的优缺点撰写个人成长规划，并请导师给予指导。教研室为每位教师建立个人成长档案，记载教师的公开教学资料、活动资料、教学教研成果及学生对教师的评价情况，让教师清晰地看到自己的进步。

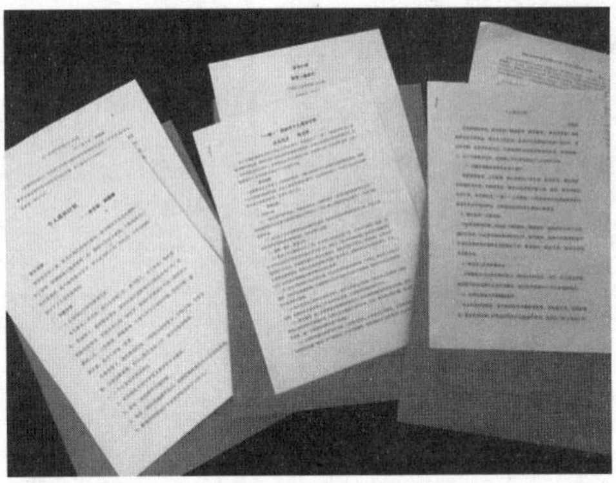

教师个人成长档案

2. 活动促进成长

为了满足不同层次教师的专业成长需求，学校针对入职新教师采用师徒结对“一帮一”的举措，通过新教师基本功比赛等活动提升新教师教学能力。针对骨干教师采用以赛促成长的举措，通过教师解题说题答题能力比赛等活动提升骨干教师教学能力。采用送出去的举措，通过培训和对外交流等活动提升名教师教科研能力。

教师基本功比赛

教师说题比赛

邓春燕、田雪莲老师参加市青年教师教学能力大赛总决赛

3. 写作促进成长

输入是成长的途径，输出更促进教师的专业成长。通过教师撰写教学随笔、读书笔记和教学论文等方式促使教师深度反思教学行为，用研究的心态对待日常教学工作。通过“送课”“送讲座”的方式促进骨干教师的专题深度学习，突破成长瓶颈。

“路漫漫其修远兮”，个人专业成长之路漫长，追求精致与卓越、打造一支高素质的教师队伍，将为深化教育改革添砖加瓦。

第二节　精致教研实施

“老带新”促新教师立足岗位
——湛江二中港城中学“老带新”实施方案

一、培训对象

我校新招聘教师，教龄三年以下（含三年）的青年教师。

二、培训目标

将青年教师培训成为符合我校“精致课堂”教学要求的合格教师。

三、培训内容

（1）思想素质：具有坚定正确的政治方向、良好的职业道德、科学探索精神和奉献精神。

（2）教学基本技能：①教法选择技能；②教案编制技能；③导课技能；④板书技能；⑤演示技能；⑥讲解技能；⑦提问技能；⑧反馈和训练技能；⑨小结技能；⑩习题编制技能；⑪组织教学技能；⑫以上各项技能的综合运用技能。

（3）基本能力：①处理教学信息的能力；②教育、教学管理能力；③教育、教学研究能力；④学习及自我提高能力。

（4）熟练掌握“精致课堂”的相关理论和三种课型的具体操作。

四、培训方式

集中培训结合“导师制”。为期两年，第一年以“以老带新”活动为主，第二年以竞赛考核为主。集中培训是指在学期或假期里让相关教师集中听专家报告、讲座，开展观摩、研讨等活动。“导师制”是指学校根据工作需要和培训目标，为青年教师配备教学经验比较丰富的指导教师，指导他们备课、上课、进行班级管理，给他们传授教学经验和方法，促使他们更快地适应教学的需要。

五、培训要求

1. 对指导教师的要求

指导教师由师德高尚、教学经验丰富、教育教学水平高的高级教师、科组长或有经验的一级教师担任。指导教师要高度认识到培训工作的重要意义，对指导工作认真负责，以身作则，起模范带头作用。在培训过程中，指导教师不仅要传授教学的基本技能，培养青年教师的教学能力，还应加强对青年教师的政治思想教育，使青年教师养成良好的师德。对青年教师既关心爱护又严格要求，做青年教师的良师益友。具体要求如下：

（1）每学期初制订出培训计划，下学期初总结培训经验，交教导处存档。

（2）指导教师与青年教师同年级的，每周与青年教师一起备课一次；指导教师跨年级或毕业班任课的，每学期进行五次备课指导。备课做到定时间、定地点、定内容，备课中指导教师要特别注重教会青年教师如何备教材、备学生、备教法等。重视互相交流和听课，对新教师要多指导，重点落实“精致课堂”的“三环五步”和三课教学模式。

（3）同年级的指导教师每周检查青年教师的教案、作业批改一次，指导教师跨年级或在毕业班任课的每学期五次，并及时与青年教师交换意见。

（4）每周听取青年教师的授课一节，指导教师跨年级或在毕业班任课的每学期听取青年教师的授课十节。课后进行交流。

（5）指导青年教师制订自学计划（每学年选修一本教育教学理论专著或教学理

论），不定期检查计划落实情况。

（6）指导青年教师编写检测、考试题（指导教师跨年级或在毕业班任课的不做要求），测试后指导教师与青年教师一起做出试卷分析和评价。

（7）指导青年教师积极参加教研教改活动。

（8）指导青年教师做好综合素质考核的各项工作。

2. 对青年教师的要求

（1）青年教师在培训工作中要尊重指导教师的劳动，虚心向指导教师学习，自觉执行培训工作计划。

（2）每周听指导教师授课两节以上。在同年级的情况下，青年教师的课时进度比指导教师慢一节，以便青年教师的教案和备课能得到指导教师的具体指导，尽量做到先听（指导教师的课）后教。指导教师跨年级或在毕业班任课的，青年教师每周听取指导教师授课一节以上。

（3）积极与指导教师一起备课。指导教师跨年级或在毕业班任课的，青年教师则认真听取指导教师的备课指导，所写教案应主动送指导教师审阅、修改、签名。

（4）认真制订每学年的自学计划。

（5）每学期选修一本教育教学理论专著，并写学习心得体会。

（6）有竞赛任务的学科，每学年自学一本本年级竞赛教材，教材由指导教师选定。

（7）每学期在组内上一节公开课（汇报课）。

（8）运用信息教育技术进行课堂教学。

以上活动记录由指导教师或青年教师以月度报表形式每月底交教研室。

六、培训考核

1. 语言技能考核

由教研室和教导处与语文学科组组织实施，考核标准：①语言准确、连贯；②发音响亮清晰，停顿适当；③抑扬顿挫，富有感情。

2. 两笔字考核

由美术组教师负责培训，教研室负责组织和考核，考核标准：①书写规范；②笔画匀称、流畅；③字距适度；④字体端正、大方；⑤字体结构合理美观。

3. 说课考核

分文、理科进行，由教研室负责，考核标准：①科学性：教材分析把握正确；教学内容、学习类型确定正确；教学目标制定全面、准确。②理论性：整体构思新颖，有理论依据；典型环境设计符合教学原则，符合学生认识规律；教法选择、媒体选择合理，有理论依据。③实践性：设计方案具有可操作性、可重复性。④逻辑性：语言表达条理清晰，层次分明，富有逻辑性。⑤艺术性：语言表达字正腔圆，悦耳动听，富有艺术感染力。⑥说课时间不超过 20 分钟。

4. 备课考核

每学期指导教师在平时检查的基础上，写出一份年轻教师备课能力意见。

考核标准：①符合教学大纲要求，教学目的明确，内容正确，重点、难点突出；②课型选择合理，结构严谨，切合学生实际，教法得当；③体现“精致课堂”的三个维度，符合“三环五步”要求；④教案格式规范；⑤书写规范；⑥有教具、实验用品的考虑，充分运用现代教育技术。

5. 讲课考核

分文、理科进行，由教研室负责。

6. 教育教学论文考核

由各学科组与教研室和教导处负责，考核标准：①观点创新性：观点新颖独到，体现现代教育思想，是结合教育教学实际总结出来的新经验、新方法；②内容实用性：针对教育教学实践中的问题，有实用价值和可操作性；③分析深刻性：有理有据，分析深刻，科学性强，有说服力；④结构严谨性：文章结构严谨，逻辑性强，思路清晰，文章贯通；⑤语言准确性：语言准确、通顺、生动活泼，无错别字、漏字、赘字。

七、关于指导教师津贴

按学校工资方案进行补贴。

解题说题能力大赛促课改落地

——湛江二中港城中学解题说题能力竞赛方案

为适应新课改深入发展的需要，不断提高教师及时了解学科动态、熟悉考点的能力，提升自己的专业素养，促进学校教育教学质量进一步提高，我校结合实际，根据学校工作计划，定于2020年11月9日至27日举行教师解题说题能力竞赛，为使工作顺利开展，特制订本工作实施方案。

一、竞赛组织机构

主考：林华庆

考务组组长：田飞虎

考务组成员：尤小蓉、戴凝、林美杏

二、解题能力竞赛时间、竞赛科目和竞赛地点

时间：2020年11月11日下午

地点：二号会议室　D501物理实验室

监考人员：尤小蓉　许骥腾　林美杏　陈子君　蒋美荣

时间	科目	时间	科目	时间	科目
16:20—18:00	语文	16:20—17:10	政治	16:20—17:15	历史
16:20—17:30	数学	16:20—17:25	物理	15:00—15:40	地理
16:20—17:30	英语	16:20—17:20	化学	15:00—15:40	生物

三、说题能力竞赛时间、竞赛科目和竞赛地点

时间		地点	科目	监考
11 月 16 日	上午	F603	语文	田雪莲
	下午	D507 物理实验室	化学	刘玉波
11 月 17 日	上午	F603	数学	郭　志
	下午	D501 物理实验室	地理	戴　玉
11 月 18 日	上午	F603	英语	李　琼
	下午	D501 物理实验室	生物	陈霞芬
11 月 19 日	上午	D501 物理实验室	物理	刘建湘
	下午	D501 物理实验室	政治	冯文宇
11 月 20 日上午		D501 物理实验室	历史	王　英

四、参赛对象

（1）参加解题能力竞赛的教师：在教学岗位任教的现职中考科目教师。（年龄超过 50 岁和退休返聘教师除外）

（2）参加说题能力竞赛的教师：解题能力中排名在前的二分之一。（如：初中物理 10 人参加解题能力比赛，按照解题能力分数从高至低取前五名。若解题能力参赛人数为单数就进一）

（3）参加校级说题能力决赛的教师：每学科的第一名。（初定 11 月 27 日第八、九节课）

五、考试范围及卷面分值

命题内容同中高考要求，试题难度同中高考难度要求，卷面分值同中高考要求。

六、奖励方法

（1）本次比赛按照学科组进行设奖，按照说题能力竞赛从高至低排序，初中阶段人数少于 10 人的设一等奖 1 名，二等奖 2 名；人数超过 10 人的设一等奖 2 名，二等奖 3 名。

（2）获奖教师颁发荣誉证书及物质奖励。学校评优评先同等条件下优先。

教学督导促常规教学精致化
——湛江二中港城中学教学指导规范

一、督导宗旨

围绕“一切为了教学”这一中心，以精致教学为规范，以“五课”（新教师的汇报课，骨干教师的示范课、精致课改研讨课、相互交流推门课、常态教学抽课）为抓

手，以提高教师教学能力和教学质量为目的。

二、督导组成员

各学科组组长、部分备课组组长及核心成员。

三、督导对象

湛江二中港城中学全体科任教师。

四、督导组具体工作职责

（1）督导组要体现“督要严格，评要中肯，导要得法，帮要诚恳”的原则，热情肯定授课者的优点，诚恳指出其不足，有针对性地提出改进意见。

（2）督导听课的“十”个是否：

①是否有自读设计、讲读设计、课件；

②是否按照“精致课堂”的基本环节；

③是否按照教学进度上课；

④是否使用备课组统一的备课内容；

⑤是否做到教学重难点突出；

⑥是否做到讲练结合；

⑦是否做到时间安排合理、科学；

⑧是否完成本节课设定的教学目标；

⑨是否安排有针对性的作业，加强巩固知识点；

⑩是否达到了“精致课堂”的预期效果。

（3）督导组成员每周督导听课节数不少于2节，每个月听课节数不少于10节（其中含有两节其他学科），每次听课后要认真完成《教学督导记录表》。听课本于每月最后一天交教导处检查。

（4）督导组成员每周写一篇关于“五课”听课情况的督导小结，同时对一周的督导工作进行总结，要有配图和具体的情况说明，上交时间是每周五18:00前。

（5）根据教学督导和反馈的情况，完成每周指定的督导任务。

（6）协助教导处和教研室对教学过程及教学质量进行检查、监控并及时反馈。

五、本学期督导任务

2020年10月	督导初一、高一教学为主，兼顾其他年级	每位督导组成员以听课形式，对初一、高一毕业班的本学科每位教师的课最少听一节
2020年11月	督导初二、高二教学为主，兼顾其他年级	每位督导组成员以听课形式，对初二、高二毕业班的本学科每位教师的课最少听一节
2020年12月	随机对各年级教学进行督导	每位督导组成员以听课形式，对全校教师听课
2021年1月	针对各年级复习课的督导	每位督导组成员以听课形式，督导复习课

注：以上督导任务与抽课不冲突，抽到本学科的课，请大家按时听课。

附 录：

今日督导之声：推进教学督导考评工作，开创学校发展新局面

一、名家名师名言：抽打自己的鞭子要掌握在自己的手里，在漫长的人生道路的每一步都要经常鞭策自警，万不可以为有过一两次抽打就可以沿途平安了。“自新应似长江水，日夜奔流无歇时。”——魏书生

二、“精致教学之星”（五星）人物介绍：★★★★★

王元庆，中共党员，初三年级主任。首届湛江市中小学青年教师教学能力大赛初中物理学科一等奖（第一名）；首届广东省中小学青年教师教学能力大赛一等奖（第二名）；第九届全国中学物理教学创新大赛初中组一等奖。参加2016年湛江二中港城中学“精致课堂”送教田阳活动，执教物理示范课“来自地球的力”；参加2017年中小学教师、校（园）长信息技术应用能力提升工程省级研修培训；参加2018年“强势工程”省级培训项目华南师范大学中小学骨干教师信息技术与课堂教学应用融合示范培训班；2018年9月，代表湛江初中物理教师参加湛江市—柳州市“携手奔小康”之教育系统高级教师送教活动，执教示范课“光世界巡行”。他的教学理念：静待花开。他的座右铭：孩子如花，花期不同，但终会开花！

三、班级励志名句精选：不逼自己一把，你不知道自己有多优秀！——初一（18）班

四、督导反馈：

（1）语文科组抽课督导反馈：今天早上第四节课，教研室抽到语文科组20号梁丽云老师在F603上公开课，拜读了语文科组田雪莲老师《语文科组抽课小结》后，现督导反馈意见以下：

第一，课改因你的参与而精彩，特别表扬语文科组有“大听课大评课”教研精神：语文科组44人，其中有43名语文教师参加观课议课，出勤率97.7%，非常难得，也很少见；累计11位不同年级教师、不同层次领导直接参与评课，多元化评课体系在语文科组评课中再现。

第二，上课因准备充分而高效：梁丽云老师“第四单元练习册评讲”，整合学情，信息全面，讲评深入透彻，三维目标落实到位。语文科组长田雪莲老师说：梁老师的这堂课特别实在和接地气，是我们平时很难看到的非常宝贵的、不掺杂任何表演成分的“公开常规课”。

第三，评课因理论引领而升华：在评课中，刘宗贵老师的“数据理论”重点谈到自己平时注重小组统计错题数据；唐四春老师和谷丽老师的“互教互学”高效课堂理论，她们的做法是无论是基础题还是阅读题，都会让学生上黑板去演练，从中找出错误或答题不规范的地方，然后根据学生出现的问题进行评讲，更有实效。许瑞恩主任的精致教学“学情观”，王海波主任的“讲评不等于评讲”理念，田飞虎副校长的“生本理念”再次在评课中得到升华。

（2）初二地理备课组集体备课督导反馈：今天第三节课，由戴玉、高凌雁、吕华容、梁荣娜等四人组成督导小组，通过“观摩备课，查看作业，翻阅教案，交流询问”等方式对初二物理备课组进行督导，现将督导小组综合评价意见反馈如下：集体备课内容充实、丰富、有效；中心发言人准备充分、发言精简；集体备课研讨方向正确，“湛江市青年教师技能大赛竞赛课”视频理论学习有特色，有鲜明的时政性和导向性，有组内教师谈体会，又有组长小结的理论升华（建模理论，多元化评价思想，生物核心素养）；在“备课标、备教材、备学生、备方法”四备中的学情分析十分到位，备方法有招数，培养出生物月考成绩第一名的学生的陈晨丽老师，其做教法经验交流，很有实操性。督导发现：个别班级生物作业批改存在“不及时、不认真、不纠错、批改次数较少”现象，希望整改。督导评价等级：优。

五、转摘：“全国名班主任联盟群”中的“恩哥”晨语：

群不是家，却可以比家坦荡。生活，有压力，在这里可以诉说短长。

群是人生小站，可以让心情轻松飞翔，忘记烦恼，可以聆听音乐、愉阅散文，快乐与你共享。欢乐的小站，成为你心灵休息的地方。

群也是远飞的鸿雁，当你远走他乡，当你漂泊路旁，乡音伴你，一路畅响。群也可以伴你歌唱。

群也是路旁街灯，当孤独的时候，帮你驱散寂寞时光。那灯下的如影相随，更不会让你迷失方向。当风扫落叶，柳迎暖阳，当夏荷暗红，败雪残冰，谁见证那，青丝落满秋霜。

群在这里，不离不弃；心牵若依；同舟共济；共圆梦想！共度时光！每天都有好心情！生活当中，针锋相对只是万不得已才使用的手段，而宽容就像广阔无边的海洋蕴含着力量。得饶人处且饶人，与人方便，自己方便。宽容待人，宽容处事，人生的天地才会更加宽广。不开口，没有人知道你想要什么；不去做，任何想法都只是在脑海里游泳；不迈出脚步，永远找不到你前进的方向！

学校督导室

2020 年 10 月 22 日

第二章　教研案例

第一节　集体备课案例

初三历史备课组集体备课案例

一、集体备课活动流程

（1）教育理论学习，学习《初中历史教学中小组合作学习的开展与教学设计》。责任人：林李瑾老师。

（2）上周学情，周练，作业反馈。责任人：郭兴洁老师。

（3）新课自读设计、讲读设计及课件讨论，二次修改。责任人：周锡梅老师。

（4）新授课作业设计。责任人：王英老师。

（5）本周周练讨论。责任人：邹月金老师。

二、理论学习

（1）学习《初中历史教学中小组合作学习的开展与教学设计》。作者：江苏省常州市武进区夏溪初级中学薛军。

（2）内容摘要：①科学地划分小组；②营造良好的合作学习氛围；③教师要积极为学生创造条件。

在历史教学当中利用小组合作法，需要结合实际的教学情况，利用科学的方法进行实际教学。合理利用小组合作学习法可以有效提高学生的学习效率，提升初中历史的课程教学质量，为学生今后的历史学习奠定坚实的基础。

（3）对我们实际教学的启示：①合理划分小组以及分配小组内各成员的任务。给每个学生分配不同的任务，承担不同的责任。避免小组合作流于形式、一部分学生混日子。②历史教学过程中大胆放手让学生质疑、讨论，着眼课堂生成与发展，把握好宏观，可以激发学生对历史学科的学习兴趣和好奇心，提高学生能力。③学校需要完善小组合作学习奖励机制。

三、上周学情、作业情况整理反馈

1. 学情反馈

上周教学内容是“俄国的改革”“美国内战”“日本明治维新”，时代特征：资本主义制度的扩展。

（1）“俄国的改革”：彼得一世改革、亚历山大二世改革，两次改革，内容较多。作用相近，但性质不同。

难点：学生对亚历山大二世改革性质的理解比较困难。

（2）“美国内战”：美国南北经济制度与美国内战、《解放黑人奴隶宣言》与种族歧视。

难点：废除黑人奴隶制与维护国家统一的关系。

（3）“日本明治维新”：明治维新的背景、内容以及意义。

难点：日本明治维新的背景与其他国家资产阶级革命、改革的区别。日本明治维新的推动阶级。

2. 作业反馈（学生练习册《金牌导学案》，根据各班教师反馈，以下题目是多数学生认为比较棘手的）

“俄国的改革”“随堂检测”第4题，“课后练案”第11题。第4题的考点是理解俄国农奴制改革的形式“自上而下”，统治阶级为维护统治采取改革措施，所以改革措施首先有利于地主阶级。学生做错的原因是只关注改革内容及影响而忽略改革形式。第11题材料题，首先鼓励学生动笔，不畏惧材料题，然后多在试卷、练习评讲过程中传授学生方法与技巧。

“美国内战”“随堂检测”第6题，“课后练案”第4、11题。第6题是基础识记，错误原因是学生混淆基础知识，鼓励学生多看课本多归纳。第4题属于归纳应用题，美国两次资产阶级革命的结论课本上都有，但要归纳。第11题材料题，主要是中下水平的学生问题较多，解决思路同第2课。

“日本明治维新”“随堂检测”第2题，“课后练案”第6、9题。第2题可以利用图示法展示日本社会结构情况，加深学生理解。第6题“戊戌变法”属于初二上学期学习内容，错误原因和学生对知识点模糊有关，备课组可以做课件展示。第9题属于知识点易混易错，教师上课时用拉线索的办法，比较区分近代欧美日走上资本主义道路的背景、方式以及意义。

3. 教学补偿建议

（1）教师课堂上总结近几周知识点。

①归纳英、美、法、俄、日等国家走上资本主义道路的方式。②比较美国历史上两次资产阶级革命：独立战争和南北战争。③比较日本明治维新与中国戊戌变法。

（2）根据各班学情，各班教师可以进行同类型的题目训练，巩固基础，提高学生能力。

四、新课教学内容的研讨

见附录。

五、作业布置

第1课时：《金牌导学案》“第二次工业革命”题目“课后练案”部分。

第2课时：《金牌导学案》“工业化国家的社会变化”题目“课后练案”部分。

第3课时：《世界近代史测评卷》增加古代史选择题，当堂完成，当堂小组合作评讲试卷。

第5课 《第二次工业革命》自读设计

备课组意见："预习反馈"部分填空太多，建议减少。

一、预习反馈

（一）电的应用

1. 开始时间，领先国家：______________，第二次工业革命开始。

2. 最显著的成就（主要标志）：____的广泛使用。

3. 理论基础：1831 年，英国科学家______发现了______现象。

4. 主要发明：美国发明家______发明了耐用的白炽灯泡、碱性蓄电池、电影摄像机和放映机等。他在纽约建立了美国第一座______。在各国发明家的共同努力下，发电机、电动机、电焊机、电钻、______、电车、______等纷纷问世。人类社会进入"____________"。

（二）内燃机和新的交通工具

5. 另一重大成就（主要标志）：____________的发明是第二次工业革命中应用技术领域另一重大成就。

6. 内燃机的发明：①______年______研制出____________内燃机；②____________年，____________研制出______内燃机；③德国工程师________发明________内燃机。

7. 内燃机的作用：解决了________的发动机问题，在________引发了一场变革，也带动了相关新兴工业的发展。

8. 汽车的发明：19 世纪 80 年代，德国人______制造出一辆由______驱动的________。

9. 汽车流水线：____年，美国的________公司使用____________生产汽车，带来了汽车制造业的革命。

（三）化学工业和新材料

10. ____________的产生也是应用技术领域的一项重大突破。1867 年，瑞典化学家____________经过多年的实验，发明了____________。后来他又研制出________。1869 年，美国人________发明了赛璐珞的制造技术，现代________工业由此诞生。1884 年，法国人夏尔多内发明了__________，开辟了新的纺织品生产领域。

11. 第二次工业革命的影响：促进了生产力的发展，极大地改善了人们的生活，使主要资本主义国家取得了跨越式的发展，成为________强国。在经济发展的基础上，主要资本主义国家出现了________，资本主义由自由资本主义向____________资本主义即帝国主义阶段过渡。随之而来的资本主义____________的增强，对世界产生了深远影响。

12. 看图说史：

图 1	图 2	图 3	图 4

图 2 是__________，是图 1 人物“发明大王”__________发明的，他还建立了美国第一座火力__________。图 3 交通工具是德国人本茨发明的__________，图 4 交通工具是美国人莱特兄弟发明的__________。

备课组意见：“看图说史”部分根据情况增加图片之间的联系和意义。

二、教学目标

1. 了解第二次工业革命发生的背景和特点及深刻影响。

2. 识记第二次工业革命的主要成就和伟大的科学家、发明家。

3. 感受科学技术是第一生产力，激发学生立志学好科学、报效社会、实现人生志向的理想。

三、自学探究

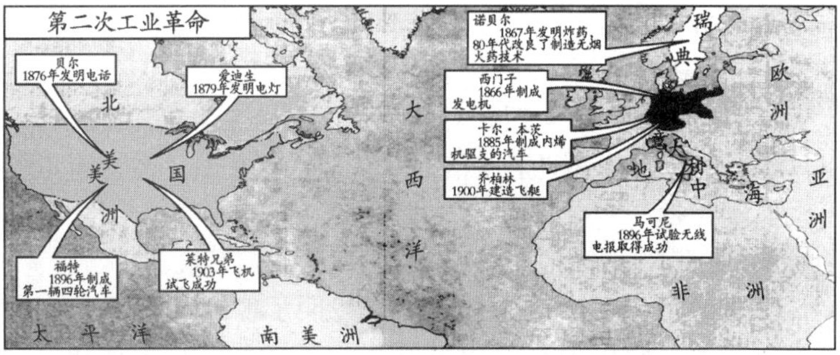

1. 根据上图，阅读第 18 ~ 21 页课文，指出第二次工业革命的两个发源国家。

备课组意见：

个人二次备课根据情况增加两次工业革命比较内容。

2. 根据上图，阅读第 19 ~ 21 页课文，概括第二次工业革命主要的科技成就表现在哪几大领域。

3. 探究并归纳第二次工业革命的特点。

4. 阅读第 21 页课文，探究并归纳第二次工业革命的影响。

四、归纳总结

五、检测巩固（完成下列题目。小组内自查答案，并派代表上台展示）

1. 下表所列举的 19 世纪晚期的科技发明及应用极大地改变了人们的生产和生活，表明人类社会进入了（　　）

19 世纪 70 年代	发电机进入生产领域

A. 数字时代　　B. 电气时代

C. 信息时代　　D. 智能时代

2. “一个苹果让牛顿吸引了世界，一壶沸水让瓦特转动了世界，一个元素让爱迪生点燃了世界……” 文中 “爱迪生点燃了世界” 是指（　　）

A. 发现了万有引力定律　　B. 发明了内燃机

C. 发明了耐用白炽灯泡　　D. 发明了现代炸药

3. 下表反映了 1880—1920 年世界石油年产量的变化。对这一变化的出现产生了直接影响的是（　　）

年份	1880	1900	1910	1920
产量	0. 04	0. 21	0. 46	0. 94

A. 蒸汽机的改良　　B. 火车的诞生

C. 内燃机的应用　　D. 电灯的发明

4. 某历史学家认为“19 世纪 80 年代，世界交通领域里的

一场革命源于一种新动力的发明”。以下使用这种“新动力”的交通工具是（　　）

①火车机车

②汽车

③飞机

④蒸汽轮船

A. ①②　　B. ③④　　C. ①④　　D. ②③

5. 科技推动社会进步的同时，也创造出许多新材料和新事物。以下创新产生于第二次工业革命中的是（　　）

①无烟炸药　②棉布　③人造纤维　④人造染料

A. ①②　　B. ①③④　　C. ①②③　　D. ①②③④

6. 给如下信息确定一个共同的主题，最恰当的是（　　）

诺贝尔发明现代炸药和无烟炸药 海厄特发明赛璐珞的制造技术 夏尔多内发明人造纤维

A. 现代塑料工业的诞生

B. 传统纺织行业的新发展

C. 人类社会进入“电气时代”

D. 化学工业和新材料的兴起

备课组意见：第4题太简单，换一题培养能力。

4. 第二次工业革命使主要资本主义国家向帝国主义阶段过渡，同一时期，资本主义国家中出现了独裁统治的现象。材料说明（　　）。

A. 资本主义已经发展到了最高阶段

B. 原有的民主制度不利于垄断组织发展

C. 资本主义制度已经腐朽不堪

D. 资本主义制度即将被社会主义制度所取代

第5课　《第二次工业革命》讲读设计

【教学重点】

第二次工业革命的成就。

【教学难点】

第二次工业革命的影响。

【教学方法】

小组合作法、视频讲授法、讨论法。

【教学准备】

多媒体课件、自读设计、讲读设计。

【教学过程】

一、预习反馈

（一）电的应用

1. 开始时间，领先国家：______________，第二次工业革

备课组意见：“预习反馈”部分填空太多，建议减少。

命开始。

2. 最显著的成就（主要标志）：____的广泛使用。

3. 理论基础：1831 年，英国科学家______发现了______现象。

4. 主要发明：美国发明家________发明了耐用的白炽灯泡、碱性蓄电池、电影摄像机和放映机等。他在纽约建立了美国第一座______。在各国发明家的共同努力下，发电机、电动机、电焊机、电钻、______、电车、______等纷纷问世。人类社会进入“________”。

（二）内燃机和新的交通工具

5. 另一重大成就（主要标志）：________的发明是第二次工业革命中应用技术领域另一重大成就。

内燃机的发明：①____年______研制出____内燃机；②________年，________研制出______内燃机；③德国工程师________发明________内燃机。

6. 内燃机的作用：解决了________的发动机问题，在________引发了一场变革，也带动了相关新兴工业的发展。

7. 汽车的发明：19 世纪 80 年代，德国人______制造出一辆由______驱动的________。

8. 汽车流水线：____年，美国的________公司使用______生产汽车，带来了汽车制造业的革命。

（三）化学工业和新材料

10. ____________的产生也是应用技术领域的一项重大突破。1867 年，瑞典化学家____________经过多年的实验，发明了________。后来他又研制出________。1869 年，美国人________发明了赛璐珞的制造技术，现代________工业由此诞生。1884 年，法国人夏尔多内发明了__________，开辟了新的纺织品生产领域。

11. 第二次工业革命的影响：促进了生产力的发展，极大地改善了人们的生活，使主要资本主义国家取得了跨越式的发展，成为________强国。在经济发展的基础上，主要资本主义国家出现了________，资本主义由自由资本主义向__________资本主义即帝国主义阶段过渡。随之而来的资本主义____________的增强，对世界产生了深远影响。

看图说史：

备课组意见：“看图说史”部分根据情况增加图片之间的联系和意义。

图 1

图 2

图 3

图 4

图 2 是__________，是图 1 人物“发明大王”__________发明的，他还建立了美国第一座火力__________。图 3 交通工具是德国人本茨发明的__________，图 4 交通工具是美国人莱特兄弟发明的__________。

二、呈现目标

1. 了解第二次工业革命发生的背景和特点及深刻影响。

2. 识记第二次工业革命的主要成就和伟大的科学家、发明家。

3. 感受科学技术是第一生产力，激发学生立志学好科学、报效社会、实现人生志向的理想。

三、自学探究

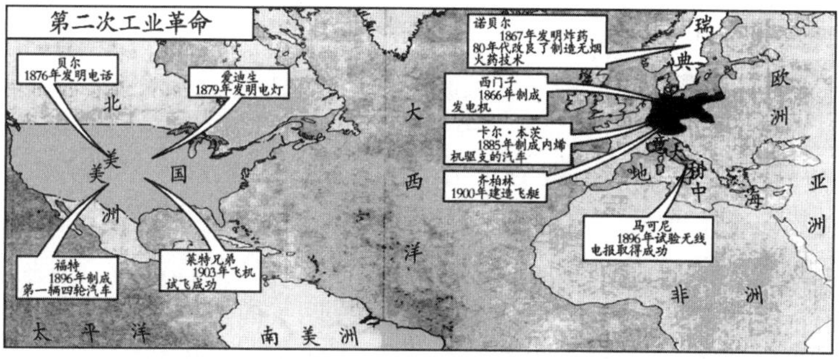

1. 根据上图，阅读第 18 ~ 21 页课文，指出第二次工业革命的两个发源国家。

美国和德国。

2. 根据上图，阅读第 19 ~ 21 页课文，概括第二次工业革命主要的科技成就表现在哪几大领域。

①电力成为新的能源进入生产生活领域；②内燃机及汽车、飞机的发明；③现代化学工业的产生。

3. 探究并归纳第二次工业革命的特点。

①科学研究同工业生产紧密结合；②第二次工业革命在几个先进国家几乎同时发生，其规模更大、范围更广、发展更

迅速。

4. 阅读第21页课文，探究并归纳第二次工业革命的影响。

①促进了生产力的发展，极大地改善了人们的生活，使主要资本主义国家取得了跨越式的发展，成为工业化强国；②主要资本主义国家出现了垄断组织，资本主义由自由资本主义向垄断资本主义即帝国主义阶段过渡；③资本主义对外扩张增强，掀起了瓜分世界的狂潮。

四、归纳总结

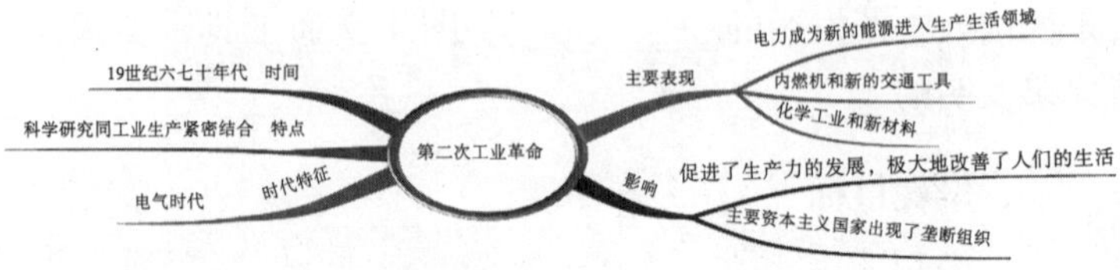

五、检测巩固（完成下列题目。小组内自查答案，并派代表上台展示）

1. 下表所列举的19世纪晚期的科技发明及应用极大地改变了人们的生产和生活，表明人类社会进入了（　　）

19世纪70年代	发电机进入生产领域

A. 数字时代　　B. 电气时代
C. 信息时代　　D. 智能时代

2. “一个苹果让牛顿吸引了世界，一壶沸水让瓦特转动了世界，一个元素让爱迪生点燃了世界……” 文中“爱迪生点燃了世界”是指（　　）

A. 发现了万有引力定律　　B. 发明了内燃机
C. 发明了耐用白炽灯泡　　D. 发明了现代炸药

3. 下表反映了1880—1920年世界石油年产量的变化。对这一变化的出现产生了直接影响的是（　　）

年份	1880	1900	1910	1920
产量	0.04	0.21	0.46	0.94

A. 蒸汽机的改良　　B. 火车的诞生
C. 内燃机的应用　　D. 电灯的发明

4. 某历史学家认为“19世纪80年代，世界交通领域里的一场革命源于一种新动力的发明”。以下使用这种“新动力”

备课组意见：第4题太简单，换一题培养能力。

4. 第二次工业革命使主要资本主义国家向帝国主义阶段过渡，同一时期，资本主义国家中出现了独裁统治的现象。材料说明（　　）

A. 资本主义已经发展到了最高阶段
B. 原有的民主制度不利于垄断组织发展
C. 资本主义制度已经腐朽不堪
D. 资本主义制度即将被社会主义制度所取代

的交通工具是（　　）

①火车机车

②汽车

③飞机

④蒸汽轮船

A. ①②　　B. ③④　　C. ①④　　D. ②③

5. 科技推动社会进步的同时，也创造出许多新材料和新事物。以下创新产生于第二次工业革命中的是（　　）

①无烟炸药　②棉布　③人造纤维　④人造染料

A. ①②　　B. ①③④　　C. ①②③　　D. ①②③④

6. 给如下信息确定一个共同的主题，最恰当的是（　　）

诺贝尔发明现代炸药和无烟炸药 海厄特发明赛璐珞的制造技术 夏尔多内发明人造纤维

A. 现代塑料工业的诞生

B. 传统纺织行业的新发展

C. 人类社会进入“电气时代”

D. 化学工业和新材料的兴起

【教学反思】

本堂课遵循“精致课堂”的要求完整呈现，其中的自学探究环节采取了分组辩论的形式，充分调动了学生的积极性，活跃了课堂气氛，使本节课充满了趣味性。但不足的是课件制作不够精美。

第二节　“五课”评课案例

“依法行使权利”评课活动实录

政治学科组　冯文宇

时间：3 月 18 日下午第六节

授课教师：陈晓霞

授课班级：初二（15）班

课题：“依法行使权利”（新授课）

一、课程内容

本节内容选自人教部编版《道德与法治》八年级下册第三课。所依据的课程标准是“行使权利有界限”“维护权利守程序”。对学生的学习目标要求是，明白宪法对公民行使权利作出的限制性规定是对公民权利的保护，增进热爱宪法的情感，自觉遵守宪法、维护宪法尊严。能结合案例和自己的实际情况学会依法行使权利和维护权利。知道任何权利都是有范围的，明确维护权利守程序的原因和方式。本节课通过创设情境—学生思考讨论—展示结论—教师点拨小结—当堂检测—拓展延伸的方式，引导学生探索新知，教师重在引导，体现了我校“精致课堂”教学理念的要求，也体现了授课教师深厚的教学功底。

二、课堂评价

1. 优点

①导入吸睛激活兴趣。常言道“好的开端是成功的一半”。一堂课的导入如果能抓住学生的眼睛、凝聚学生的注意力，就能为课堂学习起到良好的铺垫作用。本节课，陈老师在导入时播放一则《北京女子拒戴口罩进入地铁站》的视频，让学生结合上一课时的内容谈感受。这一则视频虽然不是最新的材料，但在疫情防控常态化的当前依然能引起学生的共鸣。而学生在陈老师的循循善诱之下，结合已有知识思考这位女子欲行使什么权利，行使的方式是否恰当，从而导入新课，引出预习反馈环节。整个过程水到渠成，既有温故，又能知新。

②学习目标定位精确。学习目标是课堂学习的关键和课堂教学活动的出发点，目标的设定应根据课标和核心素养的要求。法治精神是道德与法治课的核心素养之一，八年级下册的课程学习要求培养学生的法律观念、宪法精神、公民意识和权利义务意识。本节课陈老师展示出来的学习目标是“知道公民行使权利的界限；理解维护权利守程序；懂得增强权利意识，自觉依法维护自己的权利”。这一目标契合课标要求。整个教学过程重难点突出，每一个探究环节都能渗透学习目标，教学思路清晰。

③情境材料选用精当。理论联系实际是道德与法治课的教学原则。本节课主要围绕着“行使权利有界限”“维护权利守程序”两大内容展开学习。面对社会生活的多样性、价值取向的多元化，未成年学生的法律知识水平整体不高，权利义务意识较薄弱，在生活中考虑问题容易从主观意愿出发，做出错误的选择。所以在法律知识教学中，要结合学生学习生活中的具体事例创设情境，让法治的育人功能渗透到教学中。

本节课陈老师在自学讨论的第一个环节创设了两个情境讨论话题“自习课能不能说话”“网络是自由的，网民言论不受约束”，引导学生围绕这两个在学习生活中常常会遇到的问题进行探究，教师再进行归纳点拨。在第二个环节里，陈老师根据学生生活小场景编了一个案例：“晚修后，男生们一如既往地跑到操场打球，正打得起劲，突然小杨不慎致使小明摔倒，小明后脑勺重重着地，好久没站起来。小明家长得知此事后，迅速将他送往医院。事后，小明家长带人威胁小杨及其父母，要求赔偿。”引导学生通过评析小明家长的行为来探究正确的维权方式。

因为情境源于学生学习生活中的小场景，容易引起学生的情感共鸣。学生在情境中感悟、探究，在活动中感受、体验，不仅营造出积极愉悦的课堂氛围，而且对“公民如何依法行使权利”“依法维权的方式”这两个学习目标有了更深刻的理解。

④课堂引导评价精准。课堂评价是促进学生创造性发展、激发学生潜能、激活课堂互动的重要手段。陈老师的教学特别重视对学生的启发性评价。陈老师在发现学生

回答问题时出现偏差能及时进行引导，如：在导入环节，学生在评价视频中女子的行为时多从“尊重他人”“珍爱生命”这些角度回答，偏离了本课主题，陈老师肯定了学生的观点并夸奖他们分析问题细致，随后通过设问“她有没有坐地铁的权利?”将学生的思维引回了课堂主题。善于捕捉学生的闪光点，有针对性地对学生进行适时评价，这既体现了教师的课堂机智，又能让课堂有温度、接地气，让学生感受到教师的人文关怀。

此外，陈老师也十分重视小组评价的积极作用，主要通过课堂抢分活动来调动小组合作的积极性。如：在预习反馈环节通过小组展示知识点的方式来检查预习效果，并及时加分；在自学讨论环节对积极讨论、积极展示的小组给予肯定性评价并进行加分。在课堂教学结束时进行统计和表彰。

⑤教前准备充分严谨。道德与法治课要成为学生提升思想道德素养、培养法律意识和健全人格的主阵地，教学上要重视理论知识与情感育人的统一。陈老师的课前准备十分充分，创新地运用课本材料，大胆调整。为能准确地进行知识讲解，陈老师在正式授课前多次和同科组教师讨论，并查阅大量的相关法律知识。如“仲裁”这个名词不仅仅对学生，对许多非专业人员而言也是很陌生的，为讲透这一难点，陈老师下了不少功夫查阅资料，还筛选剪辑了科普视频，让学生能更直观地理解这个名词。在视频后，利用表格分类对比几种维权方式，能加深学生的理解。

同时，在课前准备好自读设计和讲读设计。自读设计能体现出主体性原则，学习任务（自学讨论）能体现出学习目标，当堂检测内容难度适中，能起到巩固基础的作用。讲读设计能体现精致课堂教学“三步五环”的特点，有对课前预习的检查要求、对小组合作探究的过程目标、学法指导性意见、教师的总结归纳及课后反思。

2. 建议

①教师整体教态风度良好，但口头禅使用相对较多。

②导入和预习反馈所用时间可以再加以控制。导入视频内涵太广泛，学生分析容易偏离主题，导入材料的选择可以尝试结合上一课时内容进行温故知新，达到复习和预习的效果。

③整节课时间安排上略显前松后紧，导入和第一个知识点讲解所用时间较多，在后面进行“维权方式”讲解时就显得比较仓促。课堂结束前教师应全面深入课堂小结。本节课因为后面时间比较紧张，此环节较为薄弱，课后拓展延伸也未能展开。

三、评课反思

本节课的学习是建立在学生基本掌握了公民基本权利所包含的内容并初步树立起权利意识的基础上，但是，对于权利应该如何行使，以及当权利受到侵犯时应该如何维护自身权利学生仍旧不甚了解。本节课将帮助学生了解如何行使权利、维护权利。在学习权利是有范围的时候，学生可能会觉得这一内容与上节课所学的言论自由、人身自由等相冲突，教师需循循善诱，让学生明白公民行使权利是有界限的，宪法对权利作出的限制性规定恰恰是对公民权利的保护。本节课是新授课，知识目标和能力目标都很好地完成了。在评课过程中，我们科组进行了一些思考和探讨：

1. 如何平衡正面材料和负面材料的运用

在评课过程中，科组探讨发现，教师在上课时，为了达到知识和能力目标，在选取探究情境时多数会运用一些负面材料，尤其是涉及权利义务等法律知识的学习时，会选取一些“侵权”或“不履行”义务的负面材料，以引导学生在分析的过程中达到掌握知识、运用知识解决问题的目的，并警示学生引以为戒，但也有可能无形中给学生传递了负能量。尤其是遇到当堂课的知识点较多、课堂时间比较紧张时，在拓展延伸部分可能会不够时间进行情感升华。所以接下来需要思考两个问题：如何更多地将正面材料运用到教学中传递更多的正能量；如何对负面教材进行有效的运用，并设计好引导设问、注重展示提升中的情感升华。让学生在学习中，不仅能构建起相应的知识框架、进行知识再认和知识迁移；更要在意识中厚植道德情操、法律意识和家国情怀。这是科组接下来的探究主题。

2. 如何做好教学的预设

要培养学生严谨的理论思想，教师自身应先夯实理论基础；要培养学生理论联系实际的能力、多角度分析问题的能力，教师应先在教学前进行多角度预设。我们在课前备课都会做好学生的自读设计和教师的讲读设计。讲读设计的实质应该是一种教学的预案，设计的不仅仅是教学环节和教学目标，也应该预设教学过程中可能出现的问题，如师生互动可能出现的情况及应对措施、学生自学讨论可能出现的问题、每个环节的预留时间，这些虽然可以在教学进程中不断地修改、补充、调整，但课前准备越充分，课堂的教学互动会越顺畅。

青少年正处于价值观形成的重要时期，政治老师要为学生扣好人生第一颗扣子，政治课就要如习近平总书记所言——把“真理的味道”讲出来，在学生的心灵埋下真善美的种子。

“二氧化碳的化学性质”评课活动实例

化学学科组　刘玉波

一、课程内容

“二氧化碳的化学性质”是初中化学第六章课题二的第一课时，二氧化碳的学习在初中化学中起着承上启下的作用，在这之前我们学习过氧气的性质和用途，后面会学习氢气等其他化学物质的性质和用途，通过本节课的学习，学生可以掌握化学物质的学习方法。本节课注重从学生熟悉的日常事物着手来创设学习情境，让学生亲自动手实验，总结得出结论。本节课的课程标准中要求学生掌握二氧化碳的化学性质、用途以及自然界中的碳循环。学生能够主动关注二氧化碳的排放等环境问题，从化学视角分析解决社会问题，理解处理好生产发展与保护环境相互关系的重要意义。

二、授课教师的自评与反思

在本次授课中，我第一步是让同学们一起干一杯可乐，思考可乐中含有哪种气体，在开始上课时吸引学生的注意力，为接下来的课堂奠定基础。在接下来的教学设计中，我步步引导，让学生从一瓶可乐中发现二氧化碳的诸多性质，然后分小组实验，通过实验现象让学生自己总结二氧化碳的化学性质，以培养学生的协作精神和动手能力。但是在难点的讲解上我的时间分配不是很合理，以后在课前要思考好本节课的流程。

通过本节课，我也进行了以下思考：

（1）教师无论在课堂还是课后都要善于思考，理论与实践相结合，多对自己的教学，进行反思和总结，不断修正自己的教学方法，树立正确的教学观念，与时俱进。例如，在以往的教学中，总是担心学生做实验可能会有失误，无法独立完成，所以课堂上都是以教师讲解为主，但是本节课主要采用让学生自己设计实验来探究二氧化碳与水反应的化学性质，这一知识点也是本节课的学习难点，学生自己动手实验发现只有喷水的用紫色石蕊染色的纸花放在二氧化碳的集气瓶中才会变色，通过这一实验学生能够更好地理解二氧化碳不仅能够溶于水，而且还能够与水反应生成酸性物质。

（2）增加对学生的了解，多与学生沟通交流，接收学生在学习化学时存在的疑问等有效信息，有针对性地进行教学，能增进师生的感情，令课堂气氛愉快，促进师生互动，提升教学效果。在本节课的教学中，在学生分组实验时我会对每个组的实验进行观察与指导，拉近与学生的距离，同时我也能够更及时地发现问题并给予指导。

（3）提高对化学用语的表述能力，提升化学教师的专业素养。多留意教学上的细节方面，给学生打下扎实的化学基础。在本节课上课之前我合理安排了本节课的过渡语言与知识点衔接的转换，通过思考发现合理的安排能够让学生更好地理解知识之间的关联性，使知识的学习变得有规律可循。

（4）多媒体的使用要恰当：注意课件、板书、视频、实验之间的平衡。不要过度依赖多媒体，忽视实验的重要性；也不要太过注重传统教学模式，忽视多媒体的作用。对于我个人来说，从事教师行业已有十年之久，但是对于每一节课的板书设计没有做到很好的安排，通过这次公开课我明白了板书的重要性，它是一节课核心内容的体现，所以在今后的教学中我也会时刻提醒自己设计好每一节课的板书。

三、科组其他教师对课堂的评价

1. 科学合理的教学目标

本节课设置三个教学目标，首先认识并掌握二氧化碳的化学性质，其次知道二氧化碳的检验方法，最后树立用辩证的科学观看待问题的观念。二氧化碳的学习主要通过演示实验与学生实验相结合的方法让学生主动了解二氧化碳的化学性质，培养学生分析问题和解决问题的能力。本节课的重点与难点是二氧化碳与水发生化学反应生成碳酸。通过对二氧化碳的水溶性设计实验，可以让学生增强思维的严密性，通过对石蕊溶液变色的实验探究，掌握二氧化碳的化学性质以及用途；通过二氧化碳与水反应使澄清石灰水变浑浊的实验，学生自己可以得出检验二氧化碳要用澄清石灰水的结论。让学生亲自参与到知识的形成过程中，在培养学生自己动手实验能力的同时，又获得成功的喜悦和对化学学习的兴趣。

2. 精心进行教学设计，调动学生自主学习的兴趣

我校教师在本课开端营造了一种轻松愉悦的课堂氛围，首先教师走在课堂中间，展示一瓶可乐，为每位学生提前倒好一杯可乐，让大家一起举起手中的杯子干了这杯可乐，祝大家“百事可乐”，紧接着引导大家思考可乐中的气体是什么，从而引入本节课的学习内容。这样轻松自然地引入新课的方式，让学生更加易于接受，也切身体会到身边处处有化学，对自己身边的化学物质的“外貌与内在”产生好奇心。课堂一开始就拉近了学生与教师、学生与书本的距离，学生带着渴求知识的状态自主学习。

在整节课的教学设计中，可以看出教师花了大量的时间来备课，自读设计、讲读设计与 PPT 的设计符合我校精致教学的理念，并且教师也预设了整节课的教学进度，攻克了本节课的重难点，对重难点进行了合理的安排与讲解，采用学生总结与教师引导相结合的方式，很好地完成了本节课的教学任务。

3. 科学严谨开展实验教学，增强学生学习乐趣

本节课教师的主要教学方式是实验教学，通过“提出问题（发现问题）→实验探究→得出结论”这一系列活动来认识物质的性质，分析现象后得出结论，激发学生积极主动地去探究、去学习，培养了学生科学的学习态度，使其真切地体验到探究学习的乐趣，从而收到了良好的教学效果。教师结合科学发展的现实向学生说明随着科学研究的不断深入，对物质的了解也会更加细致，从而激发学生对科学的向往和自觉学习的动力。

（1）向装有长短不一的两支点燃的蜡烛的烧杯中倾倒二氧化碳气体，观察蜡烛熄灭的情况，从而得出二氧化碳密度比空气大，不燃烧也不支持燃烧的性质。

（2）向一个收集满二氧化碳气体的软塑料瓶中加入一定量的水，观察塑料瓶变扁的情况，从而得出二氧化碳溶于水的性质。

（3）四朵用石蕊溶液染成紫色的干燥的纸花实验。让学生亲自动手，采取对照实验的方式，使实验现象明显、直观地展示在学生面前，让学生形成感性的认识，自己总结出二氧化碳与水反应生成酸性物质的性质。

4. 开展小组合作学习，体现学生的主体地位

在课堂的教学中我们会发现教师“满堂灌”的结果是学生对课堂产生厌倦，学生注意力不集中，这样达不到很好的效果。而在本节课的教学中，教师采用开放、民主的态度，使学生能够更好地体验课堂，这也是课程改革的核心。教师让学生分组实验探究二氧化碳与水反应的问题，预先给学生提供四朵用石蕊溶液染成紫色的干花，然后桌面放好预先收集好的二氧化碳气体，学生通过实验自己得出结论。在分组实验中，大家分工明确，积极配合，每个同学都参与其中，并且在课堂上能够及时反馈每个小组的得分情况。最先完成的小组、实验过程中最规范的小组、课堂上积极回答问题的小组各得一朵小红花，下课之前教师总结每个小组的得分情况，还对排名前三的小组进行了奖励，课后学生可以得到找教师做另外两个演示实验的机会。这让学生既体验到了成功，又提高了实验操作技能。学生主动参与，教师适当引导，让学生在轻松快乐的学习氛围中自主获取知识，这也是我校精致教学理念的核心。

5. 及时巩固与检测，收获良好的课堂效果

课堂上的及时练习，不仅是教师的教学诊断，更是学生自我检测和感受成功体验、快乐的过程，然而，在较短的课堂教学时间里，往往不能全面地检测各个知识点。所以在本节课的教学中我校授课教师认真思考题目的选择，选择中考当中本节课常考并且学生易错的知识点进行练习，又与本节课的重难点紧紧相扣。例如我校教师选取了这样一道选择题：A. 大气中二氧化碳的消耗途径主要是植物的光合作用；B. 二氧化碳可用于制碳酸类饮料；C. 常温下二氧化碳具有可燃性；D. 干冰可用于人工降雨。虽然只是一道选择题，但是既考查了二氧化碳的化学性质，又考查了二氧化碳的用途以及自然界中消耗二氧化碳的途径。题目少而精，真正做到了练习的有效性。教师还设计了一道思考题，通过学习二氧化碳的用途，学生评析二氧化碳的功与过。这两道题都

是用所学的知识去解决生活实际问题，有助于加深学生对二氧化碳性质的理解、记忆，增强了学生用所学知识解决实际问题的能力，两道题的目的是使不同层次的学生通过努力都得到发展，体验成功的喜悦。课堂时间总是有限的，但学生的探究欲望不减。部分学生利用下课时间继续探究这两个问题，这样就保证了本节课的学习效果，很好地完成了本节课的教学内容。

6. 课堂需要改进的方面

（1）语言不够精练简洁。教师的语言在一节课中起着至关重要的作用，如果教师的语言重复过多，或者预先没有做合理的安排，那么在一节课中会浪费很多时间，而教师可能考虑到有些重点内容要重点讲解，于是不断重复，这样解释二氧化碳与水发生反应是化学变化时剩余的时间就很少，导致讲解略显不足。而本节课的重点是二氧化碳的化学性质，难点也是二氧化碳的化学性质，需要配合教师的详细讲解。

（2）在面向全体的同时没有很好地关注个体。教学的对象是全体学生，但是在教学的过程中我们要关注到每个学生的表现。当教师在小组实验与课堂检测的过程中，发现有个别学生能力稍显不足，实验没有做到规范操作时，要委派每个组的组长指出同学操作上出现的错误，并且在当堂检测的过程中也要求每个学生都能够很好地理解题目。教师在这一方面还需要深入思考。

从整体上讲，本节课是成功的，教师在课堂教学的过程中承担着“演员”与“导演”的双重身份。虽然精致教学倡导的是以学生为主体的课堂，但并不意味着让学生随心所欲，而是教师主导整个课堂思路与进程，让学生自己主动获取知识。所以把握好每一节精致教学的课堂是我们每位教师努力的方向。

第三节　专题研究案例

人教版新目标七年级下册“Unit 1　Can you play the guitar?”单元整体设计

英语学科组　李　琼

一、设计理念

基于主题意义探究的英语课堂是指教师要通过创设与主题意义密切相关的语境，充分挖掘特定主题所承载的文化信息和发展学生思维品质的关键点，基于对主题意义的探究，以解决问题为目的，整合语言知识和语言技能的学习与发展，将特定主题与学生的生活密切关联起来，鼓励学生学习和运用语言，开展对语言、意义和文化内涵的探究，特别是通过不同观点的讨论，提高学生的鉴别和评判能力（教育部，2018）。

单元整体教学是以教材为基础，用系统论的方法对教材中具有内在关联性的内容进行分析、重组、整合并形成相对完整的教学单元，在教学整体观的指导下有序规划教学诸要素，以优化教学效果的教学设计（吕世虎等，2016）。

从语篇教学的角度出发，根据不同语篇设计问题，以问题链形式引导学生走入文本，利用提问引导学生对文本信息进行预测、分析、质疑、推断与评价，使学生的思维从低阶层次向高阶层次发展。

二、单元语篇分析

文本类型	文本来源	What（主题和内容）	How（文体和语言）	Why（主题和作者）
Listening 1	Section A 1b（P1）	男女生简短对话，询问对方具备什么能力	三段一个来回的对话，呈现了目标语言： I want to… —Can you…? —Yes，I can/No，I can't	感知情态动词 can 的一般疑问句及回答
Listening 2	Section A 2a & 2b（P2）	同学之间互相询问对方想加入什么俱乐部并具备什么才能	两段对话，使用特殊疑问句 —What club do you want to join? 及 Can you…?	在真实的语境中，使用目标语言谈论想加入的社团及具备的能力
Listening 3	Section B 1d & 1e（P4）	教师想选一些学生参加学校音乐会，与三位学生对话，询问学生具有什么才艺	一段一人对三人的对话，使用特殊疑问句 What can you do? 及 Can you…?	在真实的语境中，通过与主题有关联和递进的任务链，进一步巩固使用目标语言
Dialogue 1	Section A 2d（P2）	同学之间互相询问对方想加入什么俱乐部并具备什么才能	使用特殊疑问句和 can 的一般疑问句 —What club do you want to join? —I want to… —What sports can you play? —So you can…	在真实的语境中，使用目标语言谈论想加入的社团及具备的能力
Reading 1	Section B 2a & 2b（P5）	2a 部分是关于 Peter，Alan 和 Ma Huan 的自我描述，聚焦介绍自己的才能； 2b 部分是敬老院、学生运动中心及学校的三则招聘广告。 根据 Peter，Alan 和 Ma Huan 的才能以及招聘广告的要求，将 2a 与 2b 两部分匹配起来	2a 部分使用一般现在时及 can 来客观描述自己的能力； 2b 是简短的三则广告，属于应用文，文体特征明显，语言特点突出，比如用一般疑问句引起应聘者的兴趣，用感叹号及祈使句使得广告具有吸引力	引导学生根据自己的爱好才能做点力所能及的事情

（续上表）

文本类型	文本来源	What（主题和内容）	How（文体和语言）	Why（主题和作者）
Reading 2	课外资料（见第四课时）	主要内容是一封兼职求职信，开门见山，写明自己的求职目的，接着介绍自己的基本信息、具备的能力及优势、兼职时间及联系方式	属于应用文，篇章结构清晰，信息全面，语言朴实但具有说服力	能根据自己的爱好参加自己喜欢的社团

三、生情分析

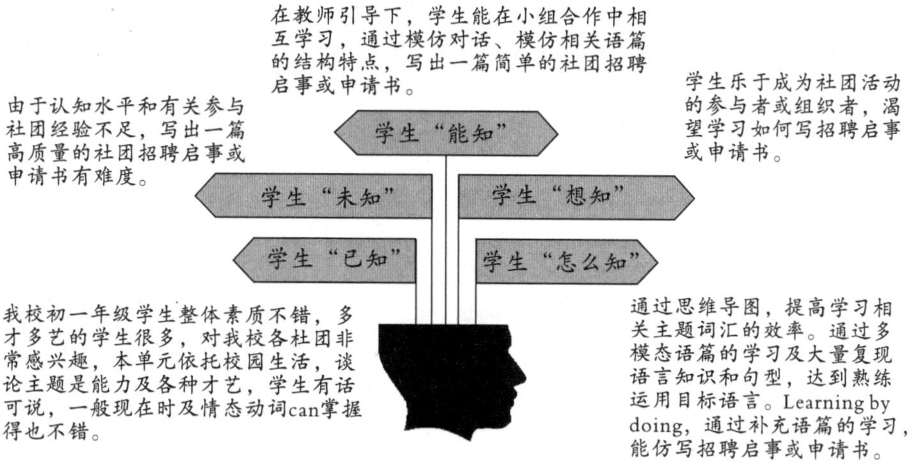

四、本单元的主体意义

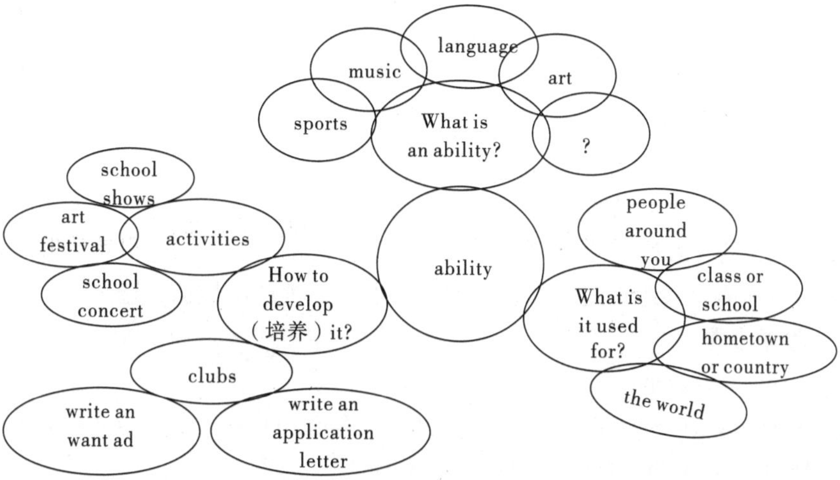

五、整体目标

基于学情、教材及单元主题意义的分析，本单元整体学习目标如下：

（1）能在真实的语境下，通过思维导图，归类并学习与主题相关的词汇。

（2）能在多模态的语篇中（图片、听力、乐器声音、文本等），感知、掌握及运用目标语言及语法知识（情态动词 can 等的用法）。

（3）能通过学习招聘广告及申请书等应用文的文体特征和语言特点，为社团设计一份招聘广告及写一封加入社团的申请书。

（4）能根据自己的能力及特长，参加自己喜爱的社团或做一些力所能及的事，认识自我，丰富自我，完善自我，提升群体意识。

六、单元整体设计方案

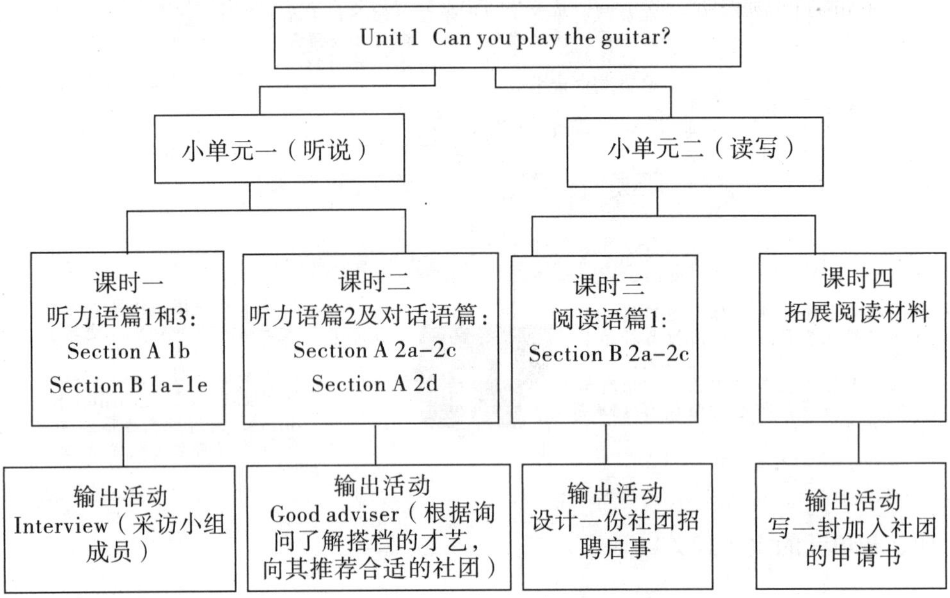

七、教学步骤

Period 1

（一）学习目标

本节课结束时，学生能够：

1. 掌握 can 的一般疑问句及特殊疑问句的用法；
2. 使用目标语言对组员进行采访并为音乐俱乐部挑选出最佳人选。

（二）教学步骤

Step 1：Guessing game

Play a guessing game with the sentence pattern “Can you do sth?” T asks the 7 what he/ she can do. Ss answer with “Yes，I can/ No，I can't”.

[设计意图] 通过问答，激活学生已有的认知存储系统，学生在进行简单认知整理与归纳的同时，能够从同伴的已知信息中获取新知，形成信息沟通互补。

Step 2：Brainstorming

After the game，T asks Ss with “What can you do?” and writes down the Ss’ answers on the blackboard to guide the topic word “abilities”.

[设计意图] 通过大脑风暴，激活学生已有的主题词汇及操练目标句型 “What can you do?” 并导出主题词 “abilities”。

Step 3：Listening practice（听力语篇 3 ：Section B 1a－1e）

Before listening，T plays the sounds of different musical instruments and lets Ss guess what musical instruments they are. Then T asks Ss to look at the picture in 1b and guess “Who are they? What are they doing?” At last，Ss listen and finish 1d and 1e to check their predictions.

[设计意图] 听声音猜乐器，激起学生的兴趣。听前讨论插图，对听力内容进行预测，让学生带着问题去听，然后在听的过程中检测自己的预测并完成练习，调动了学生认知策略中的监测策略。

Step 4：Interview

The school concert is coming and the music club wants some new members for it.

T asks Ss to interview group members with “Can you do sth?” “What can you do?” and “What can’t you do?” Then write down the results in the form. After that，Ss make a report and decide who is the suitable person to join the music club and why.

Name	Can	Can’t	What did you do with it? （曾经凭能力做过什么?）
Tom	sing/dance	play the piano/ play the drums	danced on school show last year

[设计意图] 设置与学生生活贴近的语境，学生在采访的过程中，有大量的机会操练本课的目标语言，并能根据采访结果选出最佳人选，内化与运用所学语言知识。

Step 5：Homework （Self-check 1）

Classify the words and phrases in the following pictures and the interview form.

Brainstorming

Abilities 能力

1. speak Cantonese（广东话）
2. swim
3. play the guitar
4. drive a car
5. wash clothes
6. look after family
7. drive a car
8. ride a bike
9. play badminton
10. play chess
11. run
12. play the guitar
13. play the drums
14. play the piano
15. play the violin
16. draw
17. dance
18. speak English
19. swim
20. speak Japanese

Abilities

Music and arts	Languages	Sports	Other abilities

［设计意图］复习所学知识并学会归纳词汇。

Period 2

（一）学习目标

本节课结束时，学生能够：

1. 了解有关 club 的种类以及对应的具体的能力，帮助学生认识社团活动的作用；

2. 在现场模拟社团招新活动，内化迁移所学知识并根据个人能力或愿望加入相匹配的社团。

（二）教学步骤

Step 1：Lead in and small talk

T shows some photos about our school art festival last year and asks the following questions：What are they doing？What can they do？What clubs are they in？What clubs are there in our school？Who can join the clubs？What club do you want to join？

［设计意图］通过问答，激活学生已有的认知存储系统，学生在进行简单认知整理与归纳的同时，能够从同伴的已知信息中获取新知，形成信息沟通互补。

Step 2：Listening practice 1（听力语篇 2：Section A 2a－2c）

Before listening，T asks Ss to look at the picture in 2a and guess what they are talking about. Then listen to the conversations and finish 2a and 2b.

After listening，T asks Ss to work in pairs to talk about what clubs Lisa，David，Bob and Mary want to join. Then work in groups and discuss the questions “Do you think Lisa，Bob and Mary can join the clubs? And Why?"

［设计意图］通过小组合作，把书面的表格信息转换成口语对话，对所听内容进行内化。小组活动的问题可以激起学生对主题意义的探讨（不管是有才能还是没有才能的同学，只要想参加或对社团感兴趣，就可以去参加），以达到情感教育的目的。

Step 3：Listening practice 2（对话语篇：Section A 2d）

T asks Ss to listen to 2d and answer the following questions：What can Jane and Bob do? What advice do they give to each other?

After listening，Ss work in pairs and talk with partners about what clubs they want to join and give advice to each other.

［设计意图］检查学生对听力内容的理解并内化所学知识。

Step 4：Group work

T chooses 8 students as the club leaders and they stand around the classroom. The other students choose the club they are interested in to have an interview.

The club leaders can ask the students some questions like this：Can you introduce yourself?（name，age，hobbies...）Can you...? Why do you want to join this club? What can you do for the club?

［设计意图］通过现场模拟社团招新活动，学生能在较为真实的语境中使用目标语言，并内化迁移所学知识。

Step 5：Homework

The club leaders describe the new members you have. The other students tell what club you join and what you can do for the club.

Period 3

（一）学习目标

本节课结束时，学生能够：

1. 通过学习三篇招聘广告，学生能关注到招聘广告的结构及语言特征；
2. 通过小组合作完成一篇招聘广告的设计并能根据评价表进行自评和他评。

（二）教学步骤

Step 1：Lead in

T guides Ss to describe the two pictures using the following questions：What is the boy in picture 1? What is the boy doing? What are they doing in picture 2? Do you want to join them? If you are the leader of a club in our school，can you write a want ad? Do you think what we should write about in a want ad?

［设计意图］通过头脑风暴，激活学生已有的认知存储系统，学生在进行简单认知整理与归纳的同时，能够从同伴的已知信息中获取新知，形成信息沟通互补。

Step 2：Read the ads and match the titles with ads（Section B 2b）

T asks Ss to read the three ads and match the titles and say out the reasons by circling the key words. Then T guides Ss to focus on the features of English titles.

［设计意图］通过圈出关键词，培养学生信息匹配的能力并关注到英语标题的特征。

Step 3：Read for structure

T asks Ss to read the first ad and find out the content that an ad should include（title, needs, time, abilities, job feathers, contact ways…）.

Then T guides Ss to pay attention to the features of a want ad（用了一般疑问句，感叹号，形容词……）.

After that, Ss analyses the second and the third ads as the above steps.

［设计意图］引导学生关注招聘广告的文本特征及语言特点，为后面小组活动做好铺垫。

Step 4：Design an ad for the English club in groups of six

T asks Ss to design a want ad（招聘广告）for the club they are interested in.

Six students in a group. One thinks about one part of the ad（title, needs, time, abilities, job feathers, contact ways…）. Then write it on a paperboard（卡纸）.

After finishing, check the ad according to the checklists.

Checklist	Self-check（✓）
1. Good title	
2. Needs	
3. Time	
4. Abilities	
4. Job features（工作特点）	
5. Contact ways（联系方式）	
6. No grammatical of spelling mistakes（没有语法或拼写的错误）	
7. Good handwriting（书写）	

［设计意图］通过合作完成一篇招聘广告，让学生更能关注到广告的篇章结构并培

养学生的合作意识。通过自评表，达到以评促学的目的。

Step 5：Show time

Each group shows their ads if time is allowed. The other Ss give comments on the ads according to the checklist above. After that，each group put up the ads on the wall of the classroom.

［设计意图］通过分享作品及他评，学生能互相学习，取长补短。将作品张贴在墙上，为下节的现场模拟应聘做好准备。

Period 4

（一）学习材料

Dear parents,

Do you want a tutor for your daughter or your son? Think about me! My name is Fiona. I'm a student of Chicago University. I study music. And I'm good at this subject. I can help your kids with it. I'm a Chinese girl. So I can also **teach** them some Chinese. I'm **fun**. Your kids will enjoy my classes for sure.

I have time in the afternoon from Monday to Saturday. My class is 15 dollars every hour. And it is usually two hours.

Do you **need** my help? **Call** me at 662-3347.

You can write me an e-mail, too. My e-mail address is *chinesefiona@gmail.com*.

Best wishes!

Fiona

（二）学习目标

本节课结束时，学生能够：

1. 通过分析一封求职信的篇章结构，掌握求职信的主要构成、语言特点等，以读促写；

2. 写一封申请书，加入自己感兴趣的社团。

（三）教学步骤

Step 1：Review and lead-in

T asks Ss what they have learnt in this unit and what they know about how to write an application letter. T writes down what Ss say.

［设计意图］通过头脑风暴，激活学生已有的认知存储系统，学生在进行简单认知整理与归纳的同时，能够从同伴的已知信息中获取新知，形成信息沟通互补。

Step 2：Read for main information

T asks Ss to read the letter and check the information what they said just now，such as the abilities she has，telephone number and so on.

T also asks more questions in order to check Ss' understanding of the letter：Who wrote the letter? What's the meaning of the word "tutor"? And how do you know that? What classes can she teach? And why? When is she free?

［设计意图］学生快速阅读文本检测自己的预测。之后教师围绕主线构成问题链，环环相扣检查学生对文本主要信息的理解。

Step 3: Read for language and structure

After Ss can get the main information of the letter, T can ask Ss to read again with the following questions to guide Ss to focus on the feathers of the language and the structure of the letter.

Q1: Do you think Fiona is confident (自信) enough to get a job as a tutor? And why do you think so?

Q2: After reading the letter, do you want Fiona as your tutor?

Q3: If she wrote the letter in one paragraph (段落), do you think it's better?

[设计意图] 通过回答这三个问题，学生能关注到申请书的语言特点以及篇章结构。同时在回答第一和第二个问题时，学生能关注到语篇中的可迁移句式和连贯表达(and, so...) 等，为写作搭建好语言及结构支架。

Step 4: Sum up

T asks three questions (Why do you write the letter? What to write? How to write it?) to guide Ss to sum up what they learnt just now using the thinking tool below:

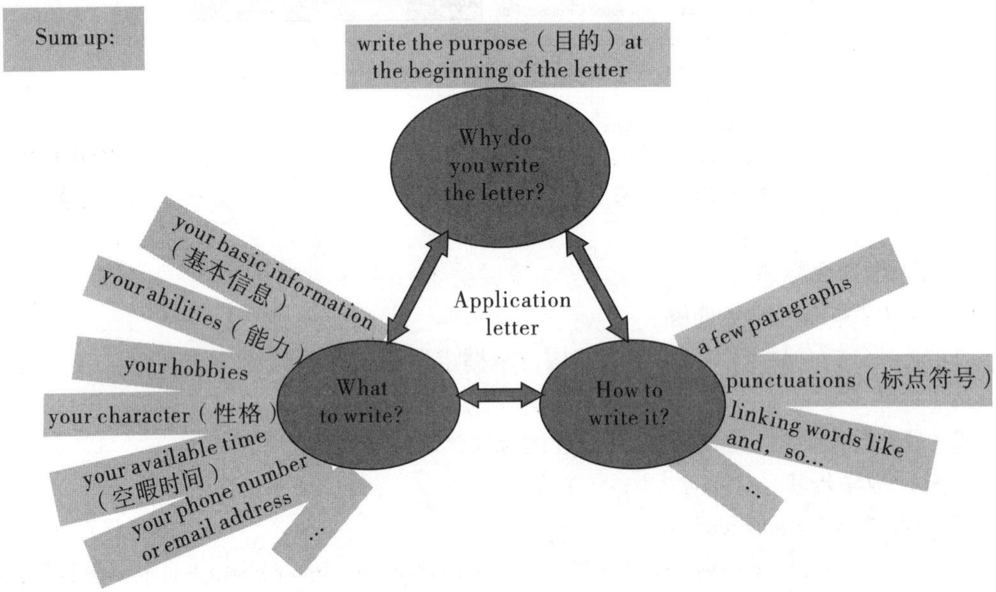

[设计意图] 通过问题及思维工具图引导学生总结归纳写一封申请书应该涵盖的内容及申请书的特点，使之结构化、显现化，为写作做好铺垫。

Step 5: Writing

同学们，一年一度的社团招新活动开始啦！我们学校共有 24 个社团，如英语社、科技社、音乐社、篮球社、街舞社等，活动丰富多彩。但由于疫情原因，学校不举办面试招新，如果你想加入你感兴趣的社团，可以直接写一封申请书给该社团团长，团长将择优录取。

T asks Ss to think about the genre, the tense and the person of the letter and make an outline.

[设计意图] 呈现写作任务，培养学生审题及列提纲的习惯，使写作思路显现化。

Step 6: Self-check and peer-check

After writing, T asks Ss to self-check and peer-check their letters.

Checklists		Self-check	Peer-check
内容	1. 是否开头写明申请目的		
	2. 是否写明自己的基本信息		
	3. 是否写明自己的特长、优势、性格等		
	4. 是否写明自己的空暇时间		
	5. 是否写明自己的联系方式		
语言结构	6. 是否分段，使得更有条理		
	7. 是否有使用连接词使得语句更连贯		
书写	8. 书写是否工整		

［设计意图］学生可以根据评价清单，通过自评或互评的方式，再次对习作进行修正，同伴之间也能学习对方习作的优点，审视自己习作的不足。

Step 7: Have an interview

Ss move around the classroom and hand in his/her application letter to the leader of the clubs he/she is interested in. The leaders of the eight clubs choose the Ss they want and say out the reasons.

［设计意图］模拟面试现场，在较真实的环境中进行社团面试，能激起学生的写作兴趣，并为作业的布置做好铺垫。

Step 8: Homework

1. If you are wanted, write a plan about what you hope to learn and what you are going to do as a new member of the club.

2. If you are not wanted, polish（修改）your application letter after class to make it better（表达强烈的渴求及诚意，语言更具说服力……）.

［设计意图］学生根据自己的情况完成第一或第二项作业，任务真实，将本单元主题意义的探究延伸到课堂之外。

初中物理实验教学中的核心素养培养研究

一、核心素养背景下的初中物理实验教学

物理是一门以实验为基础的学科，物理实验是物理学的重要内容，也是物理学研究的重要方法和手段，物理实验教学的基本思想是培养学生的创新意识、创新精神和实践能力。在初中物理教学中，实验是其中的重要内容和有效手段，教师应当对器材选用、物理实验原理、物理现象观察与分析等各个环节进行科学组织，强化对物理实验的精心设计，强化实验教学情境的有效创设，努力将生活化元素渗透其中，并尽可能地将探究性实验融入进来，以此来激发学生学习物理知识的兴趣，从而使学生理解

和分析物理知识的能力得到提升。学起于思，思源于疑。问题是探索的源泉，教与学的起点。物理源于生活，高于生活，教师在教学过程中抓住学生学习物理的兴奋点、学习过程上出现的认知的盲点、理解的困惑点创设问题情境，启发、引导他们发现和提出有价值的物理探究问题。

在初中物理课堂教学中，教师可以教育教学的具体内容为依据，将物理课本“想想议议”“动手动脑学物理”“课外小实验”的拓展型、延伸型的问题提供给学生，一方面，教师应当在教学中多设计一些需要运用逆向思维或者突破常规方法解决的问题。另一方面，教师在探究性演示实验、分组实验等一些相对简单内容的基础上，渗透和融入复杂问题，还可以在单一内容的层次上设计能够涵盖多方面知识内容的问题，以此来强化学生对物理学习可探究性和深入性的认知和理解，组织和引导学生以问题为导向，进行全面、细致的探讨，这样在探究过程中学生的学习方法和思维方式就能够获得发展与提升，从而提升学生的物理核心素养。

“初中物理实验教学中的核心素养培养研究”课题研究促使物理教师重视实验教学，提高教师的实验教学水平，通过实验教学改革、创新为学生创造更多动手实践的机会，让学生在主动探究的过程中提升核心素养，从而促进学生的全面发展。基于学科素养和学习能力的课堂转型，本课题提出实验教学要“开窗”而不是“围墙”的教学理念和“老师往后退，学生往前进”的理论创新。在实验教学中推出了“多元智能”课堂教学模式和“同伴教学法”实验教学。

二、教师具备的核心实验理论与实操培训

1. 教师实验水平能力

实验是初中物理教学的基础，实验是初中物理教学的内容。人教版初中物理的学生完成实验统计：初中物理117个，其中八上43个，八下31个，九年级43；演示85个，分组32个；必做91个，选做26个，课外9个。面对21世纪教育改革新课程标准的推行，对照教材做实验，依据教材写实验报告的教学模式显得陈旧和狭窄，在整个实验过程中，学生完全处于一种被动的学习状态。所以，在物理实验教学中，应改变传统实验教学那种对基础知识的传承和对基本技能训练的过分强调，有意识地对学生进行科学素质的训练和培养，改革以书本为主、实验为辅的教学模式，多增加设计性、综合性的实验，把培养学生的探索精神、实践能力以及创新意识置于实验教学活动中。因此，教师在培养学生物理实验技能前应对实验非常熟悉，包括实验科学探究的要素：提出问题、猜想与假设、制订计划与设计实验、进行实验与收集证据、分析与论证、评估、交流与合作。

为了在实验教学中突出学生主体地位，让学生经历探究过程，教师必须掌握三种方法：

方法1：让学生自主设计完成演示实验。例如，在研究光沿着直线传播的演示实验中，我是这样处理的：提前在课前布置预习本节课，要求学生利用自习课时间实施以下过程：学生首先自主设计实验方案，设计实验方案关键是让学生考虑好实验条件，充分发挥想象，不同的实验方案达十余种，有的甚至比教材上的方案还简单易行，有的让激光在喷雾中传播，有的让激光在肥皂水中传播，有的让激光在果冻中传播……使表演性演示实验变为开放性研究实验，极大地激发了学生学习和研究物理知识的积

极性，培养了学生的发散思维和创造性思维能力。其次自主选择实验器材，在完成设计后，有的学生到实验室借实验仪器，有的学生自己制作一些小器材，变纯观察性实验为创造性操作实验。再次自由组合，探索研究，经过交流，有一些学生的实验方案相似，于是他们就自动组合，在实验过程中互相交流切磋、沟通、共同研究。在交流中学会团结协作，在互帮互学中共同提高。

方法2：让学生自主探究学生实验。教师要适时、适量地改进实验课的教学组织形式，创设一些开放性的探究式实验。学生熟悉实验的流程后，应该尝试让学生适当地亲身经历设计方案，选择仪器，制定步骤，设计表格，收集信息，处理数据，得出结论，实验评价等实验过程中的某个环节，使学生真正进入科学学习的状态和角色。例如，测电阻的实验，可以使用不同器材、不同方法、不同电路，其方法很多，有伏安法、滑安法、滑伏法、替代法等，而共同点是都应用了欧姆定律。

方法3：引导学生参与实践课外小实验。鼓励学生充分利用课余时间做好课外小实验、小制作，调动学生的兴趣和积极性。各种物理实验，从某种意义上说，都是一种特殊的、直观的实践，学生在动手完成各种小实验、小制作的过程中，思维异常活跃，学习欲望高涨，参与意识增强，都迫切地希望进一步探索问题。根据中学物理新课程标准中的部分知识点选作“实验探究”的案例，初中阶段可以给布置学生的小制作有：“自制乐器”“潜望镜”“小孔成像”“照相机”“量筒”“天平”“密度计”“小鸟入笼”“土电话”“水果电池”等。因此，在教学过程中不但要重视引导学生观察实验现象，进行猜想、设计、验证等科学探究，更要“让学生经历科学探究过程，学习科学研究方法，培养学生的探究精神、实践能力以及创新意识”。

2. 教师实验实操培训

人教版初中物理的学生完成实验统计：初中物理117个，其中八上43个，八下31个，九年级43个；演示85个，分组32个；必做91个，选做26个，课外9个。每一位物理教师都必须对以上实验非常熟悉。由于每一位教师的教学风格、实验处理方法不一，以及个别教师对物理实验教学的重视度不够，因此有必要对每一位教师进行培训，培训方法多样。途径一：每周每位教师轮流准备一个实验，于备课会期间进行展示与探讨；途径二：学校展开物理实验理论比赛，每一位物理教师都参加，对优秀教师进行奖励；途径三：学校开展物理实验操作比赛，每一位物理教师都参加，对优秀教师进行奖励；途径四：学校开设科技社团，物理教师带领学生将课本物理实验带到生活中去，提高教师的实验水平；途径五：参加教育局开展的物理实验改进与物理实验教具制作比赛，提高教师的实验操作水平；途径六：参加市、省的各种实验说课、实验能力等比赛，提高教师的实验竞技水平。

三、物理实验教学开展的系列活动

1. 物理教师的成长修炼活动

高庆鑫发表论文《初中物理教学中开展小组合作学习》和《浅析合作学习在初中物理教学的应用》，提出在实验教学中培养学生的科学素养，让学生做周末小实验，提高学生的动手和思维能力。高庆鑫参加湛江市高效课堂比赛，获得湛江省高效课堂物理组一等奖。

黄德汉鼓励学生认真研究课本上出现的实验，包括小实验，并且让学生创新实验，小组讨论，上网查找创新的地方；在学习电学课程中，鼓励学生自己上网买一些器材或者在生活取材并动手实验；在学校实验教学中，多让学生进入实验室做实验，培养学生的科学思维能力、动手能力和创新能力。黄德汉担任学校科技社社长之一，带领科技社社员进行有关物理的实验展示和表演，并多次在学校科技节活动中进行展示；撰写学术论文《中小学物理实验教具资源包的开发与利用》。为了提高学校课题研究水平，促进科研兴校，2018 年 3 月 16 日，雷州市杨家中学特邀湛江二中港城中学湛江市“十三五”教育科学规划课题“初中物理实验教学中的核心素养培养的研究”主持人谭振兴老师和课题组成员黄德汉老师为杨家中学数理化科组教师作专题讲座，谭振兴老师讲座题目为“物理教学模式与实验创新”，讲座内容翔实，理念先进，理论联系实际，课题成果突出，获得高度评价；黄德汉老师讲座题目为“中小学物理实验教具资源包的开发与利用”，讲座内容丰富，实物展示精彩，内容生动，获得一致好评。

王元庆的演讲《教师的三面镜子》在湛江市青年教师大赛中获一等奖。先后获得湛江市青年教师教学技能大赛物理组第一名，广东省教师技能大赛物理组一等奖，第九届物理创新大赛一等奖。王元庆老师于 2017 年 12 月 6 日到湛江经济开发区东简中学参加送课活动，执教了八年级物理“温度计”的示范课，教学设计新颖，效果显著，学生满意率 100%，受到听课老师的高度好评。

梁树旋撰写的论文《链接生活实际，建构趣味物理课堂》在《都市家教》上发表（级别：省级）。梁树旋结合学校“三环五步”精致课堂教学模式，在实验教学中进行积极探索，引导学生带着问题有目的地进行实验，注重培养学生的观察能力、思维能力和创新能力，极大程度地改变了学生以往实验时只是机械地动手、不愿动脑的习惯，取得了较好的效果。

谢美翔在《中学课程辅导》中发表论文《关于初中物理探究式教学模式的思考》（级别：省级）。谢美翔在实验教学中注重培养学生的动手能力、探究能力，效果较好。

谭振兴在国家核心刊物《中学物理教学参考》发表论文《中考力学专题复习策略》；论文《精致课堂管理　提升教学质量》《聚焦物理核心素养　打造高效的精致课堂》《立足物理实验教学着力核心素养培养》在国家级刊物上发表；“平面镜成像”录像课荣获全国优质录像课教学比赛一等奖。主编广东省《2018 年思维点拨中考全案物理》资料；举行初中物理实验器材创新比赛。为推进课题研究深入开展，2017 年 12 月 6 日，湛江经济开发区东简中学特邀湛江二中港城中学湛江市“十三五”教育科学规划课题“初中物理实验教学中的核心素养培养研究”课题组与东简中学湛江市　“十三五”教育科学规划课题“从研讨到体悟：乡村初中物理创新素养培养的研究”课题组进行课题交流，湛江二中港城中学湛江市“十三五”教育科学规划课题主持人谭振兴老师为东简中学全体课题组成员作专题讲座，讲座题目为“立足实验教学，打造高效的精致课堂”，讲座精彩生动，获得一致好评。谭振兴老师于 2018 年 3 月 16 日到雷州市中学参加课题交流送课活动，执教了八年级物理“压强”实验教学的示范课，教学理念先进，教学设计新颖，教学效果显著，学生满意率 100%，受到听课老师的高度好评。

2. 课题开展系列学生实验和教具创新与制作活动

（1）为了拓展学生实验探究思维，培养学生动手能力和激发学生学习物理的热情，落实“寓学于乐，玩中求知”的理念，2017 年 11 月 16 日，全校开展一次“小孔成像”制作竞赛活动。

（2）学校科技艺术节上，组织学生进行有关物理的科技表演，获得学生的赞许。

（3）2018 年至今，鼓励与带领学生参加与物理实验有关的“小小科学家”比赛，多人获得市、省的一等奖与二等奖。

（4）在物理教师的带领下，全面开展学生的家庭实验，在学校开放日期间，于学校操场展示有关物理的实验创新设计、实验教具等成品。

（5）鼓励学生写实验小论文，并将其做成系列活动，不仅提高学生的写作能力，还提高学生的物理实验核心素养。

（6）创立微信公众号“物理实验能手”，将系列物理实验活动发布。

四、初中物理实验教学中的核心素养培养研究取得的效果

1. 为初中物理实验教学研究提供参考素材

在研究中探索，在实践中总结，2018 年 7 月，出版了一本专著《物理教学模式与实验创新》，全书条理清晰、层次分明、理论性强，并具有一定的实践指导意义。

2. 为探讨初中物理实验教学改革提供借鉴

针对课题研究要解决的问题，在实践中不断反思和总结，发表在省级、国家级刊物的《聚焦物理核心素养打造高效的精致课堂——以〈测平均速度〉为例》等 7 篇论文总结课题研究成果，为探讨初中物理实验教学改革提供借鉴。

3. 为初中物理实验校本教材的编写提供经验和建议

根据学校实验教学实情和学生的需要和兴趣，编写“实验案例集”“实验创新小制作作品集”“中学物理实验教具资源包的开发与利用”等 6 种校本课程，校本选修课程已成为我校满足学生个性发展需要的“资源超市”。

4. 为培养学生核心素养提供展示能力的平台

本课题组开设了物理实验创新制作小组、科技兴趣小组，在学校创建了科技社，指导学生参加湛江市“小小科学家”竞赛。其中荣获一等奖 1 人，二等奖 2 人，三等奖 5 人；参加广东省的决赛，1 人获得一等奖，2 人获得三等奖。

5. 为造就创新型、能力型教师做出积极贡献

只有创新的教师，才能教出创新的学生。王元庆老师荣获 2018 年全国物理青年老师实验技能创新大赛一等奖；谭振兴老师荣获 2018 年课堂教学实录全国一等奖；高庆鑫老师荣获 2017 年湛江市高效课堂比赛一等奖。

第三章 资料选编

第一节 跟岗学习方案

林华庆名校长工作室入室学员集中研修及跟岗学习方案

湛江市林华庆名校长工作室在上级主管部门的领导下，在工作室林文良顾问和范兆雄理论导师的指导下，根据《湛江市林华庆名校长工作室工作方案》和培训计划，开展入室学员集中研修及跟岗学习活动。

一、集中研修及跟岗学习的目标

（1）打造湛江市初中校长综合素养提升的平台，促进校长专业化成长，使入室学员在职业道德、专业知识与学术水平、教学能力与科研能力等方面的综合素质有所提高。

（2）构建湛江市初中校长互动交流的平台，通过跟岗学习，向同行学习，组织外出考察，组织与往届工作室导师、成员、学员所在学校开展交流，走入本届入室学员学校诊断活动等各种形式，指导学员成长为具有综合素养和特色的学校领导者。

（3）发挥名校长工作室团队的示范引领作用，通过工作室团队协作的工作方式，开展系列专题研究或专题活动，促进跟岗入室学员提升岗位管理的理论能力和实践能力。

二、湛江市林华庆名校长工作室成员和学员名单

略。

三、集中研修及跟岗活动日程安排表

（1）培训对象：入室学员（校长/副校长）7 人。

（2）培训时间：10 天，2021 年 12 月 9 日至 2021 年 12 月 18 日。

2021年林华庆名校长工作室入室学员集中研修及跟岗活动日程安排表

时间		集中研修、跟岗活动内容	负责人
第一天（12月9日星期四）	上午	学员来程	蒋美荣
	下午	1. 2：00，学员报到，前往酒店办理入住 2. 3：00，跟岗培训方案解读。地点：1号会议室 3. 4：00，林华庆校长做《“精致教育”的理念与实践——五维度推进“精致教育”，构建全面育人体系》专题报告。地点：2号会议室	林华庆 蒋美荣
	晚上	研修日志撰写	蒋美荣
第二天（12月10日星期五）	上午	1. 7：40起（第一、二、三节），“三环五步”精致课堂教学观摩/与授课教师做课后交流 2. 10：20起（第四、五节），备课活动观摩/备课组工作经验交流研讨。地点：相关教室备课室	田飞虎 林冠佳 尤小蓉
	下午	3：00，市教研室庄海滨老师做《教科研论文撰写与科研素养提升》专题报告。地点：2号会议室	庄海滨 李琼
	晚上	研修日志撰写	蒋美荣
第三天（12月11日星期六）	全天	分小组研修，日志撰写	蒋美荣
第四天（12月12日星期日）	白天	自主研修	蒋美荣
	晚上	研修日志撰写	蒋美荣
第五天（12月13日星期一）	上午	1. 7：30起，观摩校运会和社团文化节开幕式 2. 9：30，陈丽娜书记做《社团活动的设计与管理》专题报告。地点：2号会议室	许瑞恩 陈丽娜
	下午	1. 3：00，走进二中总校，观摩学校文化建设 2. 4：30，湛江市二中杨耀明校长做《湛江市二中理念与文化》专题讲座与交流分享会。地点：湛江市二中总校	林华庆 工作室成员
	晚上	研修日志撰写	蒋美荣

（续上表）

时间		集中研修、跟岗活动内容	负责人
第六天（12 月 14 日星期二）	上午	1. 8：30，在湛江市二中海东中学集合，参观学校，听一节课。地点：湛江市二中海东中学 2. 10：00，包明校长做《“双减”背景下“全人教育”的探索》专题讲座	林华庆 包明 工作室成员
	下午	1. 3：00，教研室尤小蓉主任做《精致教研引领教师专业成长》专题讲座与经验交流与分享会。地点：2 号会议室 2. 4：40，参加《“双减”政策下的班级管理策略》德育论坛，交流分享会。地点：2 号会议室	林华庆 尤小蓉 王海波 各年级负责人
	晚上	研修日志撰写	蒋美荣
第七天（12 月 15 日星期三）	上午	1. 8：30，许瑞恩副校长做《师生成长以学校文化为抓手——打造理念性、特色性、示范性品牌》专题报告。地点：2 号会议室 2. 10：10，黄江老师做《版画特色社团建设特色成果凝练》专题分享。地点：2 号会议室	许瑞恩 陈杰 黄江
	下午	1. 3：00，教导处林冠佳主任做《追求精致，特色发展——学校课程建设与特色化》专题报告。地点：2 号会议室 2. 5：00，学员深入到各年级或科组交流	林冠佳 田雪莲
	晚上	观摩班级文化展演活动	蒋美荣
第八天（12 月 16 日星期四）	上午	1. 7：50，观摩李琼老师“自信教育——你好，压力”主题班会课及观后交流研讨 2. 9：30，王海波主任做《“精致德育”探索之路——落地 扎根 积蓄 花开》专题报告。地点：2 号会议室	李琼 王海波
	下午	3：00，市教研室顾淑琴老师做《五育并举视角下如何深化美育教育》专题报告。地点：2 号会议室	顾淑琴 黄江
	晚上	观摩师生文艺联欢晚会。地点：运动场嘉宾席	蒋美荣

（续上表）

时间		集中研修、跟岗活动内容	负责人
第九天（12 月 17 日星期五）	上午	1. 8：30，李琼老师做《精致德育理念下班级共同体建设——盘活隐性班级》专题报告。地点：2 号会议室 2. 10：10，戴凝主任做《精致教育理念下如何实现课堂设计的精致》。地点：2 号会议室	李琼 戴凝
	下午	3：00，田飞虎副校长做《三环五步精致课堂教学模式的建构与实践》专题报告。地点：2 号会议室	田飞虎 陈杰
	晚上	研修日志撰写	蒋美荣
第十天（12 月 18 日星期六）	上午	1. 8：30，林华庆校长主持学校管理《制度、特色与队伍建设》专题交流。地点：1 号会议室 2. 学员发展规划互动、主持人问诊 3. 成长故事分享、跟岗总结	林华庆 工作室助手
	下午	培训结束，学员返程	蒋美荣

四、集中研修及跟岗学习的管理

1. 建群和分组

工作室成员和入室学员建群，创立公众号。分为四个工作小组，各小组选出组长，由组长布置和落实每位组员负责的具体工作，组织组员每天写一份跟岗日志及反思；组长负责撰写本小组工作总结。

（1）工作方案和课题管理小组：组长：尤小蓉，成员：曹莹、凌宝明；

（2）网络建设和评价管理小组：组长：蒋美荣，成员：邱上等、陈康其；

（3）活动组织和示范引领小组：组长：王海波，成员：郑辉武、曹莹；

（4）规划总结和成果转化小组：组长：许瑞恩，成员：陈聪、邱上等；

2. 集中研修和跟岗学习的任务

（1）报到时，每位学员提交一份集中研修和跟岗学习计划，一份学校发展规划和初步选择一个课题申报意向；

（2）集中学习期间，每位学员完成 2 篇以上的学习心得，图文并茂发布于工作室公众号，也可以制作成美篇发布；

（3）跟岗结束时，每位学员提交一份学习小结，并发布于工作室公众号；

（4）对工作室集中研修和跟岗学习等方面有意见和建议的，向主持人导师反映；

（5）加强理论学习，回到岗位后为全校教师做一个讲座，并向工作室备案。

3. 纪律要求

（1）工作室对入室学员进行考勤和跟岗学习考核；

（2）报到后尽快实现角色转换，以学员身份严格要求自己；

（3）遵守培训纪律，做到不迟到、不早退，按质按量完成各项研修任务；

（4）培训期间原则上不予请假，若有特殊情况，须以书面形式申请；学员请假一天（含）以下的，学员向主持人申请，主持人审批；请假一天以上的，学员书面申请，交上级管理部门批准和备案；请假超过三天（含）以上者，取消培训资格。

第二节　林校长讲教研

每一次培训，都是一次提升

——新一轮“三名”工作室主持人研修培训体会

辛丑（2021）年金秋，天高气爽，湛江市新一轮“三名”工作室主持人开启研修培训。

本次培训项目由湛江市教育局、湛江市教师发展中心主办，岭南师范学院广东省级中小学教师发展中心、岭南师范学院教师教育学院承办，为期七天（2021 年 10 月 20 日—10 月 26 日），主题为“2021 年湛江市‘三名’工作室主持人能力提升培训项目”。

第一天即 10 月 21 日上午，在岭南师范学院音乐厅举行了盛大的“三名”工作室主持人授牌仪式，仪式由湛江市教师发展中心主任王淑丽主持，广东省教育厅继教中心主任杨澎副、湛江市教育局副局长苏盛、岭南师范学院教师教育学院副院长王林发等省、市、高校领导和专家出席授牌仪式，分别作了指导讲话、主旨讲话和实操性讲座。

新一轮 175 位“三名”工作室主持人分七批次从领导手中接过了沉甸甸的牌匾。授牌后，工作室主持人孙跃东、林文智、钟佩银 3 位老师分别代表名教师、名校长、名班主任作了发言。

当我从苏盛副局长手中接过牌匾时，我感觉到不仅是光荣，更多的是一种责任，既是领导的肯定，更寄托着领导的期盼。特别是听了苏副局长的主题讲话后更是觉得使命在肩，必须砥砺前行。我记住了苏副局长的三个“要求”：“明责笃行”“创建特色”和“示范引领”。我还记住了苏副局长的一句话：期待“三名”工作室能够真正成为我们湛江市教师队伍建设的一个品牌，创造出更加优良的业绩，服务于我们教育的高质量发展。为表示作为主持人的不忘初心、勇于担当，特填词一阙以明志：

鹧鸪天·“三名”工作室授牌有感

书记授牌责在肩，“三名”使命育才贤。同研共进先明德，示范传承在笃专。
宏图定，鼓声喧。扬帆竞渡奋争先。宜将心血培梁栋，莫让韶光化紫烟。

正如主持人同行所说的“王林发教授的讲座如同电影大片上映，PPT 制作极具视觉冲击力”，我从王教授借用唐僧师徒五人（含小白龙）历经九九八一十难，到达西天取得真经的故事中明白：一个团队的成功，离不开目标、信仰与合作。我作为湛江市首届名校长工作室主持人，连续两届授牌立室，以“精致教育”作为学校发展特色，确立了我校“精致教育”理念，界定了“精致教育”的五个维度：一是以实施“精致课堂”为核心内容的“精致教学”，二是以“家校合作”为主要抓手的“精致德育”，三是以“问题研究”为主要导向的“精致教研”，四是以“责任担当”为主要内涵的“精致管理”，五是以“社团活动”为主要形式的“精致社团”。围绕湛江市基础教育重点课题“核心素养下‘精致教育’实践研究”开展系列子课题（包括省级课题3项、市级课题20多项）的研究，一大批骨干教师快速成长起来，学校形成了“人人学精致、人人谈精致、人人参与精致、人人实践精致、人人研究精致”的良好局面，师生的精气神发生了巨大的变化，擦亮了学校“精致教育”品牌。

教育需要传承，成长需要帮扶。我们还要根据自身学校的实际，基于核心素养下以“精致教育”的实践进一步推动教师队伍建设，打造“名师工程”。这次新一轮的“三名”工作室，我校又有省、市“三名”工作室10个（含两个教育局教研员挂靠我校的省、市名教师工作室），我希望各工作室主动融入时代洪流，乘风起航，继续在有效德育、高效课堂教学改革、学校管理、文化建设、教师专业成长、教育教学质量提高、学生核心素养提升等多方面为“精致教育”的探索与实践取得更为显著的成效。

授牌后，我们“三名”工作室主持人到达廉江市进行了为期五天的集中研修。国家开放大学北京分部教授、博士李本友为我们开讲《成为智慧教师》。李教授学养深厚，抓住本质厘清“智”“慧”内涵，指出教育智慧体现为教育的一种品质、情怀和境界，高品质、高境界的教育必定是包含智慧和富有智慧的；岭南师范学院党委组织部部长邓逢光的讲座如诗般美，与学员倾情分享了他的《习近平关于教育的重要论述与大国良师》的最新研究成果。其间我作为第五研修组组长组织同行进行了小组研修活动。特赋诗一首以记：

新一批“三名”工作室主持人开班研修有感

深度研修培素养，专家指导拨迷茫。
交流互鉴理思路，教育春天写大章！

此后，广东省名校长工作室主持人、特级教师、茂名市博雅中学郑明祥校长的精彩讲座《从“名”师到“明”师——名师、名校长工作室的建设路径》以麦田者的视角，讲述成长的故事与工作室的建设，每一个活动都有成套的材料呈现，直观形象，路径清晰。我校副校长，广东省语文名师工作室主持人田飞虎的讲座《建构至善文化，打造名师品牌——谈工作室的特色建设和成果提炼》为全体学员们提供了极其鲜活的工作室主持人的工作范例。

培训最后一天，我们参观了廉江中学。张旭校长带领我们赏“廉中八景”：百年史馆、仁德广场、廉中赋石、钟楼劝学、诗韵长廊、玉兰公园、名人广场和三台观月，从而领略了廉江中学独特的人文特色。始创于1919年的廉江中学，沧桑百年，似乎每一个角落都述说着其悠久的历史故事。廉中以办高品质学校，育高素质人才为办学目标，以“仁德为本，传承创新，多元发展”为办学理念，张旭校长结合学校的办学特色和《名在特色，功在行动》的专题讲座向我们展示了工作室的发展与日常运作。张校长的教育感言让学员们都为之动容：以教育的情怀办有情怀的教育，以教育情成就教育梦。要做到“不让一个孩子掉队，不准一颗心灵污染”的确不容易，特赋诗一首以志：

访廉江中学有感

“三名”研训赴廉中，凝练破题求解蒙。

仁德育人生特色，专家点拨豁然通。

为期七天的培训，历经了七场专家的讲座，非常感谢湛江市教育局、湛江市教师发展中心、岭南师范学院的精心策划与细心安排。专家们的经验分享让学员们收获满载！作为参加过多次研修活动的我也深深体会到：“每一次培训，都是一次提升”，这也是我代表第五研修组于10月26日下午在总结大会所说的第一句话。我还想说出四个体会（四个坚持）：一是坚持“中心搭台，我们要对标主题，倍加珍惜平台”；二是坚持“主持唱戏，我们要活动育人，用心经营舞台”；三是坚持“提升引领，我们要成长发展，精心组织搭台”；四是坚持“成果第一，我们要总结凝练，做好示范引领”。

最后，作为新一轮名校长工作室主持人，我赋诗一首以言志：

“三名”工作室主持人培训学习感悟

十月金秋风气朗，“三名”集训荟群芳。对标为党育梁栋，着眼未来培隽良。

深度交流生智慧，专家指导去迷茫。初心使命须牢记，教育春天写大章！

提升师生核心素养，深化“精致教育”研究

——在省市“十三五”教育科研规划课题研究开题报告会上的讲话

尊敬的各位专家、领导：

大家上午好！

本学年，我校“精致教育”系列课题获批准为省市“十三五”教育科研规划课题并立项。今天，我们学校非常荣幸，市教育局教研室组建了高层次专家组莅临我校指导系列课题研究开题报告会，高层次专家组包括我们市教研室副主任陈恒曦，我的导师岭南师范学院教授李斌辉和王林发，以及我们的同行专家级名师，你们今天亲临现场指导开题工作给了我们莫大的鼓舞和支持，我代表全校师生和学校各课题组向尊敬的各位领导、老师表示衷心的感谢！

近年来，我们学校倡导“精致教育”理念，以“修品行，善学习，强体魄，美志趣，树理想，敢担当”为育人理念，落实学校“全面发展、因材施教”的教风和“乐学善学、合作探究”的学风，并通过推进特色文化建设、团队建设、班级建设、特色教育等，提升品牌质量和管理水平。目前“精致教育”理念已覆盖教育教学整体工作。

“精致教育”就是在二中“上善”办学理念下，立足本校的实际情况，立足培养

适应未来社会发展需要的人才，全面提升师生核心素养。其中“精致教学”就是抓住课堂教学的本质和核心，实现课堂教学效益的最大化。“精致教研”要以“问题研究”为核心开展行动研究，切实解决教学与管理方面的问题。“精致德育”涵盖了“养成”教育、“三情”（父母情、师生情、同学情）教育、自信教育、特长教育、传统文化教育和创新教育。“精致社团”要把“社团”兴趣活动变成“美育课程”来开展，形成特色校本课程。“精致管理”则要细化班级管理和学生自我管理。

今天我们开题的四个课题正是以探索提升师生核心素养为方向，就进一步深化“精致教育”而开展的行动研究。

在这里，我代表学校向各课题组的老师们提出一点要求：课题研究一定要注重过程性管理，整个研究过程是由各个环节组成的，课题的确立、研究方案的制订及组织实施，各种资料的收集、分析、整理，成果的总结与推广，每个环节都是有价值、有意义的，要真正做实实在在的研究，学校将尽最大可能支持各课题的工作，保障课题研究工作的顺利开展。

我们坚信，在市教研室的大力支持下，在各位专家的悉心指导下，我们各课题组一定能够协力同心，课题研究工作一定会一步一个脚印，结出丰硕成果！

育苗精致花开艳，为党培才责在肩

——在“三名”工作室揭牌仪式上致辞

各位领导、来宾，各工作室主持人，全体成员和学员们：

金秋季节，丹桂飘香，在这个天高气爽的日子，我们湛江二中港城中学，群英荟萃，星光闪闪，一起见证设在我校的十个省、市“三名”工作室和一个省百千万人才工程初中文科名师工作室的揭牌仪式，在此，我代表全校师生和学校各工作室，向尊敬的各位领导、专家和同人表示衷心的感谢！

“三名”工作室是以一线的名校长、名教师、名班主任的教育教学实践为基础，以先进的教育思想为指导，旨在搭建能促进区域内教师队伍建设和专业成长的平台，是提升区域内教师队伍整体素质和育人能力的重要途径。

不久前的 10 月 21 日，当我们从苏副局长等领导手中接过牌匾时，感觉到既是光荣，更多的是一种责任，既是领导的肯定，更寄托着领导的期盼。特别是听了苏副局长的主题讲话后，更是觉得使命在肩，必须砥砺前行。

我记住了苏副局长在授牌仪式上讲到的三个“要求”：“明责笃行”“创建特色”和“示范引领”。我还记住了苏副局长的一句话：期待“三名”工作室能够真正成为我们湛江市教师队伍建设的一个品牌，创造出更加优良的业绩，服务于我们教育的高质量发展。

我校虽是一所办学十多年的新学校，却传承了百年办学历史的老学校——湛江二中的文化精髓，我们二中的老校训是“尊师重道、因材施教”。今天二中人的校训“爱国敬业、求实创新”更要求我们结合实际，创新发展，努力探索新时代五育并举的教育教学发展之路。

近年来，湛江二中港城中学根据学校实际，坚持以“修品行，善学习，强体魄，美志趣，树理想，敢担当”为学生发展目标，以“追求精致，臻于至善”为宗旨，以“乐学善教，合作探究”为导向，提出并践行基于核心素养下的“精致教育”。

“精致”，从字面上来解是“精到极致”，是着眼于教学目标之精准科学、内容之精当合理和方法之精巧有效。我们推行的“精致教育”，就是围绕“立德树人”教育根本任务，以“为党育人，为国育才”作为教育者的初心使命，对照发展学生核心素养的要求，高质量培养“全面发展”的人。

“精致教育”立足于新时代，对焦于高品质，着力于师生成长，探索和建构符合学校实际的全面育人体系。“精致教育”从五个维度推进：一是探索以“精致课堂”为核心的“精致教学”，二是建构以“三项六阶”为抓手的“精致德育”，三是打造“社团活动”等多种形式的“精致活动”，四是开展以“问题研究”为导向的“精致教研”，五是实施凸显“责任担当”主体意识的“精致管理”。

近三年，在“精致教育”的实践中，已产生了一批教育教学成果。如德育方面的“三项六阶层进：家校互动教育之亲子教育的实践教育案例”入选广东省“家庭教育指导品牌项目”，学校被教育部评为首批“全国家庭教育创新实践基地”；教学改革方面的省级课题“教育现代化背景下的‘三环五步’精致课堂教学高效模式研究”获评湛江市基础教育教科研成果一等奖；社团文化方面的“本土文化特色——版画和版画藏书票特色发展项目”获评广东省特色教育成果二等奖，学校获评“广东省版画特色学校”（全省唯一）；此外，学校还获评为广东省首批优秀传统文化传承学校、广东省艺术特色学校、湛江市德育示范学校、湛江市学科教研基地学校。刚刚传来的喜讯，我校获评为新一批的“全国中小学优秀传统文化传承学校”。

在这里，我代表学校表态，在各级主管部门的大力支持下，在各位领导和专家的悉心指导下，我们将充分发挥湛江二中教育集团的优势，结合港城中学的发展特色，汇聚区域内管理人才和其他资源，尽最大能力支持各工作室的工作，发挥好新一轮省、市“三名”工作室的辐射作用，带动和促进区域内教师队伍的专业成长！

最后，我赋诗一首，以抒发情怀，并与同人共勉：

“精致教育”情怀

育苗精致花开艳，为党培才责在肩。“三项六阶”扬美德，“三环五步”显能贤。
春风化雨情怀健，学业求精素养全。使命初心当谨记，复兴路上绘鸿篇！

第三部分　精致德育

第一章　实施策略

第一节　精致德育阐述

一、精致德育内涵

“精于先进理念引领，管理制度规范，常规活动优化，德育途径开阔，德育特色鲜明，育人环境净化；致于学会终身学习，拥有健康生活，懂得责任担当，敢于实践创新，厚实人文底蕴，具有科学精神”，成为“修品行，善学习，强体魄，美志趣，树理想，敢担当”的新时代有志青少年。

二、精致德育理念

以德育的常规工作精细化管理为路径，以德育品牌打造并驱动学校德育精致管理为目标，坚守“以生为本”原则，从“学校、家庭和社区”三个维度构建德育工作的立体框架，秉持“让优秀成为一种习惯”和“进步就是一种优秀”的理念，构建以养成教育、“三情”（父母情、师生情、同学情）教育、自信教育为主要内容的“三项教育”家校共育模式。

三、“三项教育”的提出

2015 年，我校副校长田飞虎的论文《育人目标分层细化的基本理念与实践操作》在《中国德育》上发表，文中对“三项教育”做了如下阐述：

教育的终极目标是人的幸福。健全的人格是学生能够健康成长、通向幸福的核心要素。正如朱自清先生所说：“教育的价值是培养健全人格。”中学阶段是学生世界观、人生观、价值观形成和人格健全的关键时期。围绕学生健全人格的培养，我校构建了以养成教育、“三情”教育、自信教育为主要内容的“三项教育”德育工作体系。通过养成教育，培养学生良好的行为习惯，牢固学生的规则意识；通过“三情”教育，培养学生的高尚情操，牢固学生的感恩意识；通过自信教育，培养学生健康的心理，牢固学生的责任意识。良好的习惯、高尚的情操和健康的心理是健全人格的三大支柱。

规则意识、感恩意识、责任意识既是“三项教育”不同阶段的具体目标，也是德育不同层次目标（个人教育、公民教育、政治教育）的具体体现。“人因规则而文明”，遵守规则的人，一定会成为高素质的人；“人因感恩而善良”，懂得感恩的人，一定会成为具有爱心的人；“人因责任而伟大”，懂得责任的人，一定会成为充满幸福感的人。

“三项教育”针对不同年级的特点，贯穿始终而又各有侧重。学校德育的实施离不开学校、家庭、社会的共同努力。因此，我校确立了以“三项教育”为核心，以学校、家庭和社区和谐互动为路径，精准、精细、精巧、精确落实“三项教育”，构建立体精致德育目标体系。

教育不仅是学校教育，家庭教育左右着学校教育质量，甚至影响学校的发展。我们这里所阐述的实施策略，主要是指以“三项教育”理论为基础，以湛江市王海波名班主任工作室主持开展的“三项六阶层进：家校互动教育之亲子教育的实践教育案例”为研究实践，进而从一个侧面反映我校精致德育的理念、策略、实施。

“三项教育”针对不同年级的特点，贯穿始终而又各有侧重，分为六个学期分层逐项推进。初一年级以养成教育为主，初二年级以“三情”教育为主，初三年级以自信教育为主。成立班级、年级、学校三个层面的家长委员会，开办家长学校，每月有家校活动。“三项六阶层进：家校互动教育之亲子教育的实践教育案例”具有可操作性和实效性，实践效果好，实现了家校共育的局面。该研究项目获得湛江市中小学家庭教育典型案例二等奖，入选广东省“家庭教育品牌项目”，学校被教育部、全国妇联联合评为“全国家庭教育创新实践基地”。项目主持人王海波老师被聘为湛江市家庭教育讲师团讲师、湛江市家庭教育研究会成员、湛江市性别平等教育专家组成员。

第二节　精致德育实施

我校经过多年的积淀和提炼，推进文明习惯养成教育，提出了“修品行，善学习，强体魄，美志趣，树理想，敢担当”的学生发展目标。学校以理念引领，贯彻十八届四中全会关于依法办学治校的思维和方法精神，重视加强正能量带动，以文明班级小组建设为构建良好班风学风的主要路径，以指导家庭教育为重要增长极，培植校园文化，致力实现规范化和精细化管理，形成全员德育和全程德育格局。

一、组织机构

我校构建以学校思想政治领导小组为核心，以学校教育和家庭社区教育为两层面，以学校教育“三横三纵”为架构的“一核心两层面三横三纵”德育体系。以“三项教育”为具体内容，以“文明养成教育”“文明班级小组建设”为主要抓手，以“‘三名’工作室建设”为教师专业能力提升主渠道，以“三项六阶层进：家校互动教育之亲子教育的实践教育案例”为家庭教育指导力提升手段，坚持德育为首理念，实施精致德育。

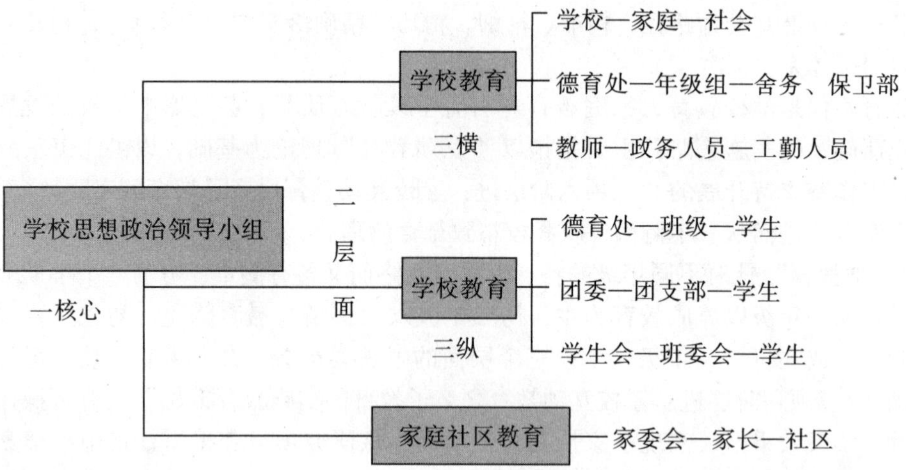

二、坚持德育为首，以“文明养成教育”为抓手，形成全员德育和全程德育格局

制订《文明养成实施方案》，内容主要为“安全文明”“礼仪文明”“学习文明”和“生活文明”，在学生中以“文明养成教育”为主线，开展系列主题教育活动。倡导“上善若水二中人”“让优秀成为一种习惯，让进步成为一种优势”的理念；推评学校每周、月、学期“文明之星”，评选年度“最美学生”，推出学生参评湛江市“美德少年”。

制定《推优活动管理办法》，通过“推优”活动树立多层次优秀和进步的典型。利用各种媒介，广泛宣传，凝聚正能量；利用全校师生会议、年级部师生会议、班会三个层次表彰各系列的正面典型，为表现好的师生撰写颁奖辞，颁发具有纪念意义的奖状。

开设“激励教育”论坛，倡导“案例式”教育教学经验专题研讨会，邀请总校和市教研室专家老师作指导，提高其指导价值；申报德育课题“中学生德育评价体系的建设”，实现德育工作从常规管理型向研究型迈进，全面发挥德育示范学校辐射作用。

成立年级学生会和团总支等机构，协助年级管理委员会开展学生自主管理活动。组织体育类、艺术类和创新类三个类别学生社团部，协调学生社团工作；加强教工党团队伍建设，开展丰富多彩的活动，用活动凝聚人心。

三、有效管理路径，以“简政放权”为抓手，实现精细化和效益化管理

按《内设机构设置和基层干部聘用方案》调整和规范配置中层干部，明确副校长、中层管理者和基层干部权责，细化教育教学管理。

出台《年级管理委员会实施方案》，改革年级部管理模式，体现学校分层管理特色。发挥年级组在学校管理中的作用，形成以年级组为实体的线块结合管理体制，配套学校部门对年级管理的《年级工作指引》《年级目标管理考核办法》和《年级管理效能评价细则》。明确年级部主任、委员职责；各处室深入年级部，实现垂直管理。年级部管理模式得到广大师生、家长、社会和上级主管部门的肯定，成为可供借鉴的一个范例。

四、坚持师德为先，建设德育双馨的教师队伍

党的十八大报告提出，要把立德树人作为教育的根本任务。2019 年 9 月，教育部等五部门印发《关于加强新时代中小学思想政治理论课教师队伍建设的意见》，指出“中小学思想政治理论课是落实立德树人根本任务的关键课程”。

坚持正确方向，党委书记上好思政第一课。学校党总支书记、校长林华庆每年都在开学第一节课上思想政治第一课，引导全体师生坚定理想信念，提高政治站位，把提高思想政治素质放在首位。特别指出思政教师、班主任更要坚持正确方向，要求教师先立德，教育学生更要立德。

坚持师德为先，把德育为首落到实处。在我校有个共识，抓德育就是抓教育质量。注重提高思政教师师德修养和道德水平，以高尚的人格引领学生健康成长。升旗礼、主题班会课、团队活动课、德育论坛、《德育月报》、年级部宣传栏、党员先锋岗；评选最美学生、师德标兵、先进女工等正能量推介，让“师德”先行。我校先后有姜先磊、冯文宇、李毅、田雪莲等人的家庭被评为“湛江市最美家庭”，其中田雪莲老师还被评为“广东好人”，其家庭被评为“全国最美家庭”。

坚持发展优先，保障思政教师和班主任建设。一方面在岗位设置、职称评聘、评奖评优、经费投入等方面给予优先保障。另一方面在专业发展上给予优先，一是以总校骨干教师带动，提升全体思政教师专业化水平；二是全校实施“一带一”导师制，帮助青年教师成长；三是选派一批优秀教师参加各级专业技能比赛活动。如选派冯文宇、蔡文念等教师先后参加市级、省级思政教师专业技能大赛，均有获奖，申雪利、赖玉琳、蔡文念老师在第六届至第八届湛江市班主任技能大赛中均获得一等奖，赖玉琳代表湛江参加省赛获得综合三等奖。

创新发展机制，发挥名师名班主任辐射带动作用。选派优秀教师参加市、省级骨干教师培训，指导年轻教师参加专业技能大赛；开展案例式理论与实践相结合的探究，开讲“名师讲坛”“红土文化论坛”；备课组归口年级管理，在年级中推行“小组合作与竞争”和“备课组专题化”教研活动。全面促进教师专业能力提升，特别是德育队伍能力的提升。

五、家长学校建设，以“亲子教育”为主线，提升家长家庭教育水平

高标准建设家长学校。学校设有家长学校办公室，备有图书，征订专业教材。由学校校长担任家长学校校长，由德育处主任担任办公室主任，教学、教研主任分别任教学和教研主任，以班主任为教员，要求所有处室主任、校级领导具有担任家长学校教员的能力，并参与授课。每年评选优秀教员和学员，双线推进家长学校建设。学校被评为“湛江市规范化家长学校”。

高层次家庭教育指导教师进校讲课。家长学校建设，教员是关键，学校先后请到陈一筠、郭安凤等全国知名青春期教育专家，家庭教育排序系统教育专家吴自早博士，湛江市家庭教育研究会成员张妙龄教授，广东省家庭教育讲师团讲师王海波多轮次对全体教员和部分家委会成员进行轮训指导，全面提升全体教员的专业化水平；年级内实施“一带一”导师制，帮助青年教员成长。学校还在一年级或者以校为单位的家长会期间，邀请学校林华庆校长，田飞虎副校长，校长助理、德育处主任王海波进行家

庭教育指导，目前港城中学的家长学校建设已经成为学校的一张重要名片。王海波主任先后被聘为湛江市家庭教育研究会成员、湛江市性别平等教育专家组成员、湛江市家庭教育讲师团讲师。

创新开展亲子教育活动。我校从解决问题角度出发，以“育人目标分层细化的基本理念与实践操作”为实施抓手，在初中的各个学年逐步开展“三项六阶层进：家校互动教育之亲子教育的实践教育案例”（前文已述），按照三个学年六个学期分层细化逐步推进家庭教育。每次活动，班主任提出活动目标，由家委会具体策划和落实，整个活动对学生发展有目标、教育有内容、活动有组织、效果有呈现、过程有总结。目前学校入选广东省家庭教育品牌项目（30个），是全国首批“全国家庭教育创新实践基地”。

重仪式评选优秀家长。学校每学年评选优秀家长，先由家委会初评，报家长学校委员会综合评定最后人选。在开学典礼上邀请校级家委会和获得优秀家长称号的家长到校参加典礼活动，并上台领奖。颁奖过程有创新，由校领导为优秀家长颁奖，由其孩子为家长献上鲜花并合影。整个过程气氛热烈浓重，家长感动，学生感恩，仪式感强，教育和推动效果双丰收。再通过媒体报道，让更多家长找到学习的榜样，促进其自我觉悟、觉知、践行。

第二章　德育案例

紧紧围绕“精致德育”，在抓好德育常规管理的同时，从“素质教育、班级管理、文化建设、家庭教育”四个方面着手，打造“建构初中学生文明素养养成体系、文明班级小组建设、班歌班徽班训展评、‘三项六阶层进：家校教育之亲子教育’”四个方面的德育品牌，促进德育品质的提升。其中，“三项六阶层进：家庭教育之亲子教育”前文已述，以下重点介绍其他三个品牌案例。

第一节　学生管理：建构初中学生文明素养养成体系

我校成立于2007年，虽一直以来比较注重学生文明素养的养成，学校德育工作也取得了较好的成绩，但因学校所处的文化环境与社会环境，透过现实，我们在较为宏观的层面上反思现有文明素养培养的研究成果，发现或多或少地存在着一些缺憾。概括起来，主要表现为：一是雷州半岛经济发展以及与外界的融合相对还不密集，社会大背景下的民众文明素养养成也相对落后，为学生文明习惯的养成增加了难度；二是我们在教育活动中发现从原县区到市区就学的学生和市区学生的行为素养有一定差距；三是学生文明素养培养面不够宽，卫生习惯、生活习惯、安全意识及与人交往的礼仪礼节等一些具有新时代特点的习惯培养相对滞后，许多经验尚停留在行为习惯的指导甚至口号上，没有深入到习惯养成的层次上；四是缺乏系统的、可持续的评价体系。

从2010年开始，我校着手进行相关研究，发现对文明素养的评价仍是一个薄弱的环节，几乎没有一个简单易行、形象直观而可靠的评价方法可供借鉴。随着社会的发展，评价体系往往不具有可持续的操作性。这样，学校无法将青少年文明素养培养纳入教学常规管理，不少教师和家长不知道如何评价青少年的行为习惯，这严重制约了学生文明行为素养的养成，长期下去有可能制约青少年一生的发展。

为改变此现状，我校成立专项课题组，经不懈努力，在2013年初步形成了文明素养养成评价体系，以此体系为基准，以安全文明、礼仪文明、学习文明、生活文明四个方面为抓手开展文明素养养成教育。课题组在2015年申请了湛江市课题进行进一步研究，2016年顺利结题并获得湛江市优秀课题。

一、文明素养养成内容

1. 安全文明素养

学校对学生进行安全文明教育是文明素养养成教育的首要内容。安全教育涉及的范围很广，学校的教育活动应该与学生的日常行为规范密切相关，涉及遵纪守法教育、自我保护教育、生命安全教育等诸多方面。

（1）遵纪守法教育。法律法规规范人民群众的行为并保护更多人的利益。学校组织学生学习法律法规，使学生了解什么事情是可以做的，什么事情是违法行为。学校需要组织课堂学习、知识竞赛等来帮助学生加强印象，并结合生活中的实例让学生更容易接受和理解。通过多样化的教育方式，让学生能够知法、守法、遵法、用法。

（2）自我保护教育。安全是基本的要素条件，有了安全才会有更多的精力来学习。所以，每个中学生都应树立安全第一的思想，学会一些自我保护的技能，例如：遇到险情要及时采取适当方式报警；正确处理同学之间的纠纷；注意保护好自己的钱物；不能酗酒、参与赌博；不拉帮结派，不惹是生非等。使学生树立起安全防范的意识，自觉遵纪守法，当自己受到伤害时及时寻求法律的保护。

（3）生命安全教育。现在，相当一部分中学生在家备受亲人呵护，形成了以自我为中心的思想，缺少对周围生命的关爱，更不懂得珍惜生命。世界因生命而精彩，生命安全教育主要是让中学生了解生命的意义与价值，激发学生热爱生命的情感，引导学生珍惜生命，尊重生命，在日常学习和生活中自觉培养关心与呵护生命的意识、能力。

2. 礼仪文明素养

文明礼貌，即人的言语动作谦虚恭敬的表现，是人们在日常的劳动、学习、生活和社会交往中相互敬重和友好相待的行为表现，是人们待人接物的内心世界的外在表现。

文明礼貌虽然看起来是外在行为的表现，但实际上反映着人的内心修养，体现一个人自尊和尊重他人的意识。具有良好的礼仪风范，对个人而言是一种外在的美，表现为一个人具有高雅的气质；对一个民族而言，它是构成整个民族风貌不可缺少的组成部分。在现代社会生活中，文明礼貌不仅给社会、他人带来愉快和谐，也能创造充满爱心的环境，给自己带来快乐、温馨。文明礼貌还被明确写进《中学生守则》，在《中学生日常行为规范》中也有大量的篇幅。初中学生文明礼貌行为的培养，无论对国家、家庭、他人，还是对学生自身来说，都具有十分重要的意义。

（1）讲文明懂礼貌，是学会做人的必修课。教育重在育人，要教学生学会做人。而讲文明懂礼貌，则是学会做人首先要解决的问题。因为文明礼貌是社会主义道德的基础，是培养每个学生高尚道德品质和理想情操的起点。就文明礼貌的习惯培养来讲，初中生应学习使用文明礼貌用语，如“您好”“请”“谢谢”“对不起”“请原谅”等。同时，要注意培养学生的文明举止，见人要热情打招呼，别人问话要先学会倾听，并有礼貌地回答，保持服装整洁得体，站有站相，坐有坐相等。

（2）讲文明懂礼貌，是实现家庭和睦、幸福的必要条件。在与很多家长的访谈中，不少家长都有这样的感受：看到自己的子女对长辈尊敬爱戴，心里总是乐滋滋的，家长与孩子之间的关系也变得特别亲密。反之，听到自己的子女说话粗言恶语，甚至顶撞长辈，家长都会感到很难为情，甚至会火冒三丈动用武力来“教训”孩子，破坏了家庭的和睦。

在与教育一线工作的班主任访谈中，我们了解到很多中学生的打架斗殴事件往往都是源自一句或几句的“粗言漫骂”。在社会中，粗野、蛮横的行为必然会激起矛盾和冲突，加上学生本身不计后果的简单思维，除了会给自身带来不安定的因素外，也给长辈们带来烦恼甚至给家庭带来灾难。许多青少年犯罪的案例告诉我们，讲究文明礼貌不仅是青少年自身成长的需要，而且也是实现家庭和睦、幸福的需要。

3. 学习文明素养

学习是长期的、艰苦的脑力劳动，是青少年的主要任务。良好的学习习惯是良好学习成绩的前提与保障。青少年正处于长知识、长身体的时期，他们朝气蓬勃，精力旺盛，思想集中，记忆力强，有了好的学习习惯，才能提高学习效率。进入初中后，无论是学习内容、学习范围，还是学习方式方法，与小学比较起来，都有很大的不同，具有新的特点。很多学生进入初中后，没有养成良好的学习习惯，不能适应新的学习生活，于是学习上出现了困难。

（1）养成热爱学习、勤学苦练的学习习惯。作为学生，就要有端正的学习态度和明确的学习目标。热爱学习、勤学苦练的学习习惯就是学习态度和学习目标的体现。世界是一个大舞台，每个人都在舞台上扮演着不同的角色，或喜或悲、或美或丑，演绎着各自不同的人生。无数事实证明，如果一个人热爱学习，并孜孜不倦地学习，那么他的人生是绚丽多彩的，是有意义的。初中阶段是人生发展的重要阶段，是否有端正的学习态度和明确的学习目标，决定着学业成绩，也决定着将来个人的生活圈、职业等。唐代文学家韩愈说“业精于勤”，可见，“勤”在学习中有着举足轻重的作用。总之，勤奋出智慧，勤奋出成就。“勤”，不仅仅是一种可贵的美德，更是一种应当养成的健康习惯。

（2）养成主动学习的学习习惯。主动学习，就是指把学习当作一种发自内心的、反映个体需要的学习。它的对立面是被动学习，即把学习当作外来的、不得不接受的一项活动。主动学习的习惯是指，初中生应该把学习作为自己的需要和愿望，坚持不懈地进行自主学习、自我评价及自我监督，必要时进行适当的调节，使自己的学习效率更高、效果更好。

（3）养成预习、复习的学习习惯。预习是学生学习的起始环节，课前预习是一种科学的学习方法和习惯，也是培养学生自学能力的有效方法之一。课前预习，对要学的知识作一个初步的了解；把学习的难点、重点和不懂的地方记下来，这样在上课时就可以有的放矢地带着问题听课。课后及时复习，巩固知识。要做到当天复习，先全面复习，再重点复习；遇到重点、难点知识要反复复习，温故而知新。复习能使学生加深对知识的理解，将知识掌握得更扎实。

（4）养成乐于读书的学习习惯。读书犹如吃饭，饭是供人成长发育的物质食粮，书是精神食粮。一个人不吃饭，就会慢慢饿死，吃饭不讲究，就会得病。一个人不读书是文盲，中学生读书少会出现“营养不良”。读书对于开阔学生视野、丰富知识、提高阅读与表达能力具有重要的作用。

自 2013 年以来，我校开展“创建书香校园”的读书活动，每个班设立图书角，每个班都有自己的图书柜，设立校级图书馆和阅览室，每个月所有班都会开展“读书会”，每学期组织全校性的读书竞赛活动。经过 4 年多的摸索实践，开展了一系列内容丰富、形式新颖的读书活动。通过活动激发广大学生的读书兴趣，养成良好的读书习惯，在读书中增长知识，在读书中提高思想道德觉悟，在读书中健康成长。良好的读书习惯，不仅丰富了学生的课余生活、拓宽了视野、提高了成绩，更使学生终身受益。

4. 生活文明素养

有节奏、有规律的生活，会提高人们的学习效率和劳动效率，不会休息就不会工作。要培养孩子的良好习惯就必须要求孩子按照身心运行的规律来组织自己的活动，这有利于身体健康和提高学习效率。如果一个学生晚上不睡，早晨不起，零食不断，正餐不吃，根本不参加体育锻炼，那么，可以肯定地说，这个学生没有良好的生活和学习习惯。没有良好的生活和学习习惯，学习成绩肯定不会好。

（1）养成珍惜时间的生活习惯。时间是宝贵的，对任何人都是有限而又公平的，时间就是生命，时间就是财富。教师在传授学生知识的同时，也应培养学生养成珍惜时间、合理运用时间的良好习惯。只有珍惜时间、合理运用时间，才能更好地完成学习任务，取得更好的学习成绩。

（2）养成保证充足睡眠的生活习惯。睡眠是大脑休息和调整的阶段，使消耗的能量得到补充，良好的睡眠有增强记忆力的作用。2007 年 5 月，国务院颁发的《中共中央国务院关于加强青少年体育增强青少年体质的意见》指出："要确保青少年休息睡眠时间，保证小学生每天睡眠 10 小时，初中学生 9 小时，高中学生 8 小时。"青少年时期是身体发育的关键时期，合理安排青少年作息时间，做到有规律、有节奏，保证充足睡眠，对增进青少年体质健康有着非常重要的现实和长远意义。

（3）养成独立自理的生活习惯。现在的中学生大多是独生子女，从小就受到父母无微不至的关怀，甚至是溺爱，从而影响了独立意识的培养，生活自理能力相对较差。中学生的自理能力关系到中学生的学习、生活、待人处事，是中学生健康成长中不可缺少的一种能力。

二、原则、途径与对策

我校经过实际调查研究发现，当代中小学生的文明素养养成教育还存在很多问题，而当代中小学生正处于身心快速发展的阶段，可塑性较大，也是习惯养成的关键时期，更重要的是他们的习惯养成会影响到 21 世纪中华民族的整体素养，因此，当代中学生习惯养成教育需要进行进一步的研究与探索。本课题从我校的教育实践出发，对于改进中小学文明素养养成教育提出了以下建议：

1. 初中学生文明素养养成教育的指导性原则

想要有效地培养学生的文明习惯，需要以学生的思想品德形成及身体成长规律为依据，这样才能让学生得到全面的发展；应该将实际作为出发点，使得效果更加理想化。

（1）活动化原则。对于学生行为习惯养成教育的加强，需要有效落实"小、细、实"的要求，教师应该根据学生各方面的特点，让学生的行为习惯更加具体化、活动化，让学生在各项具体的活动中获得体验，加深理解。在组织活动过程中，参照《中小学生守则》和《学生日常行为规范》的各项内容开展有针对性的活动。

（2）主体化原则。学生主体地位的明确在行为习惯养成中起着关键性的作用，让学生在学习生活中成为"组织者、参与者、实践者和总结验证者"。其间，教师应成为活动的顾问与导师，让学生的文明素养在活动和分享、体验和交流中得到提升，从而养成良好的习惯，纠正不良习惯，促进学生的发展。

（3）学段化原则。应该以青少年的发育、认知规律和不同学段的特点为出发点，对行为规范和要求进行合理的引导。在对教育内容进行安排时，应该让年级的层次性得以体现，如初一侧重行为规范的"养成教育"，初二侧重责任与担当的"成长教育"，初三侧重责任与担当的"自信教育"，使得教育能够具有连续性，并循序渐进地开展更有规律性和时效性的教育。

（4）鼓励性原则。教育必须科学运用各种鼓励手段，并将它们有机结合，从而最大限度地激发不同学段学生的上进心。按照“上善若水”传统理念，培养德才兼备的人，倡导“让优秀成为习惯”和“让进步成为常态”的理念，以“进步就是优秀”的标准，鼓励既要“学业优秀、学习进步”，更要“全面优秀、全面进步”，如通过推评周、月度、学期的班级“文明之星”，评选表彰学校“最美学生”“美德少年”等系列推优活动，树立多层次先进典型，并为其撰写颁奖辞，颁发具有纪念意义的奖状，传扬正能量。

2. 初中学生文明行为习惯养成教育的途径与对策

（1）坚持德育为首，以“文明养成”教育为抓手，形成全员德育和全程德育格局。学校进行习惯养成教育的时候必须厘清一个问题，那就是学校的育人目标是什么？对这个问题的回答直接决定着学校对文明素养养成教育的重视程度和实际效果。

当前，虽然多年来国家倡导素质教育，但在应试教育盛行的风气下，文明素养养成教育话题在中学德育领域仍然显得有些沉重，教学成绩仍然是考核教师的重要标尺，养成教育似乎只能凭班主任一己之力去完成和实现，科任教师的目标就是教好书，取得好成绩。但作为教育工作者，每一位教师都必须要有高度的责任感，努力让学生的习惯养成教育融入学校的教育教学环节中。为此我校制定了全员德育的理念，一方面，教师可根据本学科的特点，通过对学科教育教学资源的充分运用，培养学生正确的学习、生活和作息习惯等，引导学生正确的礼仪、语言和表达习惯等，启发学生正确地预习和复习；制定《推优活动管理办法》，通过“推优”活动树立多层次优秀和进步的典型；利用各种媒介，广泛宣传，凝聚正能量；利用全校师生会议、年级部师生会议、班会三个层次表彰各系列的正面典型，为表现好的师生撰写特色颁奖辞，颁发具有纪念意义的奖状。另一方面，各学科还可以将学生分成若干研究性小组，探讨如何将本学科知识融入社会、融入生活，开展实践性小课题研究，培养“学以致用”的习惯等。

（2）重视起始年级的养成教育，抓住合适的养成教育契机。养成教育需要讲究良好的契机。俗话说：“好的开始是成功的一半。”在开展养成教育过程中，抓住“开始”非常重要。

为了使课题研究的实践更系统化和科学化，课题组以 2015 级入学新生为比照参考样本，在该届学生入学之初就贯彻文明素养养成的理念。学生跨入一个新的环境，一切都是陌生的，自律意识比一般时间要强，对未来学习和生活充满美好憧憬。起始年级学生素养养成的自信度很高，学校可利用新生进校的时间进行系统的新生入学教育，以促进良好素养的养成。在学习习惯上，学校开展学习方法指导，从预习习惯、课堂听课习惯、作业习惯、笔记习惯、考试习惯等方面对学生提出明确的要求；在生活习惯上，对学生休息、锻炼、劳动、消费、娱乐等习惯作出明确的要求；在文明习惯上，让学生理解中学阶段他们需要养成的良好文明习惯。

通过抓住起始年级学生文明素养养成教育的良好契机，经过文明素养养成考核量表的比照，2015 级七年级新生在文明素养养成的各基础分数上的表现比 2014 级八年级学生要优异许多。

（3）构建科学合理的文明素养养成评价标准和反馈机制。文明素养养成评价是对学生行为习惯养成在事实判断基础上的量化判断。评价对学生文明素养养成具有管理的功能，首先通过评价能够鉴定素养养成的程度，能够诊断习惯养成的问题，它具有导向、诊断、鉴定、激励、管理等多种功能。我校的评价指标从安全文明、生活文明、学习文明、礼仪文明四个维度进行设计，每个指标按优秀、良好、有待改进和不及格四个等级进行赋值计算。

为了让评价具有普遍性、促进性和持续性，我校在2014—2017三个学年度的实践基础上设计了新的“湛江二中港城中学文明素养养成教育考核量表”。我校文明素养养成教育的激励机制理念是“进步就是一种优秀”“让优秀成为一种常态”“优秀加特长”。为了让评价具有引导性、准确性、可借鉴性，学校以“正面典型形象及正能量的激励效用”作为“最美学生”评选颁奖词，制作具有学校特色的奖状；为了让评价具有广泛性，设立各类“最美学生、树标兵、五四表彰、文明之星、周月学期小组冠军及冠军成员、社团积极分子”等常态化奖励，并与文明素养养成教育结果挂钩，让每一个学生都有价值呈现的机会，让每一个努力的学生都有成功的机会。

在实践研究中我们充分利用文明素养养成评价表对学生进行素养养成的评价，在对学生测评和互动的过程中对表格的评价标准进行修改。研究实践表明，科学合理公平的评价标准对学生文明素养的养成具有极大的约束与推动作用，并且能够对学生文明素养养成的过程做到有迹可循，有据可依。

（4）以小组合作为基础，努力培养学生文明养成的自主意识。小组合作是新课程理念下的一种重要的学习方式。为了引导学生养成各方面的良好习惯，我校在精致课堂改革的引领下，在养成教育方面借鉴小组合作学习方式，以小组互助的形式，让学生在小组内学习其他成员各方面表现突出的良好习惯，同时借助小组的力量，共同纠正成员表现出来的不良习惯，充分发挥了小组在班级管理中的智慧和力量，有效地引导学生养成各方面的文明素养，目前取得了不错的效果。

小组合作实行异质组合。在双向选择的基础上，班主任根据学生的选择，将在学习、劳动、生活、交往四个方面各有不同表现的若干个学生分成一组，每班分成8个小组，每组6~8人。同时考虑男女搭配和地域分布特点，实现组内异质，组间同质。在座位编排时，同组成员尽量集中。每组选出组长一人，根据学校及班主任的安排，对本组进行全面管理，提高小组合作的积极性，增强学生主动参与的意识。

学校和班级均制定了一系列的评价和奖励措施，对各班各组的开展情况进行评价，对取得突出成绩的班级和个人给予奖励，对成效不明显的班级和个人提出整改要求和措施。具体如下：①推行班级文明素养评比。班级依据文明素养养成评价细则的内容，结合学校的具体情况，制定班级评比细则，由学生会每天对各班纪律、卫生、宿舍、风纪及出勤等方面的内容进行全面检查并进行相应记分。每天公布一次，每周在升旗仪式后进行全面总结，半学期进行一次全面汇总，根据得分情况评选“双优班”，对班主任和所在班级进行物质奖励和精神奖励。②实施小组量化评价。班主任每周对小组合作情况进行一次小结，每月在班上公布各组汇总情况，各组互相进行评价，以量化记分的形式评选出“星级小组”。对在小组合作中表现突出或进步显著的学生，提交学校进行表彰，并作为其评选“三好学生”“优秀干部”等的重要依据。为期几年的小组合作活动的开展，使我校有了很大的改变，学生各方面的习惯也有了明显的改变。无论走到哪里，校园看不到一片乱丢的纸屑，听不到一句不文明的话语，整个校园文明而有序，学生的精神面貌得到了明显改善。同时，由于学生自主管理能力得到了加强，班主任班级管理压力也得到了明显的减缓，教学质量得到了明显的提高。

（5）建立家校联系的习惯教育网络。家庭教育在未成年人思想道德建设中具有特殊、重要的作用，家长资源是学校必不可少的教育资源，学校要努力挖掘这些教育资源，使其发挥最大作用。学校通过召开家长座谈会、建立家长学校、成立家长委员会，让家长与学校共同商议教育问题，达成共识，为孩子的健康发展出谋划策。通过“家长开放日”“家长接待日”，让家长了解孩子在校情况，能不定期地与孩子的科任教师取得联系，以取得教育方法的沟通，达到共同育人的目的。针对农村家庭和非知识家庭，学校通过家庭习惯教育讲座，提高这类家庭对习惯教育的重视。

我校建立了有效而常态化的家校联系制度。我校部分农村家庭的家长思想文化素质较低，不能很好履行对子女的教育责任，一些家长把教育子女的责任完全推托给学校，将学校的管理责任无限放大；一些家长教育方法简单，动辄对子女训斥打骂；“重养轻教”的现象普遍存在；部分家长长期外出务工也造成了家庭教育的缺失。我校除了通过家长会、家长接待日等普通方式进行家校联系外，还积极发挥家长学校的作用，强化家庭教育知识的普及；鼓励教师进行经常性的家访与举行小型家长会，和家长进行面对面的交流，及时了解孩子的家庭教育情况，并提出教育建议。

我校还进一步完善学校“数字校园”网络系统，提高校园卡的开通率和使用率，适当为家长开放班级视频；邀请专家对各家委会和家长进行家庭教育指导。先后有社科院陈一筠教授，澳大利亚圣三一学校校长、青春期教育专家郭安凤教授等教育专家走进学校作专项讲座。创新家长会形式，家长、学生、教师一起参与，并进行互动、交流、辩论。家委会组织开展讲座、研讨、沙龙等活动。创建学校公众号，及时推送学校德育方面的动态、新闻，起到很好的宣传作用。

（6）创造适合文明素养养成的校园文化。学生良好素养的培养与环境是相互依存的，作为第二课堂的校园文化，它的特征是通过诱导、激发、感染来完成对学生人文素养和精神人格的塑造，在充满浓郁的人文气息的校园文化氛围中，学生的身心得到熏陶，举止受到影响，并逐渐形成习惯，内化美好的品行的同时逐步形成独立的人格。

让学生在社团活动中养成良好素养。社团是学生根据自己的兴趣和爱好组织的团体，创社自由度相对较高，学生参与意识强，社团也可以被看作一个个模拟的小社会，成为学生综合素质提高和良好习惯养成的摇篮。社团活动是全面提高学生素质教育的第二课堂，是校园文化的重要组成部分。在“让优秀成为一种习惯，让特长成为一种优势”的育人理念下，长期以来，我校高度重视学生社团的发展，着眼于学生的全面发展、个性成长，致力于为学生营造充满文化气息和人文关怀的和谐成长环境。

我校现有学生社团28个，涉及文化类、体育类、艺术类、传媒类、综合类等，还有新近成立的英语社、韩语社、啦啦操社、摄影社。学生社团保持了良好的发展态势，百花齐放、生机勃勃，活动范围由校内扩展到校外，扩大了我校的社会影响。部分社团在湛江市具有较高的声誉。

学校在学生社团中引入公司创业的元素，每一个社团都经过了规划、申请、自筹经费、审核、注册、成立的流程。社团活动培养了学生未来规划的意识、自我管理以及与人沟通和抗挫的能力，让学科学习与社团活动协调发展。作为学生创业社团的积极倡导者，在课题研究中，我们意识到，用创社来进行的演练，是在校园中模拟了社会，让学生在较为真实的体验中拥有主宰自己未来并获得发展的能力。

大力推广志愿者活动。我校有3 000多名学生在广东志愿者平台注册，组织志愿者活动100多次，上千人次参加了志愿者活动，累计服务时间4 000多个小时。其中，学雷锋活动月通过启动仪式，组织全校师生爱心捐赠旧书刊、义卖书籍筹款、慰问特殊学校等爱心志愿活动，广受好评。

重视有特色的班级文化建设。班级是对学生身心影响最为直接的小环境，我校十分重视班级文化对学生素养养成的作用，尤其重视有特色的班级文化建设对学生习惯养成的作用。我校在“班级特色文化建设”过程中让学生自主制定班风、学风、班级目标，创作班歌，让学生从杰出校友中自主选出班级偶像。通过班级特色文化建设，极大地提高了当代中学生的集体认同感，唤醒了学生的团队意识，同时通过班级偶像的推选，让学生充分感受了杰出人物积极的生活态度、严谨的治学精神和面对挫折毫不气馁的乐观精神。通过班级文化创建，极大地提高了学生培养良好学习、生活、思维习惯的主动性。

学生文明素养的养成是学校教育教学发展的永恒主题。

三、我校学生文明素养养成成效

1. 学生文明素养养成教育促使学生素质得到发展

良好的文明素养来自学生对行为的正确认识。几年来，我校师生努力践行文明素养养成教育，用良好的言行为我们演绎了二中港城师生的风采，我校积极、文明的校风已然形成。

（1）学生的文明习惯逐渐养成。通过文明素养养成教育，很多学生见到老师开始主动问好，能与同学和睦相处，不说脏话粗话。课堂上，能看到学生端端正正地听讲，开小差的学生越来越少了。课间看到的是一张张笑脸安静地走着，少了先前的喧哗吵闹。校园里更加整洁清爽，自行车整齐排列，校园广场整洁舒适，教室窗几明亮。墙上的污迹已经荡然无存，换上了新装；桌椅上不再有刻痕，而是光滑平整；食堂里不再推推嚷嚷，而是井然有序；用餐时不再大声喧哗，而是安安静静。学生的着装比以前整洁了，精神面貌积极向上。同学之间互相尊重，团结友爱，宽容谦让。整个校园形成了“人人讲文明，班班重礼仪”的浓厚氛围。崇尚礼仪、争做文明使者已经成了学生的共识和追求。通过这次课题的契机，校园文明之风逐步盛行，学生文明素养明显好转，形成了人人讲文明，争做文明中学生的良好风尚。

（2）在文明素养养成教育中学生的核心素养得到提升。自教育部于2014年3月提出“核心素养”这一重要概念后，核心素养便成为深化课程改革的关键要素。教育界已普遍展开关于实施“核心素养”的探讨。素养指个体的综合素质，包括为人处世的态度、性格、知识和思想达到的境界等。初中生应掌握的核心素养应该包括认识自我、学会学习、人际交往、情绪调适、升学择业以及生活和社会适应等方面的内容，核心素养的养成与文明素养的养成不是两个问题，而是一个问题的两个方面。初中生文明素养的教育目标不仅仅是实现学生文明素养的提高，还肩负着唤醒学生个人能力潜能的使命，帮助学生找到自己独特的价值，达到实现自我的个人发展目标，从而为社会的发展做出自己的贡献。

在我校的文明素养养成教育过程中，不仅是学生自身努力提高文明素养，而且通过合作小组的形式，使每一个学生在小组都能有自己的角色分工和明确的责任，在这样的过程中学生的合作素养不断得到了提高；在小组角色的履行中，学生不断发现自己的能力和特点，增强了自己的自信心，对自身的缺点也能加以正视，学生对于自我探寻和认识的素养也在不断发展；在小组合作自治中，学生更加了解了如何处理与他人的分歧，找到合作共赢的共同点，学会了理解与宽容，学生的人际交往素养得到了提升；在小组的竞争与合作中，学生学会了如何正视成功与失败，学会了如何调控自己的情绪，成为情绪的主人，学生的情感素养得到了完善。根据课题组的跟踪调查，我校的毕业生在考入省市一级学校的学生中，70% 以上担任学校或班级中的学生干部，进入大学后，我校的毕业生大多数都是校园活动组织中的骨干力量。我校的文明素养养成教育让学生个人素养得到了迅速的成长，学生潜藏的素养能力即潜能也逐渐被激发，同时也让教育者更加了解学生的内心世界，及时把握他们的心理动态，更好地及时调整教育政策和措施。

2. 学生文明素养养成教育促进教师教育方式的改变

（1）促使教师提高自身在文明习惯上的要求。教师要求学生有良好的文明素养，自身更要以身作则，学生得到发展的同时，也提高了教师对自己的要求，正所谓教学相长。学生良好文明素养养成教育促进我校某些教师改变以往乱扔烟头，随地吐痰的习惯，说话时注意自己的用语文明。

（2）促使教师更加关注学生良好文明素养的培养。由于我校加强了文明素养养成教育，促进教师广泛宣传，达成共识，使教师改变以往只关注学生的知识教育而忽略了对学生良好素养的培养。让各年级的教师明白各年级学生应达到的培养目标，并在课堂教学中融入。

（3）促使教师自身素质的提高。文明素养养成教育使我校的德育工作实现从常规管理型向研究型迈进。我校开始分层次规划建设德育队伍，开展“一帮一”结对子帮助年轻班主任成长，选派有三年以上班主任经验的教师外出学习提升，着重在有两个以上循环的班主任中推优；先后派教师参加广东省班主任技能大赛，德育报主办的全国班主任能力提升研讨会，选派教师参加骨干班主任培训，并获得优秀学员称号。

3. 学生文明素养养成教育促使学校教育理念的转变和办学质量的提升

（1）校园精神面貌得以改观。现在的湛江二中港城中学，乱扔垃圾的现象在校园中很少看到，校园清洁保持较好，人人讲卫生，讲文明。文明素养养成系列教育较好地解决了如乱扔、乱倒垃圾现象，形成了师生人人是监督者，人人是被监督者的局面，促使各班班主任加强了对学生的教育和监管。

现在行走在我校的校园里，可以看到学生文明素质修养规范到位，仪表整齐划一。

在湛江市“文明校园”评估中，专家组对我校创文工作给予高度评价，以“全面性，科学性，实效性，系统性，创新性和可操作性”概括我校的创文成效；全校师生具有高度的主人翁意识，对文明素养养成教育贯彻落实到位，学生训练有素，校园文化氛围浓厚，文明素养养成教育的成果得到了极大的展示。

（2）学校教育理念得以转变，办学质量得以提升。我校以本研究为契机，大力推进改革学校教育教学理念，将学生文明素养养成作为学校管理部门的落实重点，每一个教学班的教育重心。由于各部门团结协作，学校教学理念正确，教师扎实工作，促进了我校的中高考特别是中考获突破性成绩，受到广泛的好评。我校的办学成效不断受到社会各界的肯定，近些年多次被评为“湛江市文明校园”、湛江市“中考先进单位”、“广东省文明校园先进单位”等。今天的二中港城，“学生素质与成绩齐飞，学校质量与特色并进”，让每一位学生都能扬起希望的风帆，成为素质教育的受益者；让每一位教师都能领略育人的乐趣，成为素质教育的引领者；让每一位家长都能享受子女成才的喜悦，成为优质教育的收获者。

第二节　班级建设：打造特色班级文化

文明班级小组建设

一、建设背景

我校从2015年开始进行“精致教学”课堂教学改革，实行小组合作学习，目标是实现学生“双自”，即“自主学习”“自我发展”。其中“自我发展”的目标指向是全面提升学生的综合素养。为此，学校将“文明班级小组建设”列为学校发展的重要项目，以此推动学生“德、智、行、能”并行发展，使学生全面发展的同时，将素质教育落到实处。学校决定创新改革管理机制，将“学生文明素养养成教育”和“学习小组建设”合一建设，成立了“文明班级小组建设督导小组”，由林华庆校长任组长，由主管教学工作的田飞虎副校长兼管德育工作，扎实推进。

二、指导思想

以“精致德育课题研究”“践行社会主义核心价值观”和《中学生守则（2015版）》有效落实为主线，以“文明素养养成教育”，“安全、学习、礼仪、生活”四种习惯养成和“精致德育”研究有机结合落实为途径，着重培养学生“明辨是非，诚实守信，学会为人处世；乐学善用，乐助好施，弘扬社会正气；融入集体，家国情怀，能对人生负责；团队意识，高效协作，体验成功乐趣”的能力，逐渐形成追求卓越的良好竞争氛围，实现学生自我发展的育人状态。

三、建设目标

（1）学生：达到“双自”。“自主学习”，即主动学习、交流成果、自查互纠、探求规律、形成方法；“自我发展”，即培养文明习惯、学习能力、表达能力、奉献精神、服务意识、责任意识、协同能力、执行能力、管理能力。

（2）教师：注重学生学习方法的指导，强化养成教育，培养学生良好习惯（课前准备、有序表达，准确表述、得体指正、敢于质疑、反思总结，文明有礼）；引导学生树立正确的评价观，鼓励优秀、鼓励进步、鼓励特长；指导学生学会制订计划，合理安排各类事物的先后顺序；培养学生主动表达、恰当表达的能力；正确引导学生理解社会主义核心价值观的内涵和外延，有效践行。

四、建设重点

起始学年重在班级文化环境建设、小组组建和内部分工，严格落实小组建设要求，组员互相监督并合理评价；非起始学年重在规范落实小组建设要求，提升组内管理能力，提高评价效能，总结建设经验。

五、建组原则

1. 均衡原则

均衡原则指在学习成绩、能力水平和课外活动能力等方面，各个小组的力量保持均等，大体相当。各个学习管理小组中男女同学的人数也应尽量做到均衡分布。学生之间互相帮助和深入交流，并据此获得积极的学习情感体验；同时有利于均衡配置，有利于每个小组进行充分讨论，有利于各小组在同等条件下展开竞赛。

2. 适时调整原则

一个学习管理小组确定后不是一成不变的，必要的时候可视情况而调整。这种变化包括组员之间的调整、学习组长的调整，也包括小组组名、组规、组训及小组发展目标等的变化。只有适时调整，才能保证小组学习有序、持续地开展。当调整时，被调整组员的评价结果记入新组别中继续参评各项评价。对被调整组员评价时注意依据“进步就是优秀”的评价标准，突出鼓励性原则。

六、岗位与职责

班委会要严格履行岗位职责，班长作为班主任的助手，对班级建设做好统筹协调和协助管理，各委员按照各自岗位职责对各小组的相应表现做好指导和评价，并将监督和评价结果报班长，做好各组员和小组的准确评价。

1. 各小组成员的共同职责

（1）服从组长的安排与管理，齐心协力打造优秀小组。

（2）积极参与课堂讨论，主动展示，善于反思，讲究卫生，崇尚文明，懂得协同。

（3）有团队精神和集体荣誉感，对自己的问题能够进行及时的自我批评和纠正。

2. 组长职责（1号）

（1）小组的主要负责人，对小组进行全面管理和服务。

（2）组织、维护、执行学校和班级对于小组建设的安排和管理。

（3）协调组内发言、展示机会。

（4）每日汇总小组交流情况，主持每日总结，提出表扬，指出问题，提出解决问题的办法并组织实施。

（5）组长对于组员之间关于管理情况上的矛盾进行化解，并为最终的解决担负责任。

（6）组长对于组员的量化管理的分值拥有最终解释权，并为最终的解释承担责任。

（7）协调指导本组成员制订阶段性学习计划。

3. 记录员（2号）

（1）及时记录小组成员在讨论过程中的重要内容。

（2）记录每日课堂和“百分评比”情况并汇报老师。

（3）做到公正、诚信、准确。

4. 纪律监督员（3 号）

（1）负责本小组成员的上课纪律，确保本小组课堂的正常进行。

（2）发现本小组成员在文明习惯养成方面的优秀表现或存在的问题并给予相应准确评价。

（3）评价本小组成员的课堂纪律（含自习）表现并做好评价。

5. 作业员（4 号）

（1）负责各学科作业的收缴、发放、检查，并汇报给各学科科代表。

（2）完成学校布置的收发资料等工作。

6. 课前准备员（5 号）

负责监督检查本小组成员在课前三分钟内是否能够及时回到座位，准备好当堂课需要的物品。

7. 卫生员（6 号）

（1）负责本小组组员的桌面整洁和本小组周围环境的清洁工作，负责本小组内小扫除和大扫除的安排及监督工作。

（2）负责监督本小组成员的个人卫生习惯、礼仪常规、仪容仪表。

七、评价与激励

1. 评价

（1）从评价时间上来讲，分为堂堂比、天天比、周周比、月月比、学期比。

（2）从评价主体上来讲，分为教师评价、学生自评、生生互评。

（3）从评价内容上来讲，分为“精致课堂”和“文明习惯养成”两大块评价。精致课堂主要评价课堂上的每一个环节，包括预习检查、课前准备、自主合作、成果展示、课后作业；文明习惯养成主要从安全、学习、礼仪、生活四个方面评价。以上内容累计成对个人的评价和小组的综合评价。

2. 激励

（1）学校层面：每周按照各班级评选出的“周冠军小组”由年级部于每周一在年级部宣传栏通报表扬（在年级部教师办公室黑板和年级部廊道张贴公布）；每月各班级评选出一个“月冠军小组”，由德育处在下月第一周升旗仪式上通报表扬，同时在年级部宣传栏公布（楼道宣传板公布，下月 5 号前完成，特殊放假可延后但不能晚于下月 10 号）；各学期各班级评选出一个“学期冠军小组”，在散学典礼上通报表扬，在下学期开学典礼上颁发证书，同时在学校宣传栏进行展示。学校将各类星级学生的评选统称为“文明之星”，年级部每月可参照班级层面的学生称号推选各类杰出学生，每月每班推选出一类星级学生报学校宣传展示，其他学校没有宣传展示的，在年级部范围内表扬或奖励（年级部会议或宣传板表扬）。各年级部将各类周、月、学期小组评比评选结果按照时间节点发德育处备案。

（2）班级层面：各班级可以根据本班级特点，创新评价方式与评价办法，可按照周、月、学期的时间段，评选各类星级学生，如评选出星级班干、星级组长、星级组员、探究之星、展示之星、自学之星、对子帮扶之星、合作之星等，激发学生参与自我管控、学习的兴趣和对小组学习愿景的共同期望；或课堂颁发小证书，唤醒学生的主体意识、主动意识、创造意识，使每一位学生实现全面发展、自由发展、自主发展。

八、例会管理

例会管理分为每天例会管理、每周例会管理、每月例会管理。

1. 每天例会管理

（1）组内管理：每天各班级在早晨7点20分前完成晨检；20分至25分为小组晨会时间，晨会期间小组长要对本小组前一天各成员的综合表现进行总结评价，坚持目标性原则，提出整改意见，组员间可以表扬和自我表扬，批评与自我批评，并提出当天的奋斗目标。

（2）班级管理：班主任在7点25分至7点30分对前一天每个小组或班级情况进行总结评价，并对当天工作提出目标，要求遵循鼓励性原则，多表扬少批评。因周一升旗，周五的评价改在周一主题班会课的后五分钟进行。毕业年级早晨例会时间前移。每天起始年级下午放学时段各小组成员对小组情况进行总结。

2. 每周例会管理和每月例会管理

参照每天例会管理，班主任调控确立例会时间及时总结评价，达到管理上的日日清、周周清、月月清的目的。

班歌班徽班训展评

我校创建于2007年，是经教育局批准成立的由湛江市第二中学与中英文学校合作办学的一所市直属民办全日制完全中学。经过多年的积淀和提炼，学校形成了以“二中人精神”为核心的文化理念，秉承“质量、服务、品牌、竞争”办学理念，彰显“优秀+特长”办学特色，以“乐学善导、合作探究”为教改导向，开展文明习惯养成教育，提出了“修品行，善学习，强体魄，美志趣，树理想，敢担当”的学生发展目标。

学校在二中文化理念的基础上，结合自身的实际，着重打造学校特色文化，先后荣获“湛江市特色校园文化学校”“广东省版画特色学校”“湛江市德育示范学校”“广东省文明校园先进学校”等荣誉称号。其中“班歌班徽班训”展评活动自建校以来连年开展，积淀成为校园文化的一个重要部分，其更是学校德育的重要组成部分，获湛江市德育品牌建设“百系列教育教学成果评选”一等奖案例。

一、目的意义

营造一个充满青春活力的校园，全面提升学生的各方面素质，树立班级品牌特色，共同构建充满无穷魅力的精神文化家园；促进班级形成团结友爱、奋发向上的精神风貌，加强班级之间的交流；更希望通过此次活动，班歌、班徽、班训能够走入学生心中，让学生将班歌、班徽、班训的精神体现在日常的学习生活中，以班歌、班徽、班训作为自身发展和班级建设的指针，激励学生锐意进取，不断进步。

二、具体安排

（1）活动时间：初一年级9—10月为创建阶段，11月为展评阶段；高一年级（选科分班后）3—4月为创建阶段，5月为展评阶段。

（2）参加年级：新初一年级、高一年级。

三、具体实施

1. 第一阶段：创建阶段

（1）选创班歌。各班级根据本班的学生思想现状以及未来的教育目标，通过选取、改编、创作等办法选创适合本班级的积极向上、思想性强、能体现班级核心教育理念的歌曲作为班歌，从而提升班级的凝聚力，成为建设和谐班级的重要组成部分。

（2）创作班训。创作体现班级创意的班训，表达班级师生共同的期望和追求，使班训成为班集体的共同目标，成为班集体团结奋斗的不懈动力。班训用横幅性质的条幅展示效果较好。

（3）制作班徽。班徽制作要简单易懂，又寓意深刻；既要充分发挥其对班级成员的导向、陶冶等教育功能，又要使学生在设计中产生成功感和幸福感，增强班级凝聚力，培养创新精神和实践能力，发挥活动育人、文化育人和环境育人的功能。班徽规格为直径 80 厘米的圆形。做好后最好用装潢泡沫板做背板衬托，以便评比后悬挂在班级黑板左侧，成为班级的文化建设组成部分（班徽毕业后作为送给母校的礼物，成为永久的纪念）。

（4）学唱班歌。各班级利用音乐课及文体活动课，学唱选创的班歌，达到准确熟练地演唱。

2. 第二阶段：展评阶段（每个班级不超过 8 分钟）

展示班徽、班训和介绍班歌：各班级提前选出主持人，对所制作的班徽、选创的班训和班歌进行介绍，三项介绍不能超过 4 分钟；班歌是原创的，介绍时要指明，有加分。

演唱班歌不超过 4 分钟。演唱要求必须合唱，可以有指挥和领唱。每个班级自行安排合唱队形，演唱时站在会场最前面面向观众站立演唱；演唱时在不影响演唱效果的情况下，可以继续展示班徽和班训。

在展评过程中建议将介绍班歌、班徽和班训的内容印制成材料，发给评委，便于评委了解内容，有助于加深评委印象。

四、班徽、班训、班歌评比办法

1. 评委

由教师评委和学生评委组成。教师评委由音乐老师、美术老师和非本学年的语文老师担任；学生评委由各班级各推选 1 名在音乐、美术以及文学方面较擅长且正直的学生担任。学生评委在本班级参与评比时回到本班级不参与打分，分数按照师生各 50% 的比例计入；去掉一个最高分和最低分，取两组得分平均分之和为最后得分。

2. 奖励

根据分数高低奖励参评班级数的 50%；分为总分奖和单项奖共 4 项，其中单项奖分为最佳设计班徽、最具理念班训、最富感染力班歌 3 个奖项。

3. 评比细则

（1）班徽评比细则。总分 10 分：构图简洁明了 1 分；意象丰富 1 分；色彩鲜艳合理 1 分；有创意、特色鲜明 2 分；整体效果好 2 分；寓意深刻 3 分。

（2）班训评比细则。总分 10 分：语言简洁凝练 1 分；符合班情学情 2 分；对班级发展指引性强 2 分；有时代特点 2 分；寓意深刻 3 分。

（3）班歌评比细则。总分10分：词曲5分：积极向上，体现团结精神1分；符合班情，有助于促进班级形成良好的班风学风2分；班级自作词1分；自谱曲1分。演唱5分，声音洪亮，旋律准确，节奏感强，激发全班同学热爱班级、发展班级、奉献班级的满腔热情。

（说明：每项最高分10分，最低分6分。各评委得分去掉一个最高分，去掉一个最低分，其余得分平均分为最后得分。）

五、典型案例

2016届18班　班主任：蔡诗　设计者：龙海艳

设计理念：坚定踏实、铿锵有力的步伐是18班的象征。双足代表该班脚踏实地，踏踏实实地走好每一步。五环象征着奥运精神，永不言败（never give up），同样也是激励，让班集体在激励中不断进取，勇往直前（march forward bravely）。蓝色的圆圈展现了团结的力量，也更加坚定了团结的信念。

班训：勇往直前，永不言败。

设计理念：没有比人更高的山，没有比脚更长的路，只有不懈努力，不弃不馁，勇往直前，才能勇登高峰，创出成功。

班歌：《最初的梦想》。

设计理念：在通往成功的路上，不乏汗水与挫折，但不忘初心，方得始终，坚定心中最初的梦想，挑战自我，赢得成功。

2016届2班　班主任：嵇李望　设计者：麦如茵

设计理念：我们的班徽主要由蓝色、金黄色和绿色三种颜色组成，蓝色代表如大海般辽阔的未来之路，金黄色代表希望和胜利的曙光，绿色代表勃勃生机，橄榄枝代表班级的团结与和谐。整个班徽象征着初一（2）班犹如一艘帆船，在船长班主任老师的带领下，班级全体学生在知识的海洋里乘风破浪，勇往直前！

班训：文明高雅，乐学善思！文明是指良好的行为习惯及精神风貌，高雅即品格高尚雅致，乐学即喜欢学习，善思即善于思考。这八个字虽然简单，却是我们初一（2）班每位同学奋斗的目标。我们立志，在初中三年要做一名举止文明、品格高雅、热爱学习、善于思考的初一（2）班人！

班歌：《你我一样》。改编自李宇春的《和你一样》，寓意初一（2）班全体学生相亲相爱，互相关心，互相鼓励，共同进退！

第三节　家校联动：提升家庭教育指导力

2021年10月23日，第十三届全国人民代表大会常务委员会第三十一次会议表决通过了《中华人民共和国家庭教育促进法》（后文统称为《家庭教育促进法》）。《家庭教育促进法》的颁布，在国家层面明确了家庭教育的重要意义。家庭教育的影响力需要家校共育来实现。

一、家校共育的概念

家校共育是指学校和家庭、教师和家长在环境创设，在孩子的习惯养成、知识获取、品德培养、性格发展、能力培养等方面，通过沟通交流、活动开展、问题探讨等方式密切合作，力求步调一致，形成合力，共同帮助孩子健康成长的培育方式。

二、家长指导力的内容

我们认为，家长指导力是指为实现家校共育目标，教师对家长的育人理念、育人目标、育人内容、育人方式、评价方式等方面进行指导，实现教师、家长密切合作，步调一致，形成合力，共同帮助孩子健康成长。

三、家长指导力的重要性

习近平总书记多次在关于家庭教育重要性的会议中强调："家庭是国家发展、民族进步、社会和谐的重要基石；千家万户都好，国家才能好，民族才能好。"约翰斯·霍普金斯大学教授科尔曼曾说："家庭教育一直在幕后操纵着孩子的学校生活，家庭教育是学校教育永远的背景和底色。"可见，孩子成长，不仅是学校的事情，更与家庭教育息息相关，其往往决定一个人一生的发展。

目前，我们的家长因所受教育、从事行业、人生经历不同，理想信念、价值观不同，教育方式方法、经验也不同，家庭教育效果千差万别。因此，作为专业的教育从业者，教师有责任和义务做好家庭教育的指导工作，不断修炼自己的家庭教育指导能力，通过活化机制、丰富内容、拓宽渠道等将家庭教育指导落到实处。

四、家校共育的共识

要想走出家校共育的困境，我们认为家校需要达成教育共识，成为教育的同盟者。家长和教师要清楚地知道家庭教育和学校教育虽然在教育内容和教育功能等方面有所不同，但是二者都是朝着培养学生全面健康发展这一目标共同努力的，家庭和学校是处在一个努力方向上的两个主体。

苏联教育家苏霍姆林斯基曾经把学校和家庭比作两个“教育者”，两者不仅要有一致行动，要向儿童提出同样的要求，而且要志同道合抱着一致的信念。有了这样的共识，才能实现家、校合力，形成有效的教育同盟关系，教育的效益才可能最大化。我们认为需要达成如下四个共识：

1. 家、校相互认同是共育的前提

从教师角度看，家长是孩子成长中的重要因素，是可以促进孩子成长的平等的教育者，教师与家长是一种主导与主体、服务与被服务的关系，都是孩子成长的同盟者和受益者。家长的一切言行都从对孩子健康成长的需要出发，都是为了解决孩子成长过程中遇到的问题。从家长角度看，教师是教育的专业人士，教育的一切出发点和落脚点都是为了解决孩子成长过程中遇到的问题，促进孩子健康快乐成长；要认同教师的管理理念，教育方式、方法，多以欣赏的态度支持配合教师的教育教学管理，才能更好地实现教育目的的一致性。

2. 家、校同步学习是共育的基础

虽然教育有规律可循，但教育问题千差万别。每一个人的成长都是一个复杂的工程，有时即使情景基本相同，使用同样的方法，效果也不尽相同。面对每一个教育个体，以往的教育经验可能不适用，教师、家长都需要学习，这样才能顺时而教、因材施教。在教育孩子的过程中，教师和家长将伴随着孩子的成长而成长。

3. 家、校各司其职是共育的保障

孩子的教育过程需要家校合作，但也必须分好工。我们认为学校教育应侧重在德育、智育、美育方面，而家庭教育应侧重在德育和美育方面，其中良好行为习惯的养成十分重要。家校教育之间相辅相成，互相渗透、延伸，双向互动，效果才能达到最佳。这就需要家长和教师互相了解、配合，各司其职，各尽其力，各施其能，不能替代，更不能取代。

4. 家、校理念趋同是共育的关键

理念趋同，方向才能一致，力量才能往一处使。无论是素质教育，还是核心素养培养，都指向“教育离不开生活，是为了回归生活”。杜威先生提出“教育即生活”，陶行知先生主张“生活即教育”，证明教育离不开生活，生活也离不开教育。面向未来，从核心素养发展的角度来看，我们认为教师要引导家长转变一种观念：不应该一味、过重看待孩子的智育，而忽略了孩子的自主发展和社会参与的素养培养，更不能弱化德育和美育。

五、家庭教育指导力的提升

1. 以接纳力为钥匙打开家长更新观念的门

教师和家长的育人理念、育人目标、育人内容、育人方式实现一致性，达成教育共识，教育效益才可能实现最大化。共识，从接纳开始。海文颖在亲子教育书籍《接纳力》中是这样描述接纳力的："接纳力是一种能力，一种获取幸福的能力。妈妈一旦拥有了接纳力，不仅获取了让自己幸福的能力，也成就了孩子一生的幸福力。"

由此，我们想到了教师接纳力。教育实践中，由于教师和家长之间多存在不解或误解，产生了矛盾，甚至是对立的；有的互相设防或诋毁，结果两败三伤，最受伤的是孩子。那么，什么是教师接纳力呢？我们化用海文颖的思想，认为教师接纳力是教师对自我或者家长的教育孩子的思想、行为的最大化了解，并对家长教育孩子的思想、行为产生原因予以理解和接纳，能够发自内心地倾听、共情家长，建立信任、欣赏、尊重、合作、自律、感染、接纳通道，找到教育问题的关键，和家长建立良好的共育关系，帮助孩子健康成长，同时提升自己和家长共同成长的能力。

当接纳成为现实，教师、家长才会凝神静气寻找解决问题的办法。接纳，可以实现对自我、对他人本真的认识，是尊重教育的出发点。接纳是沟通的良好开端，教师和家长的互相接纳、有效沟通，是卓越教师应该具有的最基本的能力，也是走向优秀的能力。

2. 以沟通为路径实现家校换位共情

有效沟通是赢得家长支持的关键，是我们教师领导力的重要能力之一。

（1）主动沟通，有方有向。主动沟通是指教师尽量保证在一定时间内跟班级所有孩子家长进行交流，例如每周做到一个轮回常规沟通，特殊学生"加密"沟通。有方有向是指沟通过程讲究方法，沟通内容可以沟通目的正向性选择，比如：汇报孩子在校表现，心理需求；孩子在家里表现，优缺点；孩子家庭状况、成长环境和历程。其中，对家庭状况的了解、掌握是十分重要的，孩子的言行举止往往是家庭教育的呈现。这一点往往被教师忽略。教师与家长沟通前，应先肯定孩子的优点，对家长的教育给予认可，即使是面对问题学生的家长，也要先理解和接纳孩子的问题，尽量营造轻松愉快的氛围。在轻松气氛下互相认识的教师和家长，在对孩子的问题交换看法时，相互之间很少保留意见。教师和家长经常交换意见有助于双方相互了解，也促进双方更好地了解孩子，教育好孩子。实践证明，主动与家长沟通，会让家长更能够理解教师、认同教师、信任教师。通过这样的沟通和交流，家长与教师更加了解彼此，也能更好地促进孩子健康成长。但要注意，不宜作长时间的交谈。

（2）换位思考，通情共情。目前，我们的家长因职业、文化素养不尽相同，思维方式和表达方式也会不同。对孩子的教育多存在没有时间、没有经验的问题，或者有时间没方法，家庭教育无力感明显。我们建议教师应多站在家长角度思考问题，对家长给予理解，这样往往会赢得家长的好感，家长会认为这种教师是通情达理的，也喜欢和这种教师沟通。想一想我们作为职业教育者对自己孩子的教育有时都会手忙脚乱，更何况家长是非专业人士、非职业教育者。所以，平时在跟家长沟通时，教师应更多地从家长的角度考虑问题，主动了解家长的需求，积极配合他们的工作。当有个别家长提出一些不合情理的看法，甚至一些无理要求时，教师要保证对其孩子教育的公平和一如既往的关注度。久之，家长就会容易理解教师的良苦用心，也会换位思考教师的苦衷，通情共情，教育渠道就会畅通，教育效益才可能实现最大化。

（3）语言得体，贴心融心。语言得体是顺利沟通的关键。人类最主要的沟通方式是语言，包括口头语言、体态语言和书面语言。口头语言除了字面的意思，还因为地域的差异，文化的差异，年龄的不同，音调、声音高低、语速、停顿等表达有所不同，听者收到的信息也会有所不同。面对家长，教师要多用一些礼貌语，如“您好、谢谢、非常感谢您的支持、您对咱们班级帮助太大了、您的参与会促进班级的多元发展”等。沟通过程多用“咱、咱们班、咱孩子、我班、我们班级”词语，易于拉近与家长的距离，有时还能传递出教师的自豪感和幸福感，增强教师的自信度，有利于家校形成命运共同体。面对“咱班”的事情，家长会乐于置身其中。很多教师喜欢用“你和你们”的称呼与学生、家长交流，一下子就把自己和学生及家长划清了界限，无形中设置了沟通障碍。沟通过程一般不赞同教师过于自谦。例如，见到家长，一些年轻教师常常会表达：“我还很年轻，教学经验少，对于班级管理还不太懂，请您多指导。”谦虚是教师该具有的品质之一，但这样看似谦虚的说法，会暗示家长该年轻教师是一个不懂教育的人，或没有教育经验的人。不但会让家长对其产生怀疑，还会对其发出的管理班级的指令半信半疑，甚至会教他如何当老师、教孩子。当专业的教育行为经常被非专业的干扰，便会影响教师教育的效果。但要注意，过于浮夸也是不得体的表现。

3. 以网络为渠道多样化指导家长

随着如今信息化社会的发展，家校交流仅依靠传统的家长会、家访等形式进行交流已经不能满足教育的需要。近些年，受居住地的分散、集中办学的异地就学以及家长不想暴露家庭隐私等问题的影响，家访已经不再是沟通的主渠道。通过家长会的形式进行沟通成为主流形式，但这些远远不能实现指导家长的目标。依托网络进行指导是必然，可通过 QQ 群、微信群、微博、校园网专栏等网络渠道进行。一是分享自身经验：在班主任的支持下，对于家长私下提出的教育中遇到的问题发布到 QQ 群或者微信群，请有此经验的家长或教师有针对性地分享自己的经验，可语音、视频分享；二是分享网络经验：教师和家长都可以将网络上或书籍上等好的育儿经验发布到群里供大家学习；三是开设论坛或者沙龙：家长或班主任在群里发布家教论题，家长和教师在群里进行研讨，得出结论供大家参考学习；四是网络讲座：利用网络语音功能，约定讲座开播时间，家校同时上线学习，可以是视频，也可以是语音，方便实用，且不受空间限制；五是开设微博：班主任的主要指导思想方法可以在微博上发布供家长学习，提倡这种方法，发布内容要有关联，尽量做到递进式，指导效果具有持续性和持久性。需要注意的是，网络指导要对网络渠道加强管理，重在分享，趋利避害，针对问题不对人；避免网络渠道成为教师传达任务的场所，避免家长在交流过程中扮演倾听者和任务执行者的角色；也要避免网络渠道成为家长吵架和泄愤的渠道，出现不和谐的情况。

4. 以培训为依托提高家长的家教素养

每个班级的学生总是千差万别的，家长的家庭教育素养也是参差不齐。有些家长的教育方法沿袭于父辈，不分辨错与否；有些家长由于自身文化水平较低，虽然想积极配合学校，但是在教育孩子过程中无从下手；有些家长始终认为一味地惩罚可以提升孩子的学习成绩，让孩子听话；还有些家长听之任之，期待孩子长大就会懂事了；等等。面对这些偏颇的教育观念，我们建议教师应该主动承担起指导家长怎样做好家庭教育的重任，培训是重要手段。

内容上，具体、有梯度、递进式。可以将每个学段划分为不同的培训学期，制订家庭教育指导培训计划。我们以初中为例，共三年，围绕“三项教育”可分为六个学期。例如，第一学期可以重点指导家长如何指导孩子适应初中生活，帮助孩子培养良好的行为和学习习惯；第二学期侧重于感恩教育和团结协作教育；第三学期侧重于团结意识和奉献精神教育；第四学期侧重于合作意识和社会参与意识教育；第五学期侧重于梦想教育和自我管控教育；第六学期侧重于自信教育和逆商教育。这样安排考虑到学生每个学习阶段的年龄特征、心理需求和成长需求，递进式进行，螺旋式进步。

形式上，实用、有计划、针对性。可以通过开设网络课堂、专家讲座、家长分享教育经验等方式提高家长的教育能力，还可以邀请一些家长开座谈会，开设“家庭教育指导百家讲坛”，交流自己在教育孩子方面的宝贵经验，互相交流孩子存在的问题，不断地学习借鉴。每月活动开展不少于一次，每次活动确定一个主题，按照学期安排各有侧重和针对性。三年下来，形成完整的指导体系。各类活动可以是教师直接牵头策划、组织实施，也可以由班主任牵头策划，家委会组织实施。规模不限，以辐射最大化为要义。根据讲座内容需要，形式上可以进行班级交叉、年级交叉，甚至校际交叉讲座交流，目的都是有效提升家长的家庭教育指导素养。此外，还可以不定期为家长推送孩子教育类文章让家长汲取知识。教师也要积极与家长进行沟通交流，帮助家长解惑答疑，让家长不断提高家教能力。

5. 以参与为途径提升家长指导力

家校共育，我们认为最佳效果是“师、家、生”三位一体共建成长，而这一关键在于让家长真正参与到学生成长的过程中，成为教育的主体。例如，在班级建设中就可以“师、家、生”三位一体共商共建进行。我们还以初中为例。入学初期，以班主任为主导构建班级发展愿景，按照三年六个学期做好初步的班级和学生三年发展规划，分发给家长和学生进行讨论，反复磋商，形成可行性方案。其间，要求家长和教师要大胆提出合理化建议，针对学校、班级、学生现状做好合理且切实可行的规划。结合规划，创建班规、班徽、班歌、班训、班级发展愿景等。家长结合每学期的发展规划，做好在家庭中监督孩子成长的工作，形成“5 +2 >7”的效果。此时的家长既是孩子个体发展的监护人，也是班级发展的共建人，成为共育的主体之一。由分而治之，发展为命运共同体。因为有集中的培训和指导、论坛交流等过程，家长可以看到自己的教育效果，通过比较，利于反思、促进再提高。在此过程中，围绕班级发展愿景，学校或者班级可以开展多种活动，如亲子运动会、家长活动日、志愿服务日等，还可以家委会为主体策划，开展参观、访问、实践等活动。实践证明，家长多乐于为班级、学校服务，教师可以广泛开发家长资源，如白岩松、于丹、姚明等都有受邀到自己孩子学校讲学或者参与活动的经历，还可以利用家长的资源让孩子走进工厂、田园、科技中心、博物馆等，丰富孩子的阅历，让他们体验生活、感受生活、创造生活。参与活动，不仅可以增添家长与孩子的亲密度，还可以更好地了解教师。参与的过程就是学习提高的过程，反思纠错实践就是再提高的过程。由此，家长的家庭教育能力就会逐渐提升。

总之，家校双方有共育意识是合作的前提，双方都要意识到家校共育的重要性，不能只做表面功夫。教育不是单纯的一方发力就可以取得理想效果的，家校协同机制就是要让教育形成合力。教师要发挥好教育引导者的作用，引领家长提高参与度，提升家长的家庭教育能力，鼓励家长积极参与学校活动、各类提升自我的培训活动，只有学校和家庭强强联手共同发挥教育功能，才能更好地促进学生发展。

第四节　社会实践：扩大社区辐射力

一、社区教育资源的重要性

著名教育家陶行知提出了“生活即教育”“社会即学校”“教学做合一”三大主张。生活教育理论是陶行知教育思想的理论核心，人离不开生活，教育更离不开生活。苏霍姆林斯基教育理论中也着重强调社会资源在教育中的作用。我们梳理现代教育家李镇西老师的教育经历，可以清晰地看到他整合社区教育资源来促进学生发展的成功的路径。人是社会的产物，人的成长就是从家庭走向社会的过程。这个过程社区教育资源起着非常重要的作用。我们整合社区教育资源，扩大其辐射作用，可以满足学生对未知世界的心理需求、对社会交往的需要、对职业特性的感知、对所学知识的实践验证、对未来创造的欲望，这个过程可以使家庭教育和学校教育得到延伸和发展。

1. 整合社区教育资源可以实现物质资源共享，为辐射提供物质保障

学校所在社区往往有着很丰富的人力资源，自然环境资源、地域文化资源以及企事业单位等物质资源。近些年国家大力推进城镇化建设，各级政府以此为契机开展创建文明城市、乡镇、街道、乡村活动，组织教育、文化、科技、工商、环保、部队、海关、企业等多个部门统一协调，为青少年健康发展提供场所和精神文化产品；各种公益设施如科技馆、博物馆、少年宫、体育场、劳动实践基地、国防教育基地、公共场馆等相继建成。但这些资源因为区域性分散、管理者不愿意开放等原因出现场地闲置、使用率低等资源浪费现象。这需要我们教师，特别是班主任通过联系教育行政部门、街道、管理方以及家长资源，将其整合成具有全面性、互补性、持续性、可操作性的社区教育资源，对学生最大化、最优惠开放，实现资源共享，为其辐射提供资源保障。

2. 整合社区教育资源可以实现人力资源共享，为辐射提供人力保障

社区资源作为学校教育的有效补充，是素质教育落地的重要环节。其优越性就在于人力的充足性和广泛性。可开发的人力资源主要有学生家长、离退休干部、社区“公仆”、企事业界人士、专家学者、退伍军人、农林业专业技术人员等，他们工作或曾经工作在各行各业，各有所长，利用这些人力资源对学生进行教育，培养他们的创新意识，提高他们的创造能力，开展各种小发明、小制作等实践活动。但人力资源往往存在隐性特征，需要我们进行调查统计，对人力资源信息进行收集整理，再征询、利用，为辐射提供人力保障。这些人力资源往往还与很多物力资源相关联，如棋社、书法社、茶艺社、花艺园、工厂、田园等，可以被进一步整合、利用。

3. 整合社区教育资源可以扩大辐射面

这里主要指辐射的广度和深度。所谓广度，是指因为人力资源和物力资源的丰富性，可以让学生在不同场所、不同领域向不同的人士学习，所涉猎的点在增加，面在扩大。所谓深度，是指社区教育资源提供给学生的教育活动，可以让参与者由一开始的粗浅的兴趣爱好学习，向研究性学习发展，由最初的学习者慢慢发展成为组织者或领导者。例如，创客空间、乐高空间、动漫设计等学生喜闻乐见的活动，一开始他们

是活动参与者，成长后就可以组建团队，带领小学员参加各种比赛，使社区教育资源的辐射向深度探究，而且这种辐射具有持续性，可以从小学持续延伸到大学甚至到工作以后。实践证明，近些年很多青少年的艺术成就、发明创造等多得益于社区教育资源提供的平台。

开发、利用、整合社区教育资源，不仅为学生提供了人力、物力资源，还为学生接触社会、走进社会、了解社会、融入社会提供了实实在在的机会，为实现素质教育，培养社会需要的、健康的、有用的人才起到促进作用。

二、整合社区教育资源应遵循的原则

1. 可操作性原则

整合社区教育资源务必对人力、物力甚至财力进行调查研究，要广泛征集信息，对资源进行筛选研究，不能为了整合而整合，所要整合的资源要具有可操作性，利于整合、适合整合、有效整合。

2. 实践性原则

社区教育资源的优势就在于实践性。整合过程要充分考虑学生的可参与性，富于体验性。在调查、考察、实验、探究、设计、操作、制作、服务等活动中发现和解决问题，提高实践能力和创新能力。让学生在实践中感受，在感受中思考，在思考后实践，在实践中体验，在体验中获取智慧。

3. 针对性原则

社区教育资源丰富，在整合过程中要有针对性。一是内容要有针对性，可以是校内教育资源的互补，也可以是学校特色教育的延伸；二是学段要有针对性，不同学龄的学生认知水平、兴趣爱好、接受能力不同，整合的内容要符合学生的年龄需要，有利于学生运用已有的知识、能力去实践，解决问题；三是要针对区域优势整合，整合资源不是“眉毛胡子一把抓”，整合过程要考虑人力、物力的优势，这样整合的资源才具有吸引力，有利于可持续性发展，教育的效果才可能达到最佳，辐射作用才可能更大。

4. 联动性原则

整合社区教育资源要考虑就近原则，同时要与兄弟学校、班级联动整合，利用区域内的不同资源优势联动开展。班级之间、年级之间、校级之间都可以联动整合，有些学校开展班级小组建设，实现小组间的联动，资源互补共享，这样既可以避免资源浪费，还可以发挥资源的最大作用。

5. 连续性原则

整合社区教育资源要考虑学段之间的连续性，根据不同学段递进式、阶梯式进行，杜绝教育活动在某一时段的堆积进行，也杜绝阶段性的停滞，应该有计划、分阶段地进行。

三、整合社区教育资源应做的准备

1. 学情分析

整合之前，家校或班主任教师要对学段或者班级学生的特点、校内学习内容和情况，校外资源需求等方面进行全面分析，达成共识。

2. 制订计划

家校联合研究该学段（班级）的教育愿景，根据愿景制订学习计划，其中包括校外教育计划，根据学校、班级、家庭的实际情况制订开发计划，对开发的范围、内容、遵循的原则做出具体的要求，并建立健全相关制度，保证开发的顺利实施。

3. 调查统计

教师、家长、学生，按照计划通过访谈、实地观察、上网查阅资料等形式对社区教育资源进行摸底调查，把信息反馈给负责人（学校、班主任或家委会负责人）做统计，再根据班级实际情况进行筛选、整合、利用。

4. 整合利用

班级根据教育目标，对所选的校外教育资源进行汇总、分析、整合，提高教育资源利用的综合性、合理性，开发校本课程、丰富课外活动、开展主题实践活动。其中，整合利用过程可以以年级为单位、班级为单位，也可以以小组为单位进行利用，这样可以解决差异性问题，突出实效性。整合建议在班主任教师主导下，家长充分参与组织或实施。实践证明，小规模而精当的内容安排更利于操作，教育效果也更好。

四、整合社区教育资源并发挥其辐射作用

收集社会教育资源信息，完善社会教育资源库的建设。① 所谓社会教育资源库的信息收集与管理，是指把社会中有可能对学校教育提供帮助的资源信息进行收集、整理、分类。通常学校教育与班级管理经常用到的社会教育资源包括社区物质资源、社会人文资源和家长教育资源等。学生到社区参观实践要用到社区物质资源，利用名胜、古迹和社会名人对学生进行教育要用到社会人文资源，请有特别才能和专业人士的家长到学校举办讲座要用到家长教育资源。当然，每一项活动用到的资源并不是单一的，单一的教育资源如果不加以罗列、整理，其教育的功能势必减弱。我们在整理社会教育资源的过程中，发现社区物质资源和社会人文资源相对静止，且其资源的主体相对单一，如名胜古迹只需了解有哪些、在何处、管理部门的联系方式等。但家长教育资源要相对复杂些，每个家长有不同的个体优势，其兴趣爱好、职业等各不相同。要收集家长教育资源，必须广泛而深入地开展调查，然后将调查的信息加以整理与分析，形成可直接利用的社会教育资源库信息。

1. 分类人力资源，力求内容、形式的多样化

每个班级的家长所从事的职业是多样性的，所涉及的行业面是广泛的。我们可以通过上述的调查问卷来了解家长的职业特点和资源情况，进行有机整合。例如，有的家长从事建筑行业，有的家长从事国防职业，有的家长从事医疗卫生职业，有的家长从事养殖业、种植业，有的家长从事商业经营管理，有的家长从事专业性较强的技术研究，还有的家长从事教育职业，等等，这些职业都有各自的职业特征和不为学生所知道的专业知识和技能。我们利用这些人力资源，把他们分成不同的组别，每个组别的管理团队或组织，集体商议策划教育内容、形式、人员、场地等，通过讲座、演讲、座谈会、参观等多样化形式开展校外教育活动，内容呈现应该是丰富多彩的，辐射效能应该是不小的。

---

① 潘海燕，彭兴顺，黄金星．班主任工作方法与技能［M］．天津：天津教育出版社，2008.

案例1：我们班级的孩子获得了省级演讲比赛特等奖

我班马欣蔫同学的妈妈余老师，十分热爱演讲和朗诵，并在我市演讲界小有名气。在我班的各种班集体活动中，经常能见到她热心参与辅导的身影。在指导学生演讲的过程中，她能将她的演讲技巧和感受通过深入浅出的方式传达给学生。她告诉学生们，唯有情感丰富的人才能以自己的真情演讲打动评委和听众。就像演员在舞台上表演一样，演讲者也要充分利用在演讲台上的短短几分钟，表现出或热情洋溢，或义正词严，或痛心疾首，或柔肠侠骨等多种情感。而且要敢于表现，不怯场。这样才能使演讲跌宕起伏，引起听众和评委的注意。

在她多次积极热心的参与和帮助下，我班学生的演讲才能和技巧突飞猛进，并且极大地激发了学生参与演讲和上舞台表演的热情，在学校科技艺术节和元旦晚会上，经常可以看到我班学生的演讲节目，我班马欣蔫同学也在余老师的指导帮助下获得了广东省“南粤杯”演讲比赛特等奖。

同时，余老师是我市演讲协会的主要成员，成立了自己的演讲社，经常开设演讲沙龙活动，在她的沙龙活动中，经常会邀请一些当地的演讲爱好者或者演讲专家，我们班级热爱演讲的孩子会定期参加这样的活动，或展示，或比赛，或交流感受。其间，专家们都会有专业的点评指导，我想我们班级孩子的演讲水平能有这样大面积、高水平的提高，应该是得益于余老师的人力资源及其所提供的校外资源。

（蔡文念．广东省湛江二中港城中学．校外资源整合案例）

2. 联动整合人力资源，辐射力倍增

一个班级内家长和家长联动，家长和社区人力资源联动，社区和社区人员联动，可以把人力资源的优势放大。个体优势、职业优势、职能优势都可以得到更大发挥。我们充分利用这些显性和隐性的资源，合理整合，可以发挥其资源优势，使辐射力倍增。

案例2：一个班级的禁毒教育晚会

我校初二（9）班在一个大型国际广场上举办了一场“爱洒青春”禁毒主题教育晚会。本场晚会上全班52位同学以及家长、老师、社会爱心人士轮番上场，奉献了一场极富教育意义和影响力的精彩晚会。

晚会的由来：在该班级教育计划中，本学期要开展一次有意义的爱心教育活动，来培养学生的社会责任感。班主任刘老师提出想法，经老师和家委会的多次磋商，最后决定充分利用班级资源来开展一次以禁毒教育为主题的联欢晚会。

主题的确定：经与学校领导请示，学校鉴于当前的禁毒形势与青少年的特点，确定了禁毒教育主题。主题以宣传教育为主，以展示师生家长的才艺为辅，培养孩子们的社会责任感。

班级资源优势：一是全班学生多才多艺，表演欲望和能力超强；二是有位家长是湛江市公安局禁毒教育方面的专家，现场可以开设讲座；三是有家长可以联系到大型广场的活动场地，辐射面广，影响大；四是有位家长的朋友是影像社的老板，可以免费提供影像设备；五是音乐老师同意担任节目的策划和导演；六是有几个家长是从事衣帽经营的，可提供服装和道具；七是家委会将协助上述各类活动的落实和跟进；八是活动场地距离学校几百米，便于学生排练，节省时间。

晚会准备：孩子们利用一个月的时间准备，经历两次彩排，保证节目的质量。最终确定了18个节目，家长们和老师们分别集体准备一个节目，另请一名警官家长准备禁毒教育讲座。

晚会效果与意义：当天晚上本班的全体同学，全部家长，全体老师，外加一些社会观众一起观看了本次晚会，本次活动圆满结束。与会观众高度赞扬本次活动，政府相关部门通报表扬了该班与学校。称赞本次活动主题切合社会实际，极富教育意义；警官向现场观众宣传毒品知识，揭露贩毒分子的惯用伎俩，以及吸食毒品对个人、家庭和社会的危害，让同学们更深刻地认识“珍爱生命，远离毒品”的重要意义；晚会充分展示了孩子们的才艺，凝聚了班级力量；本次晚会是学校、家庭、社区联动的结果。

活动启示：学会整合家长和社区资源、调动绝大部分家长参与进来是活动成功举办的关键。班主任老师要学会调动家长的积极性，充分发挥家长的特长。在本次活动中，本班家长的热情支持让人感动。如：邀请家长（戒毒所的警官）开设讲座，家长二话不说就答应了，这位警官提前两个星期做课件，不停地修改，尽可能地让讲座适合初二的孩子们；本班的家委会全程统筹、安排、商量，牺牲了大量的休息时间，务求晚会顺利举办；在晚会现场全体家长忙前忙后，摆凳子，搬乐器，秀书法，做安保，这些家长们把后勤工作做得非常精细。本次活动还得到了广场运营老总的大力支持，得悉本班将会进行这样的公益活动，他减免了本次活动的绝大部分费用。

（刘建湘．广东省湛江二中港城中学．联动资源整合案例）

加强社区物质资源整合，力求全面性辐射。十八大以来，国家层面越来越重视人的社会属性教育，“人民幸福”的中国梦在城镇化进程中得以体现。各社区基础设施建设得到国家的大面积、广泛性、大力度支持，图书室、阅览室、文化馆、青少年文化宫、棋牌社、书法社、文艺社等相继建成并对外开放。物力资源还有一个特殊资源形式，就是以文化、思想为内核的人文资源。通常社会人文资源包括社会名胜、古迹，历史文化、社会文化名人，道德模范等。社会人文资源无疑是学生健康成长的精神食粮，通过活动，让学生在社会人文资源的熏陶下，找到正确的自我，培养健康的人格，是新时期教育的一种有效途径。这些资源多分布在学校附近，或者各小区周围。我们可以鼓励家长联系社区，充分利用这些场所或事迹、史记，满足学生“出校门，进社会”就学到学校学不到，或者学不透的知识。传统文化得到进一步的重视、社会主义核心价值观的深入践行、戏曲进社区、图书阅览室进社区、中国特色社会主义思想体系的建设，这些都让社区资源更加丰富多彩，社区资源的吸引力更大。校内外教育资源的有机结合，使社区资源辐射面积更加广阔。

案例3：参观茶园有感

今天，我们在刘老师的带领下，来到位于雷州半岛的湖光岩的茗皇茶园参观。让我印象最深刻的是在四号楼观赏到的茶艺表演。在我的印象中，泡茶就是放茶叶、倒水，但是这次茶艺表演，让我有了不一样的认识，原来喝茶可以是一种很美妙的体验。

表演茶艺的茶艺师穿着淡雅的汉服，盘着简约的发髻，伴随着优雅的音乐，缓缓地开始了她的表演。每一步都有一个动听的名字，比如洗杯，在茶艺中被称作“涤净尘缘”。接下来是“芳丛探花（赏茶）”，然后到“佳人入宫（投茶）”。古人曰“茶品亦如人品，佳茗好似佳人”。将茶叶缓缓投入杯中，就如同邀请佳人轻移莲步，登堂入室。投茶以后，就到了“芳草回春（润茶）”，即用“回旋注水法”向杯中注入少许开水，润泽茶叶。下一步是“天人合一（合盖）”。这样，一杯茶基本上就泡好了，接下来就是“敬献香茗（敬茶）”：客来敬茶是中华民族的优良传统，敬茶顾名思义就是向座上的宾客献茶。在喝茶前，宾客们还要先“闻香”，品茶讲究“未尝甘露味，先闻圣妙香”，一杯清澈见底的茶端在手中，茶香随着袅袅香烟散发开来，让人心旷神怡。下一步就是“品茶”，在品茶时，我们要用左手托杯，右手将杯盖的前沿下压，后沿翘起，然后从开缝中品茶，最后“尽杯谢茶”，喝完一杯香茶，我们要感谢为我们泡茶献艺的茶艺师，同时也要感恩采茶制茶的人。

一杯香茶让我感受到了中国文化的博大精深，小小的一杯茶在我眼里，不再是放茶叶和倒水那么简单了，它从茶叶到茶，每一步都体现了深厚的文化底蕴，每一步都展示了中华民族的优良传统，我为祖国源远流长的历史和文化感到无比的骄傲，我将会更加努力地学习传统文化知识，把祖国的传统文化发扬光大。

（刘俏斌．广东省湛江二中港城中学．社区资源整合案例）

向外拓展，充分利用实践基地。校外实践要求在教师的指导下，学生走出教室，参与社区实践活动，以获得直接经验，发展实践能力。如果把学生锁在课堂内、困在书本里，学生不能完全感受到学习的意义和价值。因此，把学生引向社区，引向社会，引向未来，是课堂教学延伸的需要，也是教育发展的需要。

校外实践活动的主题可以从五个方面选择：一是围绕人类的基本活动或社会运作的基本方式选择活动主题，如社会的生产、交换、消费等，政治机构的政治功能、经济机构的经济功能、家庭的功能、文化教育机构的功能等。二是围绕当前人类社会面临的共同问题和所发生的重要事件选择活动主题，如环境污染、能源危机、人口增长、经济全球化、西方“颜色革命”以及战争与和平等。三是围绕社区群众共同关心的话题选择活动主题，如绿地减少、用水困难、交通堵塞、住房紧张、迷信抬头、养老与就业等。四是围绕主要的社会角色选择活动主题，如公民、生产者、消费者、家庭成员、朋友、社团成员等。五是围绕不断扩大的社区范围选择活动主题，如家庭邻里、社区、乡镇、县市、国家、全球等。

总之，我们要给学生一个宽松的环境，让学生展翅飞翔，和白云嬉戏，和森林共呼吸，给学生自由，让他们在这片沃土上，走向社会，走向人生，走向美好的明天！

案例4：走进军营，走近坚强

在进行国防亲子教育日活动之前，我们通过对家长的初步了解，知道远之爸爸能够联系驻湛某部队，带领班级孩子真正走进部队。远之爸爸通过一番努力，部队首长答应请孩子们来部队参观，并做了精细的准备和安排。

半日的军营活动，内容丰富。军体操表演，真枪真炮的实操，让孩子们了解军人过硬的军事技术和背后的付出；军史和宣传片，使孩子们感受到灿若星河的革命文化；

整齐划一的内务，让孩子们肃然起敬。

孩子们首先观看了由解放军叔叔们带来的队列展示和军体拳表演。在班长的口令下，他们整齐划一地做着动作，左转、右转，踢正步……每一个动作都有力而不拖沓。军体拳的表演更加令人振奋。

接下来是参观和体验武器。男生和女生分成了两组，分开参观体验。

首先是一门大炮。军官为孩子们详细地讲解并展示了每位炮手的任务和每个部件的作用。一号炮手坐在右边的座椅，负责调整攻击的方向；三号炮手站在一号炮手的背后，辅助一号炮手精确炮的方向；五、六号炮手位于中间，负责装炮。

接着是九五式步枪。孩子们在解放军叔叔们的帮助下，笨拙地握着枪，学着解放军那英姿飒爽的模样瞄准目标。

体验完毕后，我们来到了大礼堂开会。孩子们观看了高炮旅平时演习和训练的视频，每一帧画面都惊艳了孩子们。解放军们背着沉重的背包进行着拉练，举着如大腿般粗的木头在泥水中做上下蹲，在没有任何安全措施下从桥上纵身跃进山谷里，手握着被点燃的炸药依旧神情自若……他们的脸总是又脏又湿，究竟是血水、泪水还是泥水，谁也说不清。

这次国防亲子教育日活动激发了同学们学习解放军勇敢坚强、不怕苦不怕累的精神，增强了纪律意识，提高了自我控制能力，相信这样的活动会是同学们今后学习生活的一个良好开端。

本次活动体现了军民一家亲、军人关爱祖国下一代的情怀；学校充分挖掘社会资源，为孩子们的成长建立平台。

（刘建湘．广东省湛江二中港城中学．校外资源整合案例）

学科教学的利用。选择恰当的教育资源，采取合适的方式利用到学科教学中去。一是利用教育资源拓宽学生的知识面，有助于学生的学习。二是利用教育资源帮助学生更好地化解难点。为了帮助学生更好地理解、掌握教学内容中比较抽象或学生缺少生活经验的内容，教师们寻找可以支持教材的资源补充到教学中来，为教学服务，帮助学生突破学习中的重难点。三是利用校外教育资源，丰富教学内容，帮助学生加深对教材内容的理解。四是利用校外教育资源实现学科教学间的整合，提高教学效率。

构建校本课程。开发校本课程是利用校外教育资源的重要方式之一。学校根据教育教学实际，通过对本校学生的需要进行科学的分析，采用选择、改编、新编教学材料或设计学习活动的方式对校外教育资源进行开发利用。一是利用校外教育资源开发适合本校实际的校本课程。各学校充分利用学校所在社区的自然生态和文化生态方面的资源，包括乡土地理、民风习俗、传统文化、生产和生活经验等，有选择地开发成校本课程。二是逐步实现校本课程开发系列化。学校根据已有的校外教育资源，根据不同年级学生的特点和需求，有针对性地开发出相应的课程，实现了校本课程开发系列化。

丰富课外活动。充分利用校外教育资源，结合学校的实际情况，在校内开展形式多样的课外活动。一是利用校外教育资源开展主题教育。二是利用校外教育资源开展主题竞赛活动。如开展与校外教育资源有关的知识竞赛活动、手抄报、黑板报和绘画比赛等活动。三是利用校外教育资源开展交流会。利用晨会或夕会的时间进行交流，由学生主持，轮流上台交流收集到的相关内容，一方面扩大了学生的知识面，另一方面也培养了学生搜集信息、加工信息和口头语言表达能力。四是利用校外教育资源开展专题讲座。充分利用校外人力资源，聘请校外有关人员，进行专题讲座，让学生系统地了解有关知识。

第三章　资料选编

第一节　主题班会课优秀教案

“珍惜时间，把握今天”班会活动教案设计

蔡宁宁

【设计背景】

对于七年级的初中生来说，学习内容的增加以及学习方式和学习要求的变化，是他们所要面临的重大挑战。同时，学生学习习惯不稳定，不会珍惜时间，常常让时间在不知不觉中溜走，自己却一无所知。这次班会课活动，可以让学生认识珍惜时间的重要性，提高他们的时间意识，认真学习，培养学生珍惜时间的好习惯；学会在学习中进行自我管理，有效分配时间。

【活动目标】

（1）感受时间：增强时间观念。

（2）珍惜时间：懂得时间的可贵，形成珍惜时间的意识。

（3）管理时间：学会科学地安排时间，形成良好的学习习惯和生活态度。

【活动准备】

（1）班会体验案。

（2）大石块、小石子、沙子、杯子。

（3）了解上课班级人数，小组划分，收集班级的集体照。

【活动过程】

1. 激趣导入

猜一猜：看不见，摸不透，不长脚，却会走，只见它，匆匆过，不见它，奔回头。

答案：时间（黑板中央板书“时间”）。

2. 游戏体验，感受时间

师：你们知道一分钟60秒有多长吗？

（1）游戏一：体验60秒。

游戏规则：老师喊“预备，开始”后，学生闭上双眼，心中默数时间，觉得够60秒了便睁开眼睛，并起立，记下自己起立时已经过去的实际时间（写在班会体验案上）。

（2）游戏二：写写60秒。

游戏规则：在60秒内尽可能快速工整写出班级同学的全名，看看谁写得最多（写在班会体验案上）。

师：请问同学们写了多少个？15 个，有比 15 个多的吗？60 秒是什么？是 15 个名字。

认识60 秒：60 秒，激光可以走 1 800 千米；60 秒，最快的电子计算机可以运算 90 亿次，等于 60 个人不停地计算一年；60 秒，最快的战斗机可以飞行 50 千米；60 秒，核潜艇能航行 12 000 米；60 秒，人造卫星能行走 1 920 千米；60 秒，高速火车能开 1 980米。

师：为什么第一个游戏我们觉得 60 秒很慢，第二个游戏我们觉得 60 秒很快呢？

感悟：因为当我们无所事事时，时间漫长，一无所获。当我们忙碌充实时，时间飞快，收获颇多。所以我们要珍惜时间，不浪费一分一秒（黑板板书“珍惜”）。

师：我们知道青春的可贵，时间的宝贵，那我们怎样做到珍惜时间呢？

3. 游戏体验，珍惜时间

游戏三：鼓掌。

游戏过程：

①请全体学生鼓掌 20 秒；

②请全体学生鼓掌 40 次；

③请全体学生在 20 秒鼓掌 60 次。

思考：三次鼓掌，哪次速度最快、最投入？为什么？

感悟：合理安排时间，需要有目标，并有明确的时间限制，因为紧迫感有助于提高效率。学习也一样，需要我们把可用的时间划分为若干复习任务，然后分任务去完成（黑板板书“目标”“效率”）。

4. 游戏体验，管理时间

思考：

（1）我们的时间去哪里了？请将自己的时间按照比例写在分布图上。

A. 学校制约时间

B. 日常生活制约时间

C. 自己支配时间

（2）说说自己的业余时间安排。

师：其实我们每天除了学校和日常生活制约的时间，还有三个小时是自己支配的时间，可是我们却感受不到它们，那我们业余时间去哪了？

（学生交流，加深体会）

师：我们很想学，为什么总感觉不够时间呢？同样的事情，有的同学完成得不好，有的同学完成得又快又好，原因是什么？因为我们不懂得管理时间。

5. 游戏四：杯子装实物

游戏规则：将大石块、小石头、沙子三样东西同时装在一个杯子里，怎么装才能装得最多呢？（限时 4 分钟）

要求：

（1）明确小组分工。组织者：指导操作流程，明确组员分工，留意时间确保操作按时完成；纪录者：将操作记录下来并总结；操作者：观察每次剩下什么，为什么装得下，为什么装不下，如何最优化；发言者：组织语言将小组发现呈现出来；整洁者：负责小组桌面干净整洁。

(2）时间为 6 分钟，完成后整理干净并快速安静坐回位置，发言者举手代表小组准备发言。

感悟：

①管理时间首先体现为合理安排时间（合理放石头）；

②合理安排时间要考虑自己的实际情况（看自己需要，想要大石头还是小沙子）；

③管理时间还要学会有效利用零星时间（摇一摇，还有空间）。

6. 指导同学制作课余以及周末时间安排表

师：小组讨论出你们比较满意的一份课余时间的计划，然后小组讨论分享。没有最好的计划，适合你自己的计划就是最佳的计划。

7. 同学分享感受收获

师总结：在倾听同学们的分享中，我们的时间之旅也即将结束，希望大家有所收获，认识时间的重要性，好的意识是成功的一半，另一半就是行动起来，珍惜时间，把握今天，管理时间，赢得明天，只争朝夕，不负韶华。

“历史永远铭记”班会活动教案设计

姜先磊

【设计背景】

南京大屠杀距今已有 80 多年，作为一个中国人，应该对这段历史有所了解，从而培养自己的爱国情操，作为现阶段的中学生更应该接受爱国主义教育，通过对南京大屠杀的回忆，让学生永远铭记历史带给我们的教训，使学生明白只有让自己强大才能让国家富强，作为中学生一定要努力学习，将来为祖国的建设做出贡献，以维护和平。

【活动目标】

(1）通过活动，教育学生勿忘国耻，珍爱和平。

(2）让学生明白只有努力学习，长大后才可以把我们国家建设得更强大。

【活动准备】

1. 教师准备

(1）召开班委会，商讨班会具体实施方案。

(2）准备南京大屠杀纪录片音频片段、南京大屠杀图片资料（学生可观看的非血腥范围内）。

(3）准备《和平宣言》材料。

2. 学生准备

(1）朗诵稿《我们不会忘记》、演讲稿《莫忘国耻》。

(2）分为两个小组，一组准备朗诵，另一组准备演讲。

【活动形式】

讨论、史料展示、朗诵、演讲。

【实施年级】

初中八年级。

【活动过程】

教师出示数字 300 000，学生说说对这个数字的理解。这是一个庞大的数字。在

1937 年 12 月 13 日，日本军国主义在南京进行大规模屠杀，在大屠杀中有 30 多万中国平民被日军杀害。这是一个多么惨绝人寰的事件！

1. 痛苦的回忆

（1）主持人：同学们，作为一个中国人，你们对南京大屠杀知道多少？

学生讨论、回答。

（2）投影展示以下图片：

①1937 年 12 月 1 日，日本大本营下达《大陆军第八号令》，明确要求进攻南京。

②日军活埋中国平民。

③南京大屠杀期间，日军官兵私自拍摄的日军砍杀中国军俘虏的照片。

④《东京日日新闻》报道日军占领南京。

⑤日刊登载的有关日军屠杀南京军民的报纸。

（3）看视频，了解南京大屠杀。

设计意图：通过视频和图片等史实资料让学生看到南京大屠杀给我们国家和人民带来的伤害是巨大的，从而激发学生的爱国情绪，看清侵略者们的目的和所作所为，让学生能够铭记历史的惨痛教训。

2. 正义的审判

（1）主持人：侵略者最终落得了什么下场呢？

学生讨论、回答。

（2）投影展示以下图片：

①1945 年 9 月 2 日，日本对盟国投降的签字仪式在东京湾的美国战舰“密苏里”号举行。

②日本投降书。

③1946 年，在远东国际军事法庭受审的 25 名日军甲级战犯。

④南京大屠杀刽子手松井石根在美国宪兵押解下赴法庭受审。

⑤中国军事法庭审判南京大屠杀案的主犯谷寿夫。

设计意图：通过这个过程让学生明白，历史上侵略者们是如何受到严惩的。

3. 历史不容更改

（1）主持人：日本认识到自己对中国人民带来的伤害，真心悔改了吗？

学生讨论、回答。

（2）投影展示以下文字：

①日本议员团声称南京大屠杀死难者仅两万人。

②日本审定通过歪曲史实的“新历史教科书”。

③日本前首相小泉再次参拜靖国神社。

④靖国神社的介绍。

（3）投影展示以下图片：

①日本军国主义的招魂社——靖国神社。

②日本右翼分子驾车撞我总领馆。

（4）主持人：面对日本篡改历史的言行，我们该怎么办？

学生讨论、回答。

设计意图：通过活动让学生了解，即使在当下和平年代，依然存在对历史不尊重的现象，侵略者们的嘴脸依然没有彻底改变，依然会选择淡化所犯的罪行，只有我们国家更强大，才可以赢得世界各国的尊重。

4. 珍爱和平

（1）主持人：我们不忘这段惨痛历史是为了什么呢？

学生讨论、回答。

（2）主持人：我们该以怎样的实际行动来维护和平呢？

学生讨论、回答。

（3）学生演讲自己所写的文章《莫忘国耻——纪念南京大屠杀》（内容略）。

（4）齐读《和平宣言》。

设计意图：通过讨论和演讲，让学生更明确历史是不容忽视的，要铭记于心，要努力学习，用知识武装自己，让自己成为国家的栋梁，把国家建设得更强大，即使是在和平年代，也要尊重历史，热爱和平。但如果将来面对侵略和诋毁，我们必须团结一致，抵制侵略和诋毁，抗争到底。

5. 教师寄语，启发思考

同学们刚才的发言都很精彩，很多同学都提到了，爱国要从我做起，以天下为己任。在现阶段，学生的主要任务是学习，我们要把强烈的爱国之情投入到学习中去，知识才是力量，没有科学文化，何谈报国？出了这道校门，同学们要面对的是社会的纷繁复杂。只有在校园里学好知识，才能在这场激烈的竞争中立于不败之地。正所谓：看世间风云变幻，谁主沉浮？中国，这条东方巨龙已腾飞！振兴中华的伟大任务应由我们来承担，同学们，明天的太阳一定会由我们托起，让我们一起努力，为祖国的明天而奋斗吧！

第二节　家长学校教案

如何引导孩子制定目标

张玉玲

【课型】

中学生家长指导课。

【大纲要求以及学习目标】

《全国家庭教育指导大纲》指出：指导学生树立理想信念、合理规划未来。指导家长引导学生从小树立社会责任感，树立国家意识；与学生共同协商规划未来，并尊重和鼓励学生进行自主选择；从学生实际出发，不断调整自身期望；引导学生学会将理想与现实的奋斗相结合。家长要尊重学生对自身的未来规划与发展意愿。根据大纲要求，本课设计的目标为：

（1）帮助家长指导学生明白读书的意义；

（2）让家长了解学生的专业特色以及他们的理想与目标；

(3) 让家长正确引导孩子面对现实，规划自己的人生。

【教材题目】

《家长课堂》2019 年 12 期《如何引导孩子制定目标》。

【教材分析】

《如何引导孩子制定目标》这篇文章告诉我们的父母应该多了解孩子的兴趣爱好，多了解孩子对未来专业和就业方向的选择，学会尊重孩子的目标选择以及帮助他们规划未来。

【学情分析】

参加本次指导课的家长是高二年级的家长，家长接受教育的程度居于中等水平，但大多数家长工作都比较忙，虽然对孩子的教育有一定的理解，但是在实际教育的过程中还是存在很多问题和困惑。本次授课的重点和难点就是帮助家长了解自己孩子的专业特长，指导家长和孩子一起制定一个具有可行性的目标。

【教具】

多媒体课件。

【教学过程】

环节一：读书的意义

一、阅读一则网上的“问题帖”，导入学习情境

教材情境创设：学语文有什么用呢？我不是记者、作家，不用写文章，你平常和朋友聊个天还要引用古诗？学数学有什么用呢？最多买菜时算个账。学英语有什么用呢？一辈子出不了国。学物理有什么用呢？你走路还想牛顿运动定律？学化学有什么用呢？吃顿饭还想化学成分？学生物有什么用呢？平常睡个觉还想生理构造？从问题帖中，引发了我们的思考：

(1) 为什么要好好读书？

(2) 读书的意义究竟是什么？

二、现身说法，分析症结

有一位家长首先对网上这个“问题帖”表达了自己的看法。他用一篇他看过的文章——《读书的意义》来表达他的思考。文章内容如下：

“爸爸，我为什么要上学？”儿子刚上学不久就问当农民的父亲。

父亲说：“一棵小树长一年的话，只能用来做篱笆，或者当柴烧；10 年的树可以做檩条；20 年的树用处就大了，可以做梁，可以做柱子，可以做家具……一个小孩子如果不上学，他 7 岁就可以放羊，长大了能放一大群羊，但他除了放羊，基本上干不了别的。

“如果上 6 年学，小学毕业，在农村他可以用一些新技术种地，在城市可以到建筑工地打工，做保安，也可以当个小商贩，小学的知识够用了！

“如果上 9 年学，初中毕业，他就可以学习一些机械的操作了。

“如果上 12 年学，高中毕业，他就可以学习很多机械的修理了。

“如果学士毕业，他就可以设计高楼大厦、铁路桥梁了。

“如果他硕士博士毕业，他就可能发明创造出一些我们原来没有的东西。知道了吗?”

儿子说：“知道了。”

爸爸又问：“放羊、种地、当保安，丢人不丢人?”

儿子说：“丢人。”

爸爸说：“儿子，不丢人。他们不偷不抢，干活赚钱，养活自己的孩子和父母，一点儿也不丢人。不是说不上学，或上学少就没用。就像一年的小树一样，有用，但用处不如大树多。不读书或者读书少也有用，但对社会的贡献少，他们赚的钱就少；读书多，虽然花的钱多、用的时间也多，但是贡献大，自己赚的钱也多。”

请其他家长针对“问题帖”中的思考，以及这位父亲的做法，展开讨论，寻找关于引导孩子正确制定目标应该注意的问题。最后，教师总结家长共同的困惑，一同走进专家课堂。

三、专家课堂，指点迷津

这一环节，我们可以和家长一起阅读。在专家课堂里，专家首先帮我们分析了孩子不能理解读书的意义的原因，然后指出家长应采取的正确做法：

（1）引导孩子理解读书的意义。

（2）了解孩子的专业特长，尊重他们的选择。

（3）规划专业学习的时间和地点安排。

（4）协助孩子一同规划自己的目标和未来。

尤其需要注意的是，家长协助孩子规划专业学习的安排时，一定要指出学生需要注意的各方面事项。当代社会中，外界社会物欲横流，家长要为孩子寻找适合的正规的学习机构，要指导学生学会分辨，竭尽全力学习自己所爱的专业特长。所以，教师在教学的过程中一定要将这个问题向家长们指明。

环节二：展示学生的专业特长，制定理想而可行的目标

一、提出问题，各抒己见

师：在素质教育时代，艺术培养已成为家长从小培养孩子的一方面，面对这种情形，家长是否支持孩子把爱好转变成今后的专业特长，甚至是考取大学或者将来就业的敲门砖呢?

二、让学生展示自己的专业特长，评价分析

（1）音乐小组展示才艺。

（2）美术小组现场画画，展示成品。

（3）摄影小组展示作品。

（4）播音主持小组展示训练成果。

（5）数字媒体设计小组展示视频。

（6）抽选不同专业特色的学生上台，进行现场采访。

接下来，让家长欣赏学生的成果展示，并进行评价，谈谈自己对孩子的想法，自己打算怎么帮助孩子制定目标？

设计意图：家长们各抒己见，讲述自己对于这件事情的认识和做法。

环节三：观看视频《给生活加点快乐》

通过观看视频，从邓超的读书经历以及择业经历来看，无论现实生活多困难，家长和老师都要引导孩子明确读书的意义，制定可行且自己会为之努力的目标。

作业：教师和家长一起围绕孩子的专业特长、目标，设计一个表格，并制定出孩子学习艺术专业的时间、地点，以及目标大学。

【课堂总结】

教师针对家长讨论的情况和教育故事、教育视频给予的启示以及专家课堂，进行总结，引导家长正确看待孩子的专业选择，引导孩子制定切实可行且自己会为之努力的目标。

【函授指导】

（1）多跟孩子交流他们的专业特长，多了解大学招生的要求。

（2）和孩子达成共识，制定切实可行的目标，寻找合适的学习地点。

青春期孩子早恋问题

覃月珍

【课型】

中学生家长指导课。

【大纲要求以及学习目标】

《全国家庭教育指导大纲》指出：引导儿童与异性正确交往。指导家长根据该年龄阶段儿童个性特点，引导儿童积极开展社交活动和正常的异性交往；利用日常生活的相关事件，适时、适当、适度开展性生理、性心理辅导；对有早恋行为的儿童，指导家长学会提供经验参考，帮助儿童提高应对问题的现实处理能力。根据大纲要求，本课设计的目标为：

（1）家长能够正确认识早恋问题，了解处理不好早恋的危害；

（2）家长能够做到用正确方法引导学生的早恋问题，并且能够与学校密切配合；

（3）家长能够理解孩子，获得心理共鸣。

【教材题目】

《父母课堂》2018 年 1—2 月合刊中第 21 页《被丘比特之箭“误伤”的女孩》。

【教材分析】

家长非常重视青少年的情感问题，但家长并没有掌握此类问题的良好的处理方式，以至于大部分的早恋问题的处理结果很糟糕，可能会伤害亲子关系，也可能会产生让孩子厌恶学习的后果，等等。

【学情分析】

参加本次指导课的家长是高一年级的家长，家长接受教育的程度居于中上水平，但大多数家长工作都比较忙，虽然对孩子的青春期教育有一定的了解，但是在实际教育的过程中还是存在很多问题和困惑。家庭教育对学校教育起着不可替代、补充的作用，家庭和学校要共同促进孩子成长；此阶段学生对异性感兴趣是正常的事情，但是大多数家长不能正确看待或者处理早恋问题。

【板书设计】

青春期孩子早恋问题。

【教具】

多媒体课件。

【教学过程】

环节一

一、播放视频

教师播放青春期孩子对异性的看法，以及早恋是什么、早恋的表现、早恋的类型、早恋出现的原因等内容。

二、在PPT上呈现两个案例

案例一：家长发现小明早恋，怒不可遏，对小明又打又骂，反而让小明更加叛逆，不听家长和老师的建议，最后逃学、上网、打架，父母直接放弃教育小明，导致小明早早辍学。

案例二：老师和家长发现小红最近爱照镜子，爱买衣服，上课不认真听讲；后来他们了解到小红和隔壁班的小君互传纸条，暗生情愫；家长和老师对其进行了正确的引导，小红能够正确处理自己与小君的关系，且朝着家长和老师期望的方向发展。

三、教育专家分享经验

针对家长对早恋认识不正确，采取方式不当，教育专家提出相应措施，供家长学习掌握。

（1）提高认识，着重疏导，不可盲目地批评和粗暴地扼杀；应该尊重、关心、理解孩子，加强情感沟通；

（2）帮助孩子提高认识，正视早恋；

（3）及时与老师联系，共同指导孩子多参加各种活动，转移情感；开展活动，友爱互助，积极倡导同异性的健康交往。

设计意图：引导家长思考，并通过教师总结，家长知道青春期出现早恋是很正常的现象。家长对两个案例进行思考，教师总结得出：青春期出现早恋现象很正常，但是我们作为老师和家长要正确处理，处理方式不当，造成的结果不同。

环节二

一、提出问题，各抒己见

师：发现孩子有早恋问题，家长是如何做的呢？

二、评价分析

家长在解决早恋事件时，往往会给孩子贴标签，比如认为孩子的行为丢人，会使得孩子产生罪恶感和内疚感，这种用情感勒索的方式让孩子在恋爱对象和父母之间进行选择，会让孩子陷入两难的境遇，使事情变得更加复杂；有的家长会把恋爱和学习成绩放在一起对孩子进行劝说，但孩子会认为家长把自己当作学习的工具，从而产生矛盾。因此，家长需要采用一些更加智慧的处理方式。首先，家长发现孩子早恋，应该站在客观的以及有恋爱经验的第三方的角度来认识这件事。在操作过程中，家长需要秉持三个原则：第一，谈话空间私密；第二，构建恰当的聊天语境；第三，学会缓兵之计，先夸奖再进入主题。而在谈话的过程中，家长要保持足够的真诚，打开孩子的沟通渠道。

家长要解决早恋这个问题，应该从修复、增进家庭关系和家庭功能等更高维度来解决。也就是说，不要让孩子认为爱的支持和渠道只有谈恋爱这一个方式，如果爱他的人特别多，欣赏他的方式特别多，就能够让这个孩子感到不缺爱，不缺爱就不需要早恋，或者早恋的意愿没这么强烈，最终使男女生的交往成为一种正常的情感关系，而不成为一种畸形的爱。

三、走进专家课堂，聆听专家教诲

建议家长先定一个基本原则：谈恋爱和学习是两个问题，家长需要分开谈，也就是不要在讲谈恋爱的时候把学习绑在一起，告诉孩子谈恋爱会影响学习，这会引起孩子的反感。还有，家长说的观点要以事实为依据，不要加入更多的评价。此外，要把学习的管理常态化，不要在孩子谈恋爱时再来考虑影响学习，影响学习的因素是方方面面的，不仅是谈恋爱这一个事。而且家长要有管理智慧，不能让孩子由着自己的性子来，但过分强势也不行。最理想的家长是民主型的家长，就是有智慧、有规矩，能够跟孩子一起面对成长中的各种烦恼，这是一个比较好的状态。

设计意图：家长各抒己见，讲述自己对于孩子早恋的认识和处理方法。

【课堂总结】

教师针对家长讨论的情况和教育故事给予的启示以及专家课堂进行总结，引导家长一分为二地看待孩子早恋问题，知道如何正确处理孩子早恋，形成正确的教育观念。

【课后总结】

孩子与异性交往不存在“对”与“错”，因此也不应该有绝对的禁止和支持。如果当事人能很好地处理情绪、学习与交往过密之间的关系，那么我们就没必要干涉。对不能很好地处理各种关系的孩子，家长和老师应该用朋友的姿态去和孩子探讨。最失败的方法就是拿过去的例子或别人的例子做材料说教，因为每个人情况都不同，所以这种话既没有说服力，又容易让人反感。希望通过本次家长会，我们能够共同促进孩子的成长。

第三节　亲子活动优秀案例

我与父母交换“灵魂”

高凌燕

【活动背景】

在与家长的沟通中发现，家长经常吐槽孩子不体谅父母的辛苦，如嫌父母唠叨，嫌家里的饭菜难吃，处处与父母作对……父母对此经常感到力不从心，更有甚者直言寒心。针对这种情况，笔者组织开展“我与父母交换‘灵魂’”主题亲子活动，促进孩子对父母的理解与体谅，同时让父母看到孩子对他们的爱，促进亲子关系的和谐。

【活动目标】

（1）通过一系列活动，使学生能够体会父母的辛苦，理解父母的心情。

（2）通过亲子互动，促进父母与孩子之间相互理解，相互体谅，改善亲子关系。

【活动对象】

湛江二中港城中学初一（22）班全体学生和家长。

【活动分工】

班主任：负责活动方案策划。

家委会分工：马嘉颖妈妈负责组织学生及家长到场，陈诺铮爸爸负责联系场地，王子轩爸爸负责收齐费用并记录各项支出。

【活动准备】

（1）学生事先准备一个大书包，一个气球，两支笔，两张信纸。

（2）预定活动场地，要有厨房或者灶台，还有一间大活动室，提供给每个家庭一张书桌。

【活动过程】

环节一：“十月怀胎苦”（全程反背书包）

（1）把书包装满书，把气球吹到合适的大小放进书包里，在活动过程中注意不能弄破气球。

（2）把书包反背在胸前，模拟妈妈怀孕后期挺着大肚子的情景。

（3）背着书包来回走五圈，然后蹲下收拾散落在地的纸片、蹲下系鞋带。

设计意图：通过反背书包模拟怀孕状态去做一些日常的动作，体验母亲怀孕后期的不便，让学生实实在在体会到十月怀胎的辛苦，学会体谅母亲。

环节二：“挣钱养家难”（全程反背书包）

（1）学生通过劳动换取代币，不同的劳动价值不同。比如当“文员”的需要工整地抄一篇短文，如果字迹工整没有错误，则可以换取20元代币；当“滴滴司机”的载一趟客人可换取10元代币……

（2）学生用挣来的代币去采购食材，尽量保证够一家人吃。

（3）学生用采购的食材为家人做一顿饭。

（4）最后脱下书包，检查气球是否破损。

设计意图：让学生体会父母上班的不容易，每一分钱都来自劳动与付出。以“怀孕”的状态去“工作”更能让学生理解妈妈的辛劳。

环节三：“辅导功课累”（可脱下书包）

（1）限时20分钟教会家长解答一道数学题，并背诵一篇文言文。

（2）20分钟后检查效果，统计题目答案不对的和背书背不出来的名单，“点名”让学生加强“辅导”。

设计意图：这个环节是模拟平时给孩子辅导功课的情景，让家长和孩子换位体验，家长体验孩子被催促的痛苦与无奈，孩子感受一下家长辅导功课时的辛苦与面对孩子学业成绩时的压力。

环节四：“互诉衷肠”

（1）经过以上活动后，坐下来安静地给对方写一封信。

（2）交换查看信件。

（3）让孩子抱一抱父母。

设计意图：通过写信的方式把自己内心的真实感受写出来，让孩子了解父母真实的情感，也让父母了解孩子的真实内心。最后以温馨的拥抱来结束今天的活动，化解父母与孩子之间的矛盾。

【活动预设效果】

通过一系列的活动，让孩子们真实体会到父母的辛苦，同时也让父母理解孩子面对学业成绩的压力，促进父母与孩子之间相互理解，相互体谅，改善紧张的亲子关系。

青春飞扬，梦想绽放——亲子教育活动方案

蔡宁宁

【活动背景】

十四岁，是青春的第一步，是从少年迈向青年的转折点。梦想，是人们生活中的指南针，是人们要用毕生精力攀登的高峰，是巨大的动力源泉。没有梦想的人，就好像在没有星辰的黑夜中行走。为了促使同学们有一个奋斗的目标，一生不会在碌碌无为、空虚无聊中度过，而是拥有远大抱负，胸怀明确的崇高目标，特举行此次主题亲子活动，使同学们明确自己的奋斗目标，思考自己想要的人生，发挥无尽的力量，立刻行动起来。家长也可同时反思这一问题，帮助孩子树立信心，坚持不懈，共同努力，一起成长。

【活动目标】

（1）通过活动，指导学生激情满怀地迎接挑战，从容地面对人生，使学生明白树立人生理想的意义，并为之而奋力拼搏。

（2）让家长与学生一起感受梦想的意义，密切亲子之间的感情，促进学生身心健康、和谐发展。

（3）在活动中指导学生珍惜十四岁的青春年华，迈好青春的第一步，培养良好的行为习惯、集体主义观念和社会责任感，让学生在成才的轨迹中留下难忘瞬间。

【活动对象】

2018届13班全体学生（30名男生、28名女生）。

【学情分析】

中学生正处于生理和心理逐渐走向成熟的时期，这一时期他们的世界观、人生观和价值观正逐步形成。因此，教师应该及时地引导学生树立正确的人生理想，使其明白拥有理想的重要性，明白理想是引导人生前进的灯塔，是激励人生奋斗的动力，树立远大的理想有利于其自身学习水平的提高，对他们将来的发展也有重要的意义。

【活动分工】

班主任分工：主要方案提出和指导。

家委会分工：①主持：邹一诺家长；②音乐：吴子彦家长；③计分：陈浩霖妈妈；④物资：杨邵麟家长、陈鸿宇妈妈。

班委会分工（学生分工）：①签到：学生（2位学习委员，邓嘉乔、闾玥）；②迎宾：学生（5位正副班长，黄欣婷、符明尚、陈浩霖、杨邵麟、吴玮莹）；③颁奖嘉宾：获奖者爸爸妈妈。

【活动准备】

（1）橙子10个、大透明胶10个、呼啦圈10个、礼品20份左右、横幅1条（长6米，宽0.8米）、迎宾带8条、梦想版的KT版（长4.5米，宽1.5米）、A3纸10张、黑色大头笔10支、矿泉水5箱、彩色画笔10盒、餐纸5包。

（2）要求家长留心学生的长处，从欣赏的角度多挖掘孩子的闪光点，准备节目和孩子一起表演，表达对孩子们的鼓励。

（3）场地：湛江二中港城中学F603大教室（提前布置活动会场）。

【活动过程】

环节一：组队成型，梦想需要自信

一、蔡老师与家长活动前的互动交流

师：首先欢迎同学们积极参与本次活动，我们本次活动的名称是“青春飞扬，梦想绽放”。我们举行的亲子活动，主要目的是增进亲子间的感情，增强孩子的竞争意识，激发孩子的荣誉感。

二、学生和家长的状态调整及活动前的预热

内容略。

三、分队，写队名、队口号，画队徽

（1）分队：家长和孩子排成4列，每组各从1到10报数。

（2）把笔和纸分给每个小组。每个小组以最快的速度选出一名队长，再写上队名、队口号，以及画出队徽（10分钟）。

（3）展示设计结果。队长拿着该队创作的队伍文化建设，做一个简单自我介绍，用一句话来形容自己将如何带领团队拿第一名。表现出自信和有担当的，会额外加分。

设计意图：自信的力量在于即使身处逆境，亦能帮助你扬起前进的船帆；自信的魅力在于即使遇到危险，亦能召唤你鼓起生活的勇气；自信的伟大在于即使遇到不幸，亦能促使你保持崇高的心灵。通过临时组队、谈论、设计、分工，可以提高学生对集体工作的积极性，提高责任意识，增强自信，让家长发现孩子主动担当的另一面。

环节二：赛出青春，梦想需要团结

一、呼啦圈比赛

（1）呼啦圈初级版：每个队的队员站起来手拉手，中间不能断开。让呼啦圈从我们的身体穿过，传给另外一个队员。传的过程当中不能违反游戏规则，彼此要鼓励打气。

（2）呼啦圈升级版：确保每个队都有大、小两个呼啦圈，都在同一个人的手上。大小呼啦圈，以不同的方向传给每一个队员再快速传回到第一个人的手上。

（3）呼啦圈挑战版：手拉手全体蹲下，两个手分别从小腿伸出去，拉住左右两边的手。确保两个呼啦圈在同一个人的手上，以最快的速度传给每一个队员，再以最快的速度原路传回来。

二、橙子比赛

（1）传橙子：给每一组发一个橙子，保证每个组都有一个橙子和网球。把橙子和网球从不同的方向传给每一个队员，最后再回到自己的手里。

（2）剥橙子：请每一组以最快的速度把整个橙子剥开，每个人都要吃到橙子，然后再以最快的速度坐下来。用餐纸擦手，以最快的速度把橙子皮和纸巾处理好。

设计意图：单丝不成线，独木不成林。一个活动要想取得成功，必须建立良好的合作关系，必须有明确的目标、合理的分工、默契的配合。通过呼啦圈比赛和剥橙子活动体验团结的重要性，梦想之路离不开合作、团结。以我们13班为例，只有每个同学都发挥自己的力量，团结一致，才可能创造出一个优秀的班集体。

三、亲子节目表演

请家长和学生组成队伍准备表演，节目自行选择，十分钟时间准备，表演时，教师用手机拍下家长和学生在表演时自信微笑的画面。

设计意图：家长和学生走上讲台表演自己临时组织的节目，展示自己，及时捕捉瞬间，不仅让学生和父母在有趣的活动中增进了亲子感情，也让学生接受了爱的教育，懂得感恩，明白逐梦的路上，还有家人的陪伴。

环节三：梦想版的拼图

（1）用笔在梦想版上签上名字，家长牵手围成一个大圆圈，共同完成拼图，所有人保持安静。

（2）学生把这幅画立起来，在离父母3尺远的地方转圈圈，让所有人都看到这幅画。原本需要半个小时甚至一个小时才能完成的拼图，在我们共同的努力之下，只用了十分钟。

（3）家长和学生分享自己的梦想。

【结束语】

做好学生的梦想教育引导，能使他们在思想上产生炽热的追求和强大的推动力，有了这种追求和动力，就会使他们积极进取、奋发向上，并不断为实现自己的理想而奋斗，作为老师和家长，应充分重视学生的梦想教育。

梦想教育是从孩子的兴趣入手，发现孩子的潜能优势，点燃孩子梦想，让孩子为自己的梦想学习。孩子拥有了远大的理想，就能主动地学习，这对他自身的成长有着积极的促进作用。

设计意图：每个孩子都有自己潜在的独特梦想和兴趣，作为家长要帮助孩子发掘天赋，鼓励孩子发展自己的兴趣，从兴趣出发，树立远大而持久的理想。

【活动效果】

本次亲子活动让学生展示自己的才华，放飞梦想。通过本次亲子活动，让学生认识到青春的宝贵、自信的可贵、团结的难得以及家人陪伴的意义，好好把握现在，珍惜时间，珍惜友情。立志从我做起，从现在做起，学好学科知识，实现自己的理想，为实现自己的人生目标努力奋斗。同时也使学生认识到，个人的发展离不开集体，只有融入集体中，友谊的种子才会萌发，理想的航船才能乘风破浪。

同时让家长明白，每个孩子的生命里都有梦想的种子，家长的任务就是发现、呵护和培养。家长要尊重孩子的天赋和兴趣，尊重孩子对于梦想选择的差异性，用接纳与多元的眼光看待孩子对于梦想的选择。当孩子的梦想即人生奋斗目标确定后，家长要做孩子梦想的守护者和实现梦想的相伴者。

【活动照片】

第四节　家校共育

家校同心培素养，师生协力绘前程

——林校长在2020级新生家长大会上的讲话

全体初一级、高一级的老师、同学们，尊敬的家长们：

大家下午好！

近年来，我校倡导“精致教育”理念，以“修品行，善学习，强体魄，美志趣，树理想，敢担当”为育人理念，落实“全面发展，因材施教”的教风和“乐学善学、合作探究”的学风，并通过推进特色文化建设、团队建设、班级建设、特色教育等，提升品牌质量和管理水平。目前“精致教育”理念已覆盖教育教学整体工作。学校在二中总校的指导下以及广大家长和老师的支持下，以“全面推进精致教育，打造优质生源基地”为目标，有效组织教育教学工作，走上了良性发展的轨道。

正如招生简章上说的，选择学校就是选择理念，认同什么样的理念，成就什么样的人生。今天，大家选择成为湛江二中港城中学的一分子，我就从二中港城的理念说起，以便让我们1 400多名高一、初一学子们及家长们，对照学校的理念和要求，认认真真地做好此后三年的成长规划。大家也可以做下笔记。下面我的讲话分为两部分：一是“精致教育”的理念与实践，二是家校共育的方向与做法。

一、“精致教育”的理念与实践

1. “三名”工作室引领“百名名师”快速成长

目前我校已有省、市“三名”（名校长、名教师、名班主任）工作室10个，数量位于湛江市前列，一大批骨干老师成为各工作室的成员、助手或学员。“三名”工作室引领了学校“百名名师”建设工程。特别是“精致教育”的全面实施促进了“港城名师”骨干老师的成长，通过“树名师—学名师—做名师”活动，目前登上“学校名师榜”的老师已达113人，他们成了各个班级和学科的教育教学骨干。

教育需要传承，成长需要帮扶。各工作室已在有效德育、高效课堂教育教学改革、学校管理、文化建设、教师专业成长、教育教学质量提高、学生核心素养提升等多方面取得较为显著的成效。近两年，林华庆名校长工作室开展了系列活动，为数十名湛江市校长培训班学员进行了系统培训；其他省、市“三名”工作室也已开展了系列培训活动，一大批省、市骨干教师来到我校及二中跟岗或交流学习，均取得很好的成效，擦亮了湛江二中及港城中学的品牌。

继前年市重点课题“构建中学生文明素养养成体系”结题并获评为“湛江市优秀课题”后，省级课题“教育现代化背景下的‘三环五步’精致课堂教学高效模式研究”也于去年结题，得到了专家们的高度肯定，获湛江市基础教育教学科研成果一等奖，同年获评广东省特色教育成果二等奖。目前我主持的“核心素养下‘精致教育’的实践研究”是湛江市基础教育的重点课题，围绕这个中心课题展开了系列子课题的研究，其中有省级课题 3 项、市级课题 20 多项。当前，学校形成了“人人谈精致、人人学精致、人人参与精致、人人实践精致、人人研究精致”的良好局面，师生的精气神发生了巨大的变化。

2. 德育工作系列化，成效突出

根据“立德树人”教育的根本任务和“成才先成人”的教育理念，我们坚持“让优秀成为一种习惯”和“进步就是优秀”的理念，提出以提升班级凝聚力为目标的口号，从“文明养成教育”入手，各班级都开展“特色班级文化”展评活动，并在学科教学过程中对学生渗透德育教育，落实“全员德育、全程德育、全面德育”的理念。

教育就是要为学生留下终身受益的东西。学校提出了“健康第一，人格健全，学习有效”的三维育人目标，发展学生核心素养，按照“上善若水二中人”理念，培养德才兼备的人，鼓励学生既要学业优秀、学习进步，更要全面优秀、全面进步，让进步成为常态。

我们对照二中理念，通过学校教育、家庭教育和社区教育三个层面构建德育工作立体框架，形成了以养成教育、“三情”（父母情、师生情、同学情）教育和自信教育为主要内容的三项教育。目前，三项教育已成为我们的德育模式，具体名称为“三项六阶层进之家校互动德育体系”。通过养成教育，培养了学生良好的行为习惯，牢固学生的规则意识；通过“三情”教育，培养学生的高尚情操，牢固学生的感恩意识；通过自信教育，培养学生的健康心理，牢固学生的责任意识。如在养成教育中，按照活动性、主体性、学段性、鼓励性的德育原则，将德育寓于活动之中，让同学们在各项具体的活动中获得体验，在主动组织和参与过程中成长，在不同学段中循序渐进地提升综合素养，在不断的鼓励中强化和传扬正能量！

学生参加湛江市各类比赛并取得了优异成绩。如上学期参加“湛江市中小学禁毒卡通形象征集活动”，有 9 名学生获奖，一等奖 1 名，二等奖 1 名，三等奖 7 名；参加湛江市“美德少年”评选，洪恒源获评“市级美德少年”；组织参加湛江市“校园禁毒宣讲小卫士”演讲比赛，李语桐获得一等奖，等等。

学校倡导“课堂教学”作为学校德育主阵地，推进“全员德育、全程德育、全面德育”理念的落实；拓展社区教育途径，鼓励学生参加社会服务；倡导“家校共建”理念，充分利用家委会参与班级管理，开展丰富多彩的亲子活动。文明习惯养成纳入班级“合作学习小组”常规，小组内分工明确，注重细节管理，用合作小组这个团队的力量促进良好习惯的养成。每学期一次的德育专题研讨会成为德育成果展示的平台，年轻班主任进步很快，如去年湛江市班主任技能大赛，赖玉琳老师与二中总校李浩老师携手荣获一等奖，分别为初中组和高中组第一名。

德育品牌建设再上台阶。学校被教育部、全国妇联命名为“全国家庭教育创新实践基地”，全省五家，我校是粤东西北唯一一家获奖学校；近年推行的家庭教育实践案例“三项六阶层进：家庭教育之亲子教育实践教育案例”入选广东省“家庭教育指导品牌项目”；我校的“家庭教育之亲子教育”活动和开学典礼线上升旗仪式均被《湛江晚报》报道。

3. “精致教学”结硕果

一是以“精致课堂”为契机，精致教学见成效。在研究、总结、吸收全国各地新课程改革经验的基础上，从提高常态课的精致程度入手，实施“精致课堂”教学。由此引发了教师的教学方式和师生的互动方式的深刻变化，“把课堂还给学生，让学生成为课堂的主人”的课堂新景观逐渐形成，实现“让改变发生在学生的学习方式上”。目前“三环五步”精致课堂教学模式已在我校全面推广。

受新冠肺炎疫情的影响，小组合作学习的形式受到一定影响，待回归常态后，就要加强团队协作学习的建设。现阶段，我们力抓“三本两清”（笔记本、改错本和作业本，日日清、周周清），培养了学生的自主学习能力。

二是强抓创新竞赛活动。如“版画特色学校建设”荣获广东省第二届中小学特色学校建设成果评选二等奖，黄江老师被评为“广东省版画名师”；去年9月，市创文活动之一“戏曲进校园——经典共传承”走进我校，我校成功组织了全校师生参与“我和我的祖国”快闪活动，学生射击队参加湛江市“国防杯”射击比赛获团体第一名；师生版画作品代表湛江市参加第二届粤港澳大湾区美术与设计作品年展，荣获集体二等奖；11月，学生羽毛球队参加霞山区比赛荣获初中男子团体第一名、女子团体第二名。特别是年底我们学校获评为广东省首批“优秀传统文化传承学校”和“广东省中小学艺术教育特色学校”，据悉，同时获两项殊荣的仅我们一家！

三是教师在各项技能大赛显风采。我校有许多老师承担了市教研室布置的录制微课任务，录制微课提供给全市学校使用。在第二届青年教师基本技能大赛中，我校教师获市直一等奖的有6人，二等奖的有17人；2人获得全市一等奖，代表湛江市参加广东省大赛并获得三等奖。

4. 落实“活动育人”理念

学校与二中总校同步，先后举办了艺术节、体育节、社团节和师生联欢晚会，师生综合素养快速提升。如去年7月，学校举办了“师生版画作品展”，展出了老师和同学们220多幅优秀作品，多幅学生版画作品参加“2020中日青少年书画交流大会”大赛，并获一、二、三等奖。这充分体现了二中人的“多一个舞台，就多一个成长机会；多一个评价标准，就多一批优秀学生”的理念。

此外，我们的团队建设也扎实有效。3 476名学生在广东“i志愿”平台注册，发布活动50多个，上千人次参加志愿活动，累计时间达3 000多个小时。组织学生走进遂溪文化艺术学校，给留守儿童、孤儿送温暖；初二（9）班走进社区，举办禁毒教育专题晚会。115名高中生享受国家助学金，3名高中生享受免学费补助，14名学生享受建档立卡生活费补助，18名学生享受寄宿生生活费补助，总金额达30余万元。

5. 打造“精致教育”办学品牌

“精致教育”的实质是全面提升师生核心素养。“精致教育”理念包括五个维度：一是以“精致课堂”为核心内容的“精致教学”，二是以“养成教育”为主要抓手的“精致德育”，三是以“问题研究”为导向的“精致教研”，四是以“责任担当”为主要内涵的“精致管理”，五是以“社团文化”为突破口的“精致社团”。

“精致教育”就是在“上善二中”办学理念下，立足本校的实际情况，立足培养适应未来社会发展需要的人才，全面提升师生核心素养。其中，“精致教学”就是抓住课堂教学的本质和核心，实现课堂教学效益的最大化；“精致德育”涵盖了养成教育、“三情”教育、自信教育、特长教育、传统文化教育和创新教育；“精致教研”要以“问题研究”为导向开展行动研究，使教师能够切实解决教学与管理方面的问题；“精致管理”则要细化班级管理和学生自我管理；“精致社团”要把社团兴趣活动变为美育课程来开展，形成特色校本课程。

下面，我想强调的是，各个维度的改革需要相互配合，形成合力，同时，更需要家校合作才能取得好的效果。

二、家校共育的方向与做法

1. 落实好“家长与孩子共同成长”的理念

学校倡导通过家校联动的机制，通过各班级的家长委员会，开展亲子共育活动，开办家长学校、父母讲坛、专家讲座等；我们倡导“家长与孩子同步学习和成长”，不是让家长学习孩子的课程，而是随着孩子年龄增长同步改进家庭教育方法，如部分班级的“家校共育卡”就很好；学校提出的“优秀学生的20条生活学习习惯”，谁做好了谁就能受益；学校、年级会印发需要家长配合的有关资料给家长，也会以“致家长的一封信”的书信形式请家长配合进行教育，我们倡导广大家长特别是各班级家委会更多地参与学校活动，使家庭教育与学校教育协同互补、互相促进，最终实现家庭、学校教育的协调发展。请家长们切勿将印发的资料和“致家长的一封信”当废纸，而是要认真对照，一一落实，因为这是学校根据不同学段的教育特点精心设计的，是实现“精致教育”的重要环节。

许多家长常常把教育孩子的责任全交给学校，希望学校面面俱到地教育自己的孩子，而事实是，家长的教育理念和家庭的氛围才是孩子学习的根本。同样的老师，同样的学习方式，为什么有些孩子名列前茅，有些孩子成绩却不如人意呢？这是因为很多事情单凭老师是不够的，需要家长们来配合。

我们提出家校合作共育，是因为家庭在人的发展中具有不可替代的重要作用。家校合作不仅对提高学校教育质量具有重要作用，而且也是建立现代学校制度的需要。比如“尊敬老师”就需要家校合作共育。俗话说：“亲其师，信其道。”尊敬老师其实是做人的底线。尊敬老师和孝敬父母一样，体现的是个人品行和感恩心态。不讲品行，不思感恩，社会就会陷入一片混乱。无数的实例告诉我们：不尊敬老师的人，也往往不会孝敬其父母。有经验的班主任都知道：一个学生，哪怕他再自由散漫，只要他对老师还有敬畏之心，对父母还有孝敬之意，教化他就不是什么难事。相反，如果一个学生不把父母和老师放在眼里，恐怕已是“病入膏肓”，难以拯救了。

尊敬老师其实也符合学生的利益。当过老师的人都有这种体验：当学生对老师爱理不理时，老师的课就可能上得干瘪瘪的，难以发挥正常水平；相反，当学生毕恭毕敬地聆听时，老师往往会激情澎湃，文思泉涌，水平发挥得淋漓尽致，让学生在愉悦之中收获更多的知识。所以说尊敬老师，表面上是老师得到了尊敬，实际上真正受益的是学生。

2. 家长要更新八个观念，才能实现“与孩子一起成长”

（1）学校只是影响孩子成绩的因素之一，而更主要的因素是家庭。同一个班级，孩子之间的竞争，归根到底，是家长综合素质和付出心力的竞争。我们提倡家长与孩子之间多主动表达、多主动沟通，有事共同商讨，多一点理解，目的是解决问题，并有利于孩子的成长。我们反对家长平时不闻不问、考差了就大发雷霆的做法，因为这是不负责任的表现。如果家庭教育出了问题，孩子在学校就可能状态不佳，并且很可能成为“问题儿童”。

（2）老师和家长同时作为教育者。要想让孩子爱学习，必须自己先读书做人。教师如此，家长也是如此。一般来说，成绩好的孩子，父母通常是有计划而且动作利落的人；父母越认真，越有条理，越有礼貌，孩子成绩就越好。所以，如果希望孩子好，那就先成为读书型的父母，从今晚起和孩子一道安静地看书。如果你不能在书桌前坐半个钟头，又如何要求孩子每天从早到晚坚持五六个小时的艰苦学习呢？

（3）教师的一视同仁总是相对的。对于教育责任感特别强、能与教师紧密配合的家长，教师对他的孩子自然会特别关注一些，这是很正常的。因为没有家庭配合，教师的努力可能收效甚微。

（4）孩子在家很任性，家长自己也应当反思。现在的孩子，性格成型早。希望父母高度重视，及时纠正孩子不良的行为习惯。否则，学校教育的效果只能被抵消。而当大家都动起来，群策群力了，这个集体才会优秀。有人说老师带的不是一个班，而是两个，一个是学生班，一个是家长班。

对于学校提出的要家长配合的教育任务，往往是三分之一的家长积极行动，步步紧跟，三分之一的家长一开始有所行动但跟不紧，三分之一的家长基本不行动，而这往往就成为拉开差距的主要原因。在这一方面上，家委会可以发挥重要的协调作用，传播正确的教育理念和方法。

（5）一时的分数高低不是最重要的。作为教师，我们比谁都知道分数是重要的，虽然学生成绩一直是评价教学业绩的主要方面，教学永远是学校的中心工作，可是，比分数更重要的，我认为至少包括四点，那就是：第一，身心健康；第二，正直勤勉；第三，具有独立战胜困难的勇气和能力；第四，全面优秀兼具特长。我们反对家长只知道送孩子去学奥数或到校外机构补课等，因为这是无用的，表面上提高了某学科的分数，实际上忽略了孩子的兴趣培养或其他学科的学习，更不好的是补课一旦成了一种依赖，会严重影响学生课堂学习的积极性，降低学习效率。我多年的观察确实如此，如年级主任李琼老师去年所带的初三（17）班，三年来学生不到校外补课或上奥数班，中考成绩却是最好的，更可贵的是孩子们更加阳光，综合素养更好！这一点的确值得家长们深思。

为解决学生依赖补习的问题，这个学期起，我们将强化晚修管理。以前晚修采取的是自愿原则，许多同学特别是实验班的同学很少来校上晚修，有些说是去补课，有些说在家学习条件更好，其实养成集体学习的习惯更加重要，在家学习容易分心，效率低，而集体学习更有纪律、更有氛围、更加高效。纵观各大名校，莫不如此！为解决这一突出问题，本学期起，原则上要求晚修，首先要求实验班带头，晚修期间允许辅导老师适当做指导和点评，请家长们相信，学校才是培养孩子全面发展的阵地，培训机构不是！最好的老师在学校！

关于手机问题，“致家长的一封信”里有详细要求，我校不允许学生带智能手机回校。这也是国家各部委的明文规定，请孩子们务必遵守，家长们务必配合！当前，沉迷手机已成为影响孩子学习进步和身心发展的重大问题，学生一旦迷上手机，就会丧失掉各种正常的兴趣，打乱生活、学习的规律，学习成绩一落千丈！

我讲一个我们二中某个老师解决孩子沉迷手机这一问题的故事。这个老师的孩子三年前在我们港城中学毕业，其间因迷恋手机，学习成绩不好，只考上了海东中学，因是二中教工子弟，便让他交流回到二中高中读书。为帮助孩子戒掉手机瘾，高一的时候爸爸决定与孩子同吃同住，爸爸睡上铺，孩子睡下铺，半夜孩子在被窝里偷偷玩手机，被爸爸发现了。后来，改为孩子睡上铺，爸爸睡下铺，不久后又发现半夜里上铺有微光，孩子又在夜里偷着玩手机。最后爸爸决定与孩子同铺睡觉，一段时间后，孩子终于戒掉手机瘾，成绩直线上升，今年参加高考，以高出一本线60多分的成绩考上了重点大学。

（6）进步就是优秀。学生学习是艰辛的，因为这是一个爬坡的过程。一旦上了路，或有了进步，对于家庭、对于教师，都是一件幸事。在这个过程中，我们要做的就是鼓励（注意不是表扬或奖励），引导帮助他们继续努力，读书是一辈子的事情，重要的是持之以恒，只要孩子这周比上周进步就值得高兴，就应当鼓励。一天一小步，一周一大步，一月长一截，一学期就是全然不同的两个档次了。不要盲目攀比，不要企望一蹴而就，让孩子从进步中获得体验就好。

（7）学会倾听是学会学习的关键。家长都希望教师多提问自己的孩子，唯恐孩子发言表现的机会比别人少，这种观点也是不对的。虽然我们提倡课堂要大胆发言，但发言应该是建立在经过思考之后的认知表达上，没有以静听和思考为前提的所谓“积极发言”，只是为表现而表现的低效闹腾而已。

（8）利用空余时间提升素养。空余时间可以做什么？我的建议是让家长陪伴孩子成长，如陪孩子跑步、锻炼、下棋、阅读等，或送去学习传统文化、诗词艺术等，特别是周末和寒暑假期的陪伴，对培养亲情来说更为重要。总之，提升和发展孩子的全面核心素养才是正道！

3. 坚守三个关键词，助力孩子提升素养

各位家长和孩子重点要坚守好如下三个关键词，因为它们比孩子的学习成绩重要得多：

（1）第一个关键词：兴趣。培养孩子的兴趣很重要，孩子对学习有兴趣才有动力。这个兴趣，既包括学习兴趣，也包括学习之外的综合素养兴趣。父母可以帮孩子培养起一两种兴趣爱好。父母有责任让孩子接触到不同的东西，让孩子找到自己感兴趣的东西，然后鼓励他坚持下去。家长一定要谨记，没有兴趣爱好的人，生活一定会缺少阳光，只有全面发展才是最好的。

（2）第二个关键词：习惯。一是合理安排时间的习惯，二是上课认真听讲的习惯，三是独立阅读思考的习惯。从教三十几年来，我所接触到的优秀的学生都有一个共同点，那就是喜欢看书。阅读不仅可以促进语文的学习，而且可以促进素质的提升，增长对世界的认识。孩子的阅读习惯是要靠父母培养的，而且这个习惯一旦养成，孩子将终身受益。特别是新中考、新高考导向出来以后，更加突出了阅读的作用。

请家长们记住，在培养孩子一个新习惯、新兴趣的时候，父母是要牺牲一些自己的休息时间、娱乐时间的，这就是所谓“家长陪着孩子一起成长”，意思就是在学习生涯的起始阶段，家长有必要陪孩子一段时间，快则一个月，慢则两个月，帮助孩子把习惯培养好了再放手。

（3）第三个关键词：性格。在多年的教育工作中，我们发现一个现象，就是家庭美满、氛围民主和谐有利于培养孩子的阳光心态。所以，父母要努力营造一个温馨幸福的家庭环境，这对孩子的性格养成一定非常有帮助。

要培养孩子阳光性格还有一个要点——让孩子开眼界。二中总校杨耀明校长常说："眼界决定境界，心态决定格局。"家长有条件、有时间的话，可以多带孩子出去走走，这叫作"游学"。同时，孩子已长大了，在准备出游或做决定的时候就要让孩子参与进来。如果家长把孩子培养得阳光一点，培养孩子的一些兴趣爱好，对学习也很有热情，那是最好的。家长还要培养孩子的情商，每一个成功的人，都认为情商远比智商重要。成功学告诉我们：智商高、情商也高，必然春风得意；智商高、情商低，一定怀才不遇；智商低、情商也低，自然一事无成；智商低、情商高，始终贵人相助。

所以，请家长们记住：想让孩子成为什么样的人，自己就要先成为什么样的人。只要家长从自己做起，从现在做起，坚持下去，落实好家校共育理念，孩子一定会拥有幸福的人生。

我相信，在湛江，二中的教育理念是最先进的，我们的孩子能在二中大环境中成长是幸运的，我想应好好珍惜；在新冠肺炎疫情全球蔓延的情况下，我们能在校园里平安地学习，这也是一种幸福，来之不易，我们要好好珍惜。孩子们也要立志成为有家国情怀、有责任担当的人，努力做一个智商高、情商也高的合格的"二中人"！我也相信，在全体二中港城人的努力下，特别是在广大家长的支持配合下，一定能实现家校合作共赢，"二中人精神"一定会在二中和港城发扬光大！

我将不久前填的一首词送给同学们，请大家共勉：

如梦令·少年风尚

时代少年风尚，品学才情清爽。博古更通今，责任担当坚强。
跟上，跟上。后浪赶推前浪。

最后，祝孩子们全面发展、不断进步！祝家长们身心健康、家庭和睦！祝老师们工作顺利、事业有成！

家校合力，共迎中学新生活

——致2021级初一新生家长的第一封信

尊敬的初一新生家长：

好学生选择好学校，好学校培养好学生！首先恭贺您的孩子脱颖而出，成为湛江二中港城中学2021级初一新生！我校全体师生热忱欢迎您的孩子加入这个大家庭！

在你们及社会各界的关心、信任和支持下，湛江二中港城中学2021级初一新生招生工作顺利、圆满结束！对此，我向你们表示衷心的感谢！

我校本届初一招生一位难求。从开始招生到报名、摇号，我校学位成为优秀学生追逐的目标，学生以能就读港城中学为荣，月余时间我校1 000个优质学位已经全部落地！这些学生绝大部分多次获得三好学生、学习标兵等荣誉和各种特长等级证书，语文、数学、英语三科平时成绩优异！得天下英才而教之，是人生之幸事，是学校之幸事，也是教育之幸事！

各位家长，湛江二中港城中学是湛江市直属民办学校，是一所充满活力的粤西名校。她依托湛江市第二中学的师资优势、品牌优势，以“追求精致，臻于至善”为宗旨，以“健康第一，人格健全，学习有效”为三维育人目标，以“优秀+特长”为育人模式，以养成教育、“三情”教育、自信教育、特长教育、传统文化教育和创新教育为六大特色，以“进步即优秀”为评价标尺，笃行“成人”与“成才”并举、“升学”与“素质”齐抓的理念，锐意创新，办精致学校，做精品教育，为学生的和谐发展与终身幸福奠基，成果辉煌，已成为一所特色鲜明、质量一流、品位高雅的高层次、示范性学校，是学生向往、家长信任、社会赞誉的求知殿堂。

学校敢于担当、锐意创新，创立“三环五步”精致教学模式，用工匠精神打造精致课堂，把教室变成“开放的园地，自由的舞台”，真正实现了优质教学，被市教研室专家们称为“湛江市最具特色、最接地气、独创的高效教学模式，是湛江市课程改革中的一颗耀眼的明珠”，影响深远，先后有省内外 8 000 多人莅校参观学习。

学校教学质量一枝独秀、屡创辉煌。几乎囊括历年霞山片区中考状元，被省、市一级高中录取人数超过 90%；高分层人数、单科第一、升入湛江二中等重点中学人数和比例名列霞山片区第一。

个性教育、特长教育独树一帜。在 2017 年高考中，高于重本线 135 分的 12 岁天才少年陈舒音同学 9 岁多就毕业于我校，现正在浙江大学本硕博连读；获得第 14 届“汉语桥”世界大学生中文比赛亚军、欧洲组冠军，被习近平总书记出访英国专门接见的英国少年康可亦毕业于我校。2018 年 11 月，初二（21）班马欣霈同学代表湛江参加广东省第六届“南粤长城杯”演讲比赛决赛，以 98.91 分夺得中学组（初高中、高职同组）第一名，荣获全省特等奖。我校毕业的初中学生高考时有多位被清华、北大等名牌大学录取。

“湛江二中港城中学家长学校”享誉省内外。2019 年我校“三项六阶层进：家庭教育之亲子教育实践教育案例”入选广东省中小学家庭教育典型案例之“家庭教育指导品牌项目”；2020 年，在首届“全国家庭教育创新实践基地”评选中，我校拔得头筹，成为珠三角以外唯一获评单位，在全省所有中学中与华南师范大学附属中学并肩获此殊荣。

创新教育、各类竞赛成绩卓著。参加学科竞赛几乎包揽了霞山片区一、二等奖和全市超过一半的高质量奖项，获奖率名列全市第一。我们学校获得了各种荣誉，连年获得湛江市“中考先进单位”“高考先进单位”称号，是国家“双英语教材（人教版和牛津版）实验学校”、全国“英语作文教学先进单位”、广东省“版画特色学校”“水墨国画特色学校”、广东省首批“优秀传统文化传承学校”“艺术特色学校”、湛江市“德育示范学校”“安全文明示范学校”“食品安全示范学校”和“特色文化校园”等。

优异的成绩充分体现我校精致课堂教学的魅力！感谢家长和社会各界人士的信任与支持！

人人都说港城好。今天的二中港城，学生素质与成绩齐飞，学校质量与特色并进。让每一位学生扬起希望的风帆，成为素质教育的受益者；让每一位教师领略育人的乐趣，成为素质教育的引领者；让每一位家长享受子女成才的喜悦，成为优质教育的收获者！请相信，当您的孩子跨入我们校园之日，便是他们健康成长、走向成功之始！

雄关漫道真如铁，而今迈步从头越。各位家长，好的开端是成功的一半。为了使您的孩子尽快适应我校的管理要求，特将新生报到须知及注意事项通知如下：

第一，新生综合素质测试成绩将在网上公布，学生可凭自己的账号和密码登录查看成绩。具体查分时间为考试结束后一周内。登录查询方式将在我校教导处公众号“湛江二中港城教导处”或湛江市第二中学网站上公布。

第二，按时报到并参加实践活动。初一新生暂定于8月24日报到，并参加第一次综合实践活动。当日公布分班情况（可在网上查询或到校门口查看），13：00报到，购买校服（风雨球场乒乓球室），13：30教室报到集合。报到时，需准备免冠彩色小一寸照片4张（在每张照片后面写清班级、姓名，全寄宿、半寄宿或者走读情况，报到注册当日连同“综合社会实践教育活动征求意见书回执”上交班主任）；寄宿学生需准备床上用品及其他生活用品（洗漱用具、餐具、衣架等）。新生报到必须把“预防接种查验证明”交班主任处。

学生报到及在校期间要严格按《湛江二中港城中学学生仪表规定》（另发）要求理发、着装、佩戴校牌，校园内禁止带手机及有通信功能的电子设备等，报到时达不到要求的将不予注册。家长带好身份证，当场办理校园卡，确保学生顺利出入。

根据湛江市教育局《关于加强学生社会实践活动》的相关指导意见，我校于8月24—28日到湛江市雏鹰基地或在本校内（暂定，根据疫情可能做相应调整）开展初一新生综合社会实践教育活动。活动主要内容：一是新生入学思想教育；二是队列队形训练；三是综合社会实践。

第三，做好开学伊始的各项工作。8月31日19：30—21：30是新学期入学教育主题班会，请走读、半寄宿学生家长做好接送工作。9月1日7：25举行升国旗仪式；7：40—8：25举行开学典礼；8：30正式上课。

第四，做好小升初的合理有效衔接。今年的暑假是孩子从小学升上初中的一个特殊假期，家长要教育孩子，在适当放松休息的同时，要做好成为一名合格中学生的思想准备，可以提前自学中学课程，做好小升初衔接，也可以适量阅读经典名著，以便尽快适应作为人生重大分水岭的初中生活。

第五，暑假期间人身安全永远放在第一。

（1）注意交通安全。家长要教育孩子严守交通规则，注意假期外出安全。外出时乘坐有营运资质的客运车，教育孩子不在路上逗留、玩耍。有开车外出的家长朋友们，请不要疲劳驾车，不要酒后开车，遵守交通法规，为孩子做出榜样。

（2）加强用电和消防安全教育。教育孩子学会自我防范。各类电器、天然气、液化气等，最好不让孩子靠近，以免发生意外。教育子女不玩火，不随地燃烧杂草、纸张，不放鞭炮等，以防发生火灾事故。

（3）加强防溺水安全教育，教育孩子远离水域。做到“六不”，即不私自下水游泳，不擅自与他人结伴游泳，不在无家长带领的情况下游泳，不到无安全设施、无救援人员的水域游泳，不到不熟悉的水域游泳，不熟悉水性的学生不擅自下水。每年夏天，湛江都有学生因到江、河、湖、海边玩耍而不幸溺亡，这不得不再次提醒所有学生和家长，谨记“六不”并坚持做到是多么重要！

（4）预防新冠肺炎不放松。严格按照各级各类防疫要求做好防护和隔离，尽量少去或者不去公共场所，坚持做到“戴口罩、勤洗手、少出门、强体魄”。

暑假期间，还应养成良好的作息规律，早睡早起，多参加运动，养成良好的生活习惯。

尊敬的家长，教育是一项系统工程，需要家庭、学校和社会的共同努力。我们希望家长能够积极配合学校，共同教育、培养学生，引导孩子身心健康成长，成为有用之才。今天你以选择我校为荣，明天我校以你孩子成功为傲。我们相信，在家长、学校的共同努力下，一定会开启孩子幸福美好的明天！

最后，祝您身体健康，家庭幸福，万事如意！

第四部分　精致社团

第一章　实施策略

2016 年，校团委本着“理顺机制、自主发展、科学管理、提升品位”的原则，进行了社团改革。加强社团指导力量，健全和完善学生社团的管理体制，对学生社团试行年度注册制度；为每个学生社团聘请了指导教师；所有社团的创建、社员管理、活动组织等均由学生主导。这样，既符合学生的兴趣爱好，又调动了学生创建社团、参与社团的积极性，也充分让学生自主管理、自主教育、自主发展，使学校社团建设迈上了新台阶，社团种类从以文体类为主转变为多样化发展。

第一节　精致社团阐述

学生社团作为培养学生核心素养的重要载体，在校园文化建设中发挥着不可替代的作用。学生的核心素养包括人文底蕴、科学精神、学会学习、健康生活、责任担当、实践创新，这些能力的培养其实都贯穿于学生社团建设中。学生社团是发挥学生特长、展示学生风采的舞台，也是培养学生能力的重要平台，可谓“学生社团展个性，五彩斑斓促发展”。

学校一直以来坚持“优秀 + 特长”的育人理念，特别注重发展学生专长，使其全面发展的同时兼有特长，“让特长成为一种优势”。该办学理念促使学生挖掘自己的生活经验，培养学生的观察能力、想象能力、创新能力、实践能力和审美能力等，并潜移默化地影响学生的个性、情感发展，唤起学生对人生、未来的关注和思考，使学生学会学习、学会做人、学会交流与沟通、学会合作，养成良好的行为习惯。这是提高学生综合素养、培养创新型人才的需要。

学校现有学生社团五大类共 22 个，包括科技创新类、艺术才艺类、语言文学类、体育健康类、公益服务类，它们分别是国旗班、志愿服务队、广播站、民乐团、音乐社、合唱团、民族舞社、街舞社、爵士舞社、版画社、漫画社、摄影社、乒乓球社、羽毛球社、篮球社、文学社、英语社、科技社、心理社、啦啦操社、话剧社、历史社等，涌现出了一批优秀学生社团。学生社团培养学生特长，展示学生风采，提升学生素质，在湛江市中小学中有着显著的影响力。

第二节　精致社团实施

学生社团是由学校在籍学生按照自愿的原则组织，为发展共同兴趣爱好、实现共同志愿，按其章程开展活动的群众性组织。学生社团的创建、规章制度、组织程序、活动组织开展都是由其成员共同制定的，每个成员都能参与管理，从而培养了学生的组织管理能力。社团在开展活动时，许多问题的解决需要社团成员的共同努力，因此培养了学生与他人合作的能力。全部社团由校学生会社团部统一监督管理，每个社团至少聘任指导教师一名，所聘教师思想素质过硬、能力强、热心并有时间和精力指导社团工作，个别社团外聘专业人士指导。此模式符合当前全国中学社团发展的环境，为学生提供了课堂外的更多选择，极大地丰富了学生的课余生活，锻炼了学生的综合能力。

一、设计社徽，凝神聚气

学生社团具有鲜明的个性和特点，蕴含独特文化，社团文化首先体现在社旗、社徽的设计上。以下展示的是学校部分社团的社徽，它们体现了学生的自主创新能力，富有青少年的活力与个性。

国旗班

广播站

版画社

摄影社

文学社

民乐团

科技社

民族舞社

爵士舞社

漫画社　　英语社　　篮球社

乒乓球社　　羽毛球社

二、规范管理，定期评比

社团重视学生的自主管理。同时，学校重点建设指导综合性较强、规模较大、能够发挥典型示范作用、可用于校际交流的大型社团，如志愿服务队、版画社、民乐团、啦啦操社、街舞社、广播站等。实施以评带建的举措，促进社团良性发展。学校在每年 12 月都会评选“十佳学生社团”和优秀指导教师，借助榜样的力量带动学生社团的发展，通过优秀社团、优秀活动、优秀社团干部带动校园文化的繁荣。获奖社团、教师在社团文化节闭幕晚会上获表彰和奖励，极大地鼓舞了学生社团的发展。

为社团指导教师颁发证书

为优秀学生社团颁发锦旗

在学校“优秀 + 特长”的育人理念下，学生社团成为校园一道亮丽的风景线。学校统筹校内、校外两个大局，统筹“优秀 + 特长”两件大事，充分利用校内、校外两个市场、两种资源形成合力，着眼促进学生社团的蓬勃发展，在团委、体卫艺处的指导下，历届社团不断发展、完善，学生社团成了校园文化建设的重要内容和学生素质教育的重要抓手。

对学生的发展：学生社团可以利用自身优势，打破年级、班级的限制，为其成员提供相互交流、学习的机会。开展社会实践活动，拓宽学生社团与社会交流的渠道，从而帮助社员充分利用社会的广阔舞台和丰富资源，培养交际沟通能力，增强社会适应性。

对学校和教师的发展：通过将学生社团和校本课题研究相结合，学校文化实现了多样化、特色化，丰富了办学内涵，同时聘请教师担任社团指导教师，在指导社团的过程中也有助于提高教师的教研创新能力。

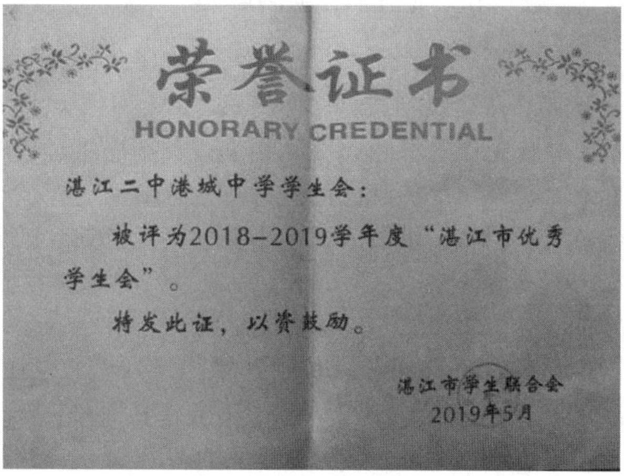

学生会荣获 2018—2019 学年度湛江市优秀学生会荣誉称号

学生会荣获 2019—2020 年度广东省优秀学生会荣誉称号

第二章 社团活动案例

第一节 社团活动

一、科技创新类——融才融智融科技，创新创学创辉煌

1. 科技社简介

科技社成立于2018年3月。该社团由2名教师带领学生开展工作，主要以社团活动的形式推进创客教育，开设编程和电脑制作等课程，为学生展现创新思维、形成创新能力提供广阔空间，提高学生的科学素养和审美观，促进科技教育活动的普及与发展。学校在省、市科技竞赛中成绩喜人，创客、机器人、小小科学家及电脑绘画成效显著。

2. 科技社指导教师

蒋美荣：中共党员，本科学历，信息学科科组长。负责初中信息技术教学工作。多次被评为“广东省中小学信息技术学科带头人”、学校“教学积极分子”和“优秀工作者”。曾组织并指导教师与学生获得多个省级和市级奖项，并因此获得“优秀指导老师”称号；编辑出版多本校本书籍；多篇论文获得国家、市级奖项并在刊物上发表。

黄德汉：中共党员，本科学历。2015年来学校工作，担任物理老师兼班主任。教学方面，带过四届毕业班，多次被评为“教学积极分子”“中考先进个人”“优秀班主任”“优秀党员”。教研方面，课题“初中物理实验教学中物理核心素养的研究”获得湛江市第四届教育成果奖二等奖；在“小小科学家”比赛中被评为湛江市“优秀辅导员”和广东省“优秀辅导员”。

指导老师

现场讲解

3. 科技社宗旨

引导学生树立“爱科学、学科学、用科学”的观念，弘扬科学精神，普及科学知识、科学方法和科学思想，提高青少年的科学文化素质，推进素质教育，培养学生的

观察能力、动手能力、独立思考能力和创新能力。

4. 科技社主要成果

2019 年，第 20 届广东省中小学电脑制作活动数字创作项目初中组网页设计《缤纷湛江》、电脑绘画《渔人》分别荣获二、三等奖，第 20 届广东省中小学电脑制作活动机器人项目《创意闯关》荣获三等奖，学校荣获第 20 届湛江市中小学电脑制作活动优秀单位。刘聿、曾宗乾、杨明熹、全彦瑾参加机器人竞赛项目创意闯关竞赛荣获一等奖，陈虹莹的电脑绘画作品《欣・夜辰海湾大桥》、黄琼慧的电脑绘画作品《守望的灯塔》获第 20 届湛江市中小学电脑制作活动初中组一等奖，徐晟峰的网页设计作品《缤纷湛江》、杨雅婷的电脑绘画作品《渔人》、黄盈莹的电脑绘画作品《镜花水月》获第 20 届湛江市中小学电脑制作活动初中组三等奖，钟馨仪的作品《水上乐园儿童无线防走失器》荣获第 34 届湛江市青少年科技创新大赛优秀青少年科技创新成果一等奖，钟馨仪同学被评为"微创新・青少年小发明达人"。

2020 年，黄祺源、谭伟杰、方政豪等学生的作品《太阳能追光系统》荣获第 35 届湛江市青少年科技创新大赛优秀青少年科技创新成果一等奖，高煦博、赖缕阳、刘昱彪等学生的作品《空间交错地底隧道》荣获二等奖，王铭豪的作品《小猫西瓜跳跳跳》、余俊佳的作品《海湾大桥木制模型》荣获三等奖。高煦博、赖缕阳、方政豪荣获第 21 届湛江市中小学电脑制作活动创意智造初中组创客一等奖，杜奇鸿参加 CSP - JS 非专业级软件能力认证入门级第一轮荣获三等奖，李秉宪、刘权辉荣获 2020 年湛江市青少年机器人竞赛—市赛项 3 - RA 国际机器人大赛二等奖。

2021 年，学校荣获湛江市中小学科技劳动教育实践活动优秀组织单位；杜奇鸿、许植焱的作品《优创未来初中组智慧农业》荣获湛江市中小学科技劳动教育实践活动优创未来智慧农业项目初中组一等奖；许植焱、罗谦的作品《基于单片机的超声波导盲器》荣获湛江市中小学科技劳动教育实践活动创意编程项目初中组二等奖；张诗妍的作品《冰之羽姿》获湛江市中小学科技劳动教育实践活动电脑绘画项目初中组二等奖，邓妙红的作品《渔归》获得三等奖；王孜研参加 CSP - JS 非专业级软件能力认证第一轮提高级 S 组、第二轮提高级 S 组分别获得一、二等奖；罗谦、龚子轩参加广东省中小学科技劳动教育实践活动荣获机器人—编程无人机—编程闯关初中组一等奖。

5. 活动开展

航模展示

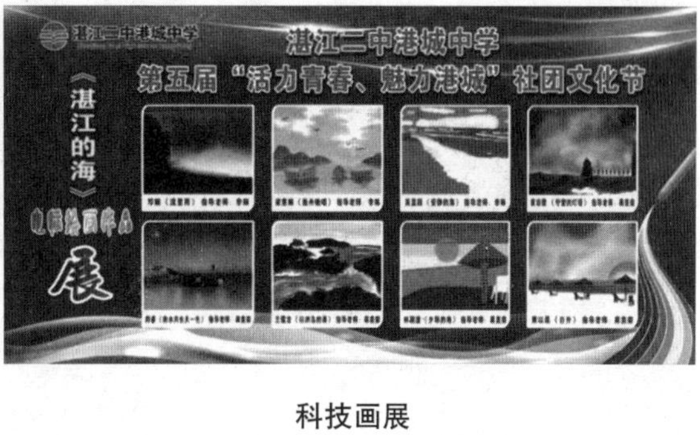

科技画展

二、艺术才艺类——我的舞台我做主，我的风采我展现

版画社共计几百幅作品获得国家、省、市级奖励，黄江老师被评为“广东省少儿版画教育名师”；在天才梦想秀系列比赛中，学校获“优秀组织奖”，陈苑飞、李毅老师荣获“金牌导师”称号。

1. 版画社特色

以发展优势项目“版画教学特色”作为切入点，把版画艺术与本土文化相结合，把版画艺术与读书（藏书票）相结合，使之形成学校特色。作为学校文化特色建设的重点项目，逐步形成学校特色文化，把学校的“本土文化特色版画与版画藏书票”特色项目打造成学校的文化特色品牌。

2. 版画社指导教师

黄江，高级教师，广东省美术骨干教师，全国优秀美术辅导教师。现为湛江市教育局兼职美术教研员、广东省美术家协会会员、湛江市美术家协会理事、湛江市美术家协会版画艺委会副主任、广东省版画特色学校带头人、广东省少年儿童版画教育名师。版画作品《寂静的港湾》被中国美术馆收藏。

3. 活动开展

专家、领导参观学生版画作品展

黄江老师课上讲解

学生在版画社团活动时认真刻板

省美术专家及霞山区领导参观学生版画作品展

4. 编著系列校本教材和学生版画作品集

为提高版画教学的普及率，发展学生特长，打造教育特色，近年来，学校组织师生先后编著了系列校本教材和学生版画作品集。

（1）林华庆校长和黄江老师主编湛江本土文化系列校本教材《美术·版画》。

（2）黄江老师主编《版画乐无穷——湛江二中港城中学学生版画作品集》。

（3）黄江老师创作《雷州石狗》版画系列作品集。

（4）湛江二中港城中学学生《荣誉册》版画特色文化部分成果集。

（5）湛江二中港城中学《版画特色文化》校园简介集。

（6）湛江二中港城中学教学动态《版画特刊》。

（7）《红土精灵——雷州石狗》明信片 12 张。

学校获广东省第二届中小学特色学校建设成果二等奖

版画社获 2019—2020 年度“湛江市优秀学生社团”称号

三、语言文学类——用语言架设桥梁，用文学点亮人生

文学社马欣蕾同学在广东省第六届“南粤长城杯”演讲比赛中，以中学组第一名的好成绩荣获特等奖；广播站吴泳浩同学获得 2019 年湛江市禁毒演讲比赛初中组第一名；在 2020 年湛江市“校园禁毒宣讲小卫士”视频征集中，李语桐宣讲作品《我想叫你一声，妈妈》获得初中组一等奖；在以“学习十九大，唱响新时代”为主题的校园师生诗歌原创大赛中，我校获得 2 个一等奖、7 个二等奖和 4 个三等奖的好成绩；曾宇涛荣获 2021 年湛江市国防教育演讲比赛高中组一等奖。

四、体育健康类——年轻健儿显身手，时代骄子展活力

羽毛球社 2019 年参加湛江市霞山区中小学生“邮储杯”羽毛球比赛荣获初中男子团体第一名、初中女子团体第二名；2021 年在湛江市中小学生羽毛球锦标赛暨广东省学校羽毛球联赛（湛江站）中荣获初中团体男子第一，初中女子团体第一，男双第一，女双第一，男单包揽第一、第二，女单第二的好成绩。啦啦操社 2019 年参加广东省中小学生健美操啦啦操联赛（湛江站）获得乙组团体总分第一名、最佳完成奖、自选爵士第一名、街舞自选套路小集体第二名、广东省学生啦啦操花球规定动作套路第二名、广东省学生健美操规定动作一级套路第三名；荣获 2021 年湛江市啦啦操大赛乙组自选街舞风格大集体第三名，甲组乙组荣获最佳人气奖，自选花球舞蹈啦啦操第四名，甲组乙组自选街舞风格小集体第四名，健美操规定动作一级套路第五名，团体总分甲组第五名，乙组第六名。学校游泳队冯如琨、孙煜盛、王艺颖、林嘉铭等同学在 2021 年广东省中小学冬季游泳锦标赛中共获得 4 枚金牌、3 枚银牌、5 枚铜牌。

羽毛球社参加2021年“飞帆新羽杯”湛江市中小学生羽毛球锦标赛暨广东省学校羽毛球联赛（湛江站）

游泳队参加2021年广东省中小学生冬季游泳锦标赛

五、公益服务类——志愿服务乐奉献，践行核心价值观

学校志愿服务队有注册志愿者5 600多人，开展志愿服务活动近百场，校内设卫生维洁、义卖旧书、执勤礼仪等志愿服务岗，在观海社区、湛江市图书馆、湛江市特殊学校、广东医科大学附属第二医院建立校外志愿服务基地。志愿活动多次被湛江新闻联播、《湛江日报》、《湛江晚报》等媒体报道。

每年三月义卖旧书

走进遂溪县文化艺术学校慰问留守儿童

探访湛江市养老服务中心

走进观海社区进行禁毒和法制宣传教育

第二节　社团文化节

第五届社团文化节活动方案

一、指导思想

进一步发展和繁荣我校校园文化，丰富学生课外艺术活动的形式和内容，搭建具有时代特征、青年特点的中学生校园文化艺术活动平台，促进中学生的健康成长成才，展现学生青春风采，推动素质教育，全面培养学生核心素养。

二、活动主题

“活力青春、魅力港城”第五届社团文化节

三、参与人员

全校师生

四、组织机构

1. 领导小组
总顾问：伍佑强
总策划：林华庆
总执行：杨春曲
教学调度：田飞虎
安全保卫：钟景华
2. 具体分工
课程协调：许瑞恩
学生管理：王海波
场地桌椅、饮用水负责人：陈华英

社团展演负责人：陈丽娜
会场卫生督查、医疗应急组安排：殷志伟、余伟君
现场秩序：陈红英、王元庆、王振、袁剑锋、刘向锋、李展翅
活动现场指导：李毅
主席台及观众席等场地安排、体育器材提供：陈妃仁
舞台布置、调度：陈苑飞
演出学生组织：向欢、朱莎
会场海报、横幅、社旗、锦旗等提供：朱海燕
学生干部工作：杨彩玲
广播站协调：陈振海
摄影、录像：信息组
安保（车辆管理、门禁系统）工作：杨彬

五、活动时间

2019 年 12 月 16—19 日

六、活动安排

时间	地点	内容	参加人员
12 月 16 日升旗礼后	操场大舞台	开幕式	全校师生
12 月 16 日第 7、8、9 节	操场大舞台	班级文化展评	初一级全体学生
12 月 17 日第 7、8、9 节	操场大舞台	英语朗诵比赛	初二级全体学生
12 月 18 日第 8、9 节	操场大舞台、社团小舞台	社团游园会	非毕业年级
12 月 19 日 19：00—21：30	操场大舞台	闭幕式暨联欢晚会	全校师生
12 月 16—19 日	F 楼一楼空地	科技绘画作品展	全校师生
12 月 17—20 日	一楼版画室	版画作品展	全校师生

七、活动要求

（1）全员参与。让每个学生都能在参与活动中受到启发，有所感悟。

（2）精心组织。各年级、各班须积极配合，广泛组织学生积极参与社团文化节各项活动。

（3）加强指导。各社团指导教师组织好节目、活动的准备与排练，打造精品，体现社团文化特色。尽职尽力，筹划好活动，有始有终，确保本次社团文化节圆满完成。

（4）确保安全。立足基层，分阶段、有步骤、有重点地推进实施。要把安全工作放在首要位置，根据我校制定的相关应急事件处理预案，切实落实安全措施，确保活动有条不紊、井然有序、万无一失。

（5）注重协调。全校师生既要做好社团文化节的各项工作，又不能影响正常教学工作。

八、历届社团文化节活动剪影

首届社团文化节

第二届社团文化节

第三届社团文化节

第四届社团文化节

第五届社团文化节

第六届社团文化节

第七届社团文化节

第三节　社团活动方案（部分）

书画、摄影作品展活动方案

一、指导思想

通过举行首届社团文化节活动，展示学校社团艺术教育的成果，推动我校艺术教育的改革和发展，营造良好的文化艺术教育氛围，激发学生对艺术的兴趣和爱好，培养学生健康的审美情趣和良好的艺术修养，促进学生综合技能的发展。

二、具体方案

作品格式要求：

（1）书法作品：软笔、硬笔。

（2）美术作品：国画、版画、水粉、水彩、素描、手工等。

（3）摄影作品：12 寸。

收件时间及地址：2019 年 12 月 18 日前交体卫艺处黄江、王巧盈、罗胤、林美杏、卜骁冠等老师。

展览时间：2019 年 12 月 30—31 日。

展览地点：学校展览室。

奖励方法：书画、摄影作品各评出一、二、三等奖，按 40% 奖励。对各班报送的作品数量和质量评选出优秀组奖，按 40% 奖励。每班报送作品不少于 10 幅。

未尽事宜，另行通知。

篮球社活动方案

为积极响应二中总校发展学生社团的号召，办好学校篮球社团，现决定在学校首届社团文化节当天，举办篮球比赛。

活动时间：2019 年 12 月 30 日下午 3：00—5：00。

活动地点：校内 1 号篮球场。

参加对象：港城篮球社社员与观众。

活动办法：

（1）高一、高二社员各选取 12 名代表队员，进行高一、高二社员对抗赛。

（2）每节休息时篮球宝贝进行啦啦操舞蹈表演和篮球有奖问答活动。

（3）中场休息时举行比赛队员、观众篮球运球技巧比赛和特约嘉宾表演。

比赛规则：按照《2019 篮球国家裁判法》进行判罚。

奖励办法：高一、高二社员对抗赛奖励获胜队，有奖问答奖励 20 人，运球技巧赛奖励前五名。

活动奖品：各项活动均有不同奖品作为奖励。

第三章　资料选编

第一节　林校长讲社团

在首届社团文化节开幕式上的讲话

各位领导、来宾，家长代表、老师、同学，学生社团的社员们：

大家下午好！

今天，我们隆重举行"湛江二中港城中学首届社团文化节"，展示学生社团建设成果，欣赏学生社团风采，感受校园文化的强大凝聚力，共度一个以"活力青春、魅力港城"为主题的社团文化节，这是一个全体二中港城人的新节日，我为此感到非常高兴。在此，我们特别感谢上级主管领导、二中总校领导、兄弟学校领导和家长们对我校学生社团建设的关注和支持，并对他们莅临我们社团文化节开幕式表示热烈的欢迎和衷心的感谢！

市教育局要求我校要实现精细管理、创民办学校品牌，二中总校明确提出要举二中之力办港城、打造优质生源基地。为贯彻落实上级办名校的要求，学校提出了"修品行，善学习，强体魄，美志趣，树理想，敢担当"的育人目标，倡导"让优秀成为一种习惯，让特长成为一种优势"的理念，探索"精致课堂"教学模式，建设高品位的校园文化。

我们认为，广泛开展中学生社团活动是学校实施素质教育、传承和培育校园文化的重要途径，是提升中学生综合素质、培养学生实践和创新能力的有效方式。丰富多彩的社团活动将给校园文化建设增添新的活力，促进校园文化向多渠道、多层次、高质量方向发展。

目前，我校已建有文学类、体育类、艺术类、传媒类和综合类等学生社团 22 个，建成"社团活动小舞台""社团作品展"等活动和展示的场所一批，近年来，多个学生社团建设已取得了令人瞩目的成绩，如版画社获湛江市少年儿童书画大赛"十佳组织奖"、"舞动校园"获湛江市中小学生排舞大赛一等奖。今天，版画社、文学社、篮球社、民乐团等社团将充分展示其风采。今天晚上，是本届社团文化节的高潮，我们的老师与各个学生社团将同台上演精彩的"活力青春、魅力港城"迎春联欢晚会，还邀请了兄弟学校二中崇文和少林学校为我们带来十分震撼的武术表演"少林雄风"，让我们共同期待吧！

老师、同学们，二中港城的毕业生是高素质的学生，现在总校高中就读的学生中，无论是学习成绩优异的尖子，还是能力突出的学生干部，多数来自我们港城！今年习近平总书记访问英国时，英国兰卡斯特大学的康可同学为习近平总书记朗诵诗词，受到习近平总书记的高度赞赏，康可同学就是我校2011届初中毕业生，是港城的一位社团活动积极分子，是在座同学们的一位多才多艺的师兄。

今后，我们港城的社团建设将体现“合作学习、探究创新、和谐发展”的社团特色，实现学生社团在学校团委、学生会管理下的分年级管理，实现“自我教育、自主管理、自强发展”的发展目标，学校的办学理念、人文精神等可以通过丰富的社团活动加以传承和弘扬。

我们热切期待有更多的学生社团创建成功，真诚希望有更多的同学加入社团活动！

最后，让我们共同祝愿“湛江二中港城中学首届社团文化节”取得圆满成功！

在第二届社团文化节闭幕式上致辞

各位老师、同学，以及受邀前来的家长代表：

大家晚上好！今晚星光璀璨、师生共庆，湛江二中港城中学第二届社团文化节落下帷幕。在此，我谨代表学校对精心筹备、热情参与的全校师生表示衷心的感谢！

学生社团是学校第二课堂的重要组成部分，也是全面提高学生素质教育的重要载体。在学校的指导下，我校学生社团规模不断扩大，由最初的少数、单一的学生社团发展成为包括文学类、体育类、语言类、艺术类等共22个学生社团。除了规模更大外，在学生社团管理上我校也逐渐规范，颁发了《湛江二中港城中学学生社团管理办法》，不仅规范了申报学生社团的程序，对已经成立的社团也实行学期注册制度，让社团干部换届工作衔接得更加紧密，学生社团可以走得更稳更远。

第二届社团文化节以“活力青春、魅力港城”为主题，为期四天，开展了班级文化展评、诗歌朗诵大赛、摄影美术作品展、文艺会演、社团游园等精品活动，这些活动不仅拓宽了同学们的知识面，更是我校“让优秀成为一种习惯，让特长成为一种优势”的准确诠释。各学生社团推陈出新，大力开展新颖独特的社团活动，如英语社在游园会上开展词语接龙、看词造句等游戏，不仅激发了同学们学习英语的热情，更体现了同学们过硬的英语基本功。

在此，我代表学校，对学生会以及各学生社团在2016年取得的成绩表示衷心的祝贺！今后，我校学生社团将在校团委、学生会管理下实现分年级管理，实现“自我教育、自主管理、自强发展”的发展目标，将学校的办学理念、人文精神等通过丰富的社团活动加以传承和弘扬。学校热切期待有更多的学生社团创建成功，真诚希望有更多的同学加入社团活动！

同学们，新的希望、新的挑战在迎接着我们，学生社团美好的蓝图在等待我们去描绘。我衷心地希望每一位同学都能以满腔的热情、高度的责任感投入来年的社团建设工作中，用我们拼搏进取的实际行动创造学生社团的辉煌明天。谢谢大家！

在第十二届学校运动会暨第六届社团文化节开幕式上的讲话

老师们、同学们，来自湛江市校长培训班的校长们：

大家早上好！

时光荏苒又经载，日暖天晴风采扬。在这秋高气爽的季节，今天，我们隆重举行湛江二中港城中学第十二届学校运动会暨第六届社团文化节开幕式。在此，我代表学校，对校运会和社团节的召开表示热烈的祝贺！向踊跃报名参加校运会、社团节的全体运动员、团员表示崇高的敬意！向莅临我校的湛江市各县、市、区的校长们表示热烈的欢迎！

一年一度的校运会是我校提高学生身体素质、提升学生发展核心素养必不可少的重大活动，它将充分展现全体运动健儿的运动风采和全体同学的精神风貌，是对我校体育“精致教育”理念落实情况的一次大检阅！每年一届的“活力青春、魅力港城”社团文化节是我们校园文化和办学特色的重要组成部分，也是学校与社会相互影响交融的文化窗口，更是学生展示才华与风采的舞台。在此，我代表学校，向精心筹备各项工作付出努力的同志们，表示衷心的感谢！

去年省教育厅就已明确 2021 年起逐渐实施新中考，录取计分科目将由语文、数学、外语、体育四个学科加上选考科目组成，而广东新高考改革后，从 2021 年起，高校录取时将学生的体育成绩作为综合素质评价的重要内容。

当然，体育不只是为了中考和高考，运动也不只是为了比赛，发展青少年运动，不仅关系到每位同学的身体健康，还是国家崛起与富强的体现。我们举行运动会的目的，不只是搭建运动员比赛舞台，更是希望大家喜欢体育运动，鼓励全体同学踊跃地自觉、强身健体，养成爱运动的良好习惯！

作为二中人，我们的学生社团秉承二中“优秀 + 特长”的办学特色，始终坚持“多一个舞台，就多一个成长机会；多一种评价标准，就多一批优秀学生”的理念。学生社团每学年都在自主招新，其不仅是学校美育的重要组成部分，更是发展学生核心素养的需要。今天，我们的社团已发展到涵盖了公益服务、科技创新、艺术才艺、体育健康、语言文学等五大类，学校都会评选十佳社团和优秀指导教师，并予以表彰。目前学生社团保持了良好的发展态势，学生社团的数量、人数和类别可谓百花齐放、生机勃勃，许多社团还参加了省市组织的各类比赛，成绩十分突出。

此外，学校还大力推广志愿服务活动。据不完全统计，已有 3 600 多名学生在广东志愿者平台注册，发动了上百次的志愿活动，组织了上千人次参加助力聋哑儿童、禁毒教育进社区等志愿活动，广受社会好评。

习近平总书记指出，体育是社会发展和人类进步的重要标志，是综合国力和社会文明程度的重要体现。社团关注自我，关注他人，关注“小”世界与“大”校园，正如武侠小说里的“见自己，见世界，见众生”。我们盼望，不管是体育还是社团，未来能更普及一些，创新发展能更细一些，于细处见天高地远，于远方遇春暖花明。

我们相信，在全体师生的共同努力下，本届田径运动会和社团文化节一定能够办成一个“积极向上，格调高雅”的文明盛会，共同铸造充满“团结、友谊、拼搏、创新”的良好氛围。最后，让我们共同祝愿第十二届学校运动会暨第六届社团文化节取得圆满成功！

忆先烈，承先志，做先锋

——在2019年清明祭英烈启动仪式上的讲话

各位老师、各位同学：

早上好！天地英雄气，千秋尚凛然。不知不觉又是一年清明时，缅怀英烈祭忠魂，抚今追昔思奋进。清明节不仅是人们祭拜祖先的传统节日，也是缅怀革命先烈的重要节日。革命先烈是国家的精神标签、民族的历史记忆和社会的价值标杆，我们要缅怀革命先烈，追忆英雄先进事迹，把烈士精神转化为强大的精神动力，踏上新时代中国特色社会主义的新征程，为实现中华民族伟大复兴贡献自己的力量。

忆往昔，峥嵘岁月欺人事，浩荡乾坤入客愁。在血雨腥风的战争岁月里，多少中华儿女为了民族的解放事业，为了国家的和平统一，为了实现最广大人民群众的根本利益，不惜抛头颅、洒热血，赴汤蹈火，舍生取义，矢志不渝，用他们宝贵的青春和热血，谱写了可歌可泣的壮丽诗篇，为我们创造了和平安定的生活和发展环境。

大家是否听闻“千家炮火千家血，一寸河山一寸金”的感人诗句？这句话就雕刻在我市的寸金公园。我们湛江是一座用血与火锻造的城市，湛江人民是具有光荣革命传统的人民。早在清朝末年，湛江人民为反抗帝国主义的侵略和压迫，进行了不屈不挠的英勇斗争，用生命诠释了“一寸河山一寸金”的故事。抗日战争时期，湛江人民的优秀儿女，数以千计的共产党员、爱国志士，不惜为国捐躯，血染沙场，南路大地处处留下他们的忠魂。解放战争时期，湛江人民在党的领导下，为建立独立、民主、和平、富强的新中国而继续奋斗，成千上万先烈的鲜血洒遍粤桂边区。新中国成立后，为了保卫祖国，建设祖国，实现国家富强和人民幸福，维护民族尊严，湛江的英雄儿女又做出了杰出贡献。高高飘扬的共和国旗帜上，有湛江先烈血染的风采；高高矗立的烈士纪念碑，是激励湛江人民勇往直前的精神丰碑。习近平总书记引用《九歌·国殇》中的名句赞颂这些在民族生死存亡关头挺身赴难的先烈：“诚既勇兮又以武，终刚强兮不可凌。身既死兮神以灵，魂魄毅兮为鬼雄。”

在历尽艰辛的硝烟岁月，他们信仰坚定、视死如归，彰显出中华民族威武不屈的浩然正气；在波澜壮阔的建设时期，他们百折不挠、坚韧不拔，创造了人类史上惊天动地的发展奇迹，使中华民族焕发出新的蓬勃生机。

看今朝，千磨万击还坚劲，任尔东西南北风。中华民族翻过民族危亡的一页，走过一穷二白的历史，进入风起云涌的新时代。带着“星星之火，可以燎原”的磅礴力量，中国共产党领导下的中国，从一穷二白成为世界第二大经济体；从新中国成立之初的4 000多万人流离失所，到连续5年超过千万人摆脱贫困；从经济上风雨飘摇到成为世界第一大贸易国、第一大外汇储备国；从铁钉、火柴都无法生产，到“嫦娥奔月”“蛟龙下水”“悟空探天”……新中国成立70周年的征程，中华民族以崭新的姿态重新屹立于世界民族之林；新中国成立70周年的光辉历程，是一个民族振兴的70年！

展未来，雄关漫道真如铁，而今迈步从头越。建设富裕型小康社会任重而道远，我们务必以革命先烈为实现共产主义远大理想不畏艰难、勇于献身的革命精神鼓舞斗志；以他们为了民族的独立解放前仆后继、不怕牺牲的进取精神坚定信心；以他们为了实现广大人民的根本利益不求索取、一心为民的奉献精神勤政为民。时刻铭记自我肩负着的历史使命，勇于接过社会主义革命和现代化建设的接力棒，继承革命先烈的光辉遗志，发扬光大革命传统，精诚团结，开拓创新，为我国的现代化建设做出贡献。

老师们，同学们，3 月 29 日湛江二中港城中学举办了第四届“精致教育”开放日活动，同时承办了湛江市中小学第二届“课题共同体”交流研讨会，本次开放日内容丰富，所有学科、各个班级都开放，包括 6 个年级的班会课、语文、数学、英语、物理、化学、政治、历史、地理、生物、体育、信息、音乐、美术、心理等 15 个学科；各年级还组织了优秀作业展；本次活动开放课堂或活动近 650 节次，其中推荐课就高达 136 节，听课反馈评价普遍对我校“精致课堂”及各种活动高度认可，认为老师素质高、基本功扎实，学生能力强，课堂气氛活跃、互动性强，师生非常优秀，很好地诠释了湛江二中“上善”教育理念在港城中学的全面实践，展现了追求全面发展的二中人的精神和风貌。特别是推出的“主题班会”“心理活动课”等课型深受好评。作为二中人，我为此感到自豪。在此，我代表学校向全体师生和各部门工作人员表示衷心的感谢！

春风已解千层雪，后辈难忘先烈恩。作为 21 世纪的接班人，希望同学们要时刻以先烈的事迹激励自己，树立责任感和使命感，珍惜今天来之不易的幸福生活，做到“立志、修身、博学、报国”，为中华民族的伟大复兴不懈努力，顽强拼搏，确保先烈们打下的江山千秋万代永不褪色。

什么是先锋？我想，就是要在培育和践行社会主义核心价值观的过程中，做一个“修品行，善学习，强体魄，美志趣，树理想，敢担当”的时代少年，努力成为有理想、有道德、有文化、有纪律的中国特色社会主义事业合格的建设者和可靠的接班人。

老师、同学们，我相信，先锋就在我们身边，让我们都在自己平凡的岗位上，学先烈，承先志，做时代的先锋！

最后，我填词《满庭芳·中国梦》一首，与老师、同学们共勉：

满庭芳·中国梦

华夏文明，屹然东土，数千载世称雄。清廷锁国，庸政滞科工。终至丧权危国，久战乱，积弱贫穷。共产党，驱魃虏寇，龙醒必霄冲。

腾飞新中国，一星两弹，至伟奇功。深耕改革，天地易新容。智造创新傲世，苍穹探、量子神通。宏图绘就，攻坚克难，协力共圆梦！

第二节　其他活动（节选）

湛江二中港城中学2019年三月“学雷锋”志愿服务活动

一、指导思想

为进一步引导青少年弘扬奉献、友爱、互助、进步的志愿精神，加强青少年思想道德教育和践行社会主义核心价值观，培养青少年互帮互助、齐心协力的团队精神和与人为善、助人为乐的良好品质，学校启动“学雷锋”志愿者服务活动，着力团结协作、关爱特殊儿童，促进学校志愿者工作的进一步发展。

二、活动主题

义卖陈旧书刊　助力特殊少年

三、参与人员

全校师生

四、活动时间

2019年3—4月

五、主要活动

（1）3月4日：启动仪式。
（2）3月12日：开展“弘扬雷锋精神，争当志愿先锋”主题活动。
（3）3月4—22日：全校回收旧书刊及归类整理。
（4）3月23日：义卖旧书（荣基广场）。
（5）4月中旬：慰问特殊学校。

校团委
2019年3月

湛江二中港城中学“守护碧海蓝天，争做环保卫士”志愿活动方案

一、指导思想

坚持以习近平新时代中国特色社会主义思想为指导，深入贯彻省、市、区关于开展环境卫生整治要求，全面对标“不忘初心、牢记使命”主题教育，组织并统筹教育系统的力量，坚持集中整治与日常管理相结合，积极发挥教育系统志愿者的作用。按

照“从我做起，带动全家，文明社会”的工作思路，以促进学生养成良好的卫生习惯和提高广大家长的文明素质为目标，进一步提高中小学生的卫生保洁素养，带动家庭，影响社会，大力营造卫生文明共建的良好氛围，为社区绿色转型奠定坚实的基础。

二、活动主题

守护碧海蓝天，争做环保卫士

三、参与人员

2020级初一（10）班全体学生及家长

四、活动时间

2020年10月1日

五、主要活动

（1）志愿者们沿着沙滩和观海长廊捡拾垃圾（路线：渔港公园沙滩→观海长廊→海滨公园月亮湖）。

（2）志愿者们沿途向路人宣传环保知识。

校团委、校学生会志愿服务部

2020年9月29日

湛江二中港城中学图书文化志愿活动方案

一、活动时间

2020年11月8日（星期日）上午8：30—12：00。

二、活动地点

湛江市图书馆二楼外借处（人民大道市体育中心斜对面，进入图书馆二楼大厅左转弯）。

三、参加人员：团校学员（50人）

（1）校团委在广东“i志愿”平台发布活动。

（2）我校志愿者在“i志愿”平台搜索本次志愿活动，点击报名（待审核）。

（3）校团委管理员按报名先后录用50人，被录用志愿者会收到被录用的短信或系统消息（已录用）。

（4）校团委在钉钉群（2020年第二期团校培训群）公布录用名单。

四、活动内容

整理图书、顺架、上架等。

五、活动流程

（1）8：15 在图书馆门口集合，现场点名和手机扫码签到。

（2）8：30—9：00 图书整理上架工作培训（主讲人：外借部工作人员）。

（3）9：00—12：00 分组开展图书整理志愿活动。

（4）12：00 手机扫码签退。

六、注意事项

（1）自行来回市图书馆，自负安全责任。

（2）穿校服（非运动服），自带水杯饮水，戴好口罩。

（3）记录时长以手机签到至签退的时间为准，从微信公众号“i 志愿”链接进入——点击左下角“志愿者”——点击“扫码计时”，或者用“i 志愿”App 扫码计时。遇到问题找带队老师处理，务必做到签到、签退成功。签退成功后可以查看本场活动志愿服务时长，确保时长无误后再离开活动现场。

（4）志愿者代表学校形象，不做与本场志愿服务无关的事情。

校团委、校学生会志愿服务部

2020 年 11 月 4 日

第五部分　精致管理

第一章　实施策略

学校的良性发展要有一个美好愿景或目标追求。陶行知教育思想提出“教学做合一”，《中国学生发展核心素养》强调发展学生“六大素养”。在核心素养理念下，学校须更新教育理念。以“精致教育”理念引领学校发展，符合国家中长期教育改革与发展规划要求。“精致教育”从五个维度展开：一是以实施“精致课堂”为核心推进“精致教学”，二是以“养成教育”为抓手落实“精致德育”，三是以“问题研究”为导向开展“精致教研”，四是以“责任担当”为内涵实现“精致管理”，五是以“社团文化”为形式打造“精致社团”。

第一节　“精致教育”理念的提出

近年来，我们学校由一所基础薄弱的学校发展成为大规模完全中学，老一套教育教学管理模式已不能满足学校发展需要，亟待新理念做引领。

根据陶行知“社会即学校”思想，主张形成“家庭教育、社会教育在内的大教育体系”，提倡“六大解放”，全面培养学生的创造力。《国家中长期教育改革和发展规划纲要（2010—2020 年）》（以下简称《纲要》）指出，要“创造有利条件，鼓励教师和校长在实践中大胆探索，创新教育思想、教育模式和教育方法，形成教学特色和办学风格”。这要求我们必须认真研究分析本校的实际情况，强化创新意识，积极探索适合本校发展的学校管理模式。

为此，我们提出以培养“全面发展的人”为核心，创建“精致教育”特色学校，而这正是对《纲要》和陶行知的“创造教育思想”的具体实践。

学校确立“致力提升学生核心素养，用工匠精神打造质量一流、特色明显、品位高雅的示范性学校”办学目标，倡导“修品行，善学习，强体魄，美志趣，树理想，敢担当”育人理念，深化“乐学善教、合作探究”教改理念，推进特色教育，提升服务质量和管理水平。

“精致教育”理念继承了陶行知先生的“六大解放”创新教育方法，涵盖了《中国学生发展核心素养》界定的“文化基础、自主发展、社会参与”三个层面，并与“人文底蕴、科学精神、学会学习、健康生活、责任担当、实践创新”六大素养的发展方向相一致。

第二节　以“精致教育”理念为核心开展课题研究

为构建“精致教育”理论体系，须开展多项课题研究，包括开展“构建中学生文明素养养成体系”研究，改进德育方法；开展“教育现代化背景下的‘三环五步’精致课堂教学高效模式研究”，探索教学高效模式；推进本土文化特色发展项目研究，发展学生特长，提升学生素养，从而搭建“精致教育”的框架。

近年来，学校以“精致教育”体系的构建与实践作为管理重点，开展“基于核心素养下的‘精致教育’实践与研究”，并由广大老师特别是“三名”工作室开展子课题研究，打造“精致教育”理论体系和精致办学品牌。

第三节 “精致教育”全面育人体系的构建

陶行知倡导新教育的目的，就是要培养“自主、自立、自动”的合格国民，“捧着一颗心来，不带半根草去”。结合新教育思想的“精致教育”，就是要立足培养适应未来社会发展需要的人才，立足学校的育人理念，对接总校“上善教育”“成才先成人”的教育理念，围绕“立德树人”的教育根本任务，践行“为党育人、为国育才”的教育者初心，全面提升师生核心素养。

“精致教育”从五个维度展开。一是探索“三环五步”精致课堂教学模式，建构“精致教学”体系；二是通过“三项六阶”家校合作，建构“精致德育”体系；三是建设“三名”工作室，引领“精致教研”；四是强化“责任与担当”意识，实现“精致管理”；五是彰显“优秀＋特长”特色，打造“精致社团”。具体如下图所示。

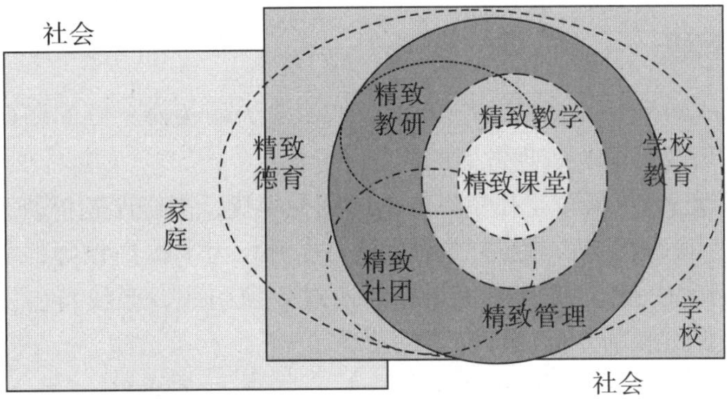

精致教育体系

一、精致教学

精致教学就是抓住课堂教学的本质和核心，从提高常态课的精致程度入手，基于学生学习主体意识培养的“三环五步”精致课堂教学模式。

“三环五步”以“在教学主题的提炼上体现精练深刻，在教学内容的整合上体现精当合理，在教学方法的设计上体现精巧有效”为原则，要求学生先完成自读设计，进行自主学习和小组交流，教师利用讲读设计进行导学。课堂教学结构的改变，从根本上去除“满堂灌、一言堂”的弊端，从而实现课堂教学效益的最大化。“三环五步”教学模式如下图所示。

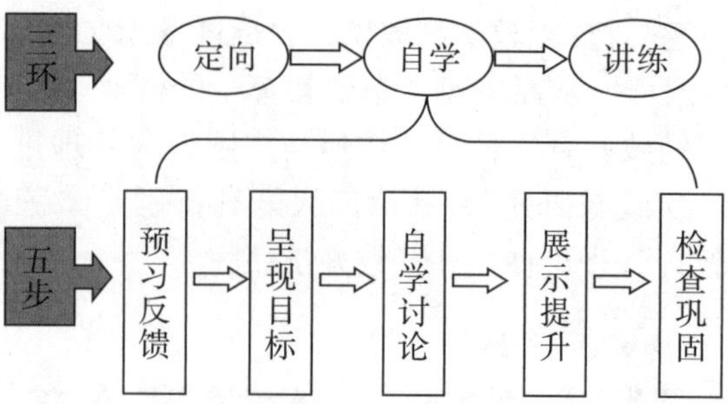

“三环五步”教学模式

二、精致德育

精致德育就是坚守以学生的发展为本，通过学校教育、家庭教育和社区教育构建德育工作立体框架，坚持“让优秀成为一种习惯”和“进步就是优秀”的理念，在实践中形成以养成教育、“三情”教育、自信教育为主要内容的“三项教育”家校共育模式。

个人的行为习惯、生活习惯和思维习惯将决定一个人起点的高低。规则意识、感恩意识、责任意识是“三项教育”不同阶段的具体目标。通过养成教育，培养良好行为习惯，牢固规则意识；通过“三情”教育，培养高尚情操，牢固感恩意识；通过自信教育，培养健康心理，牢固责任意识。

三、精致教研

精致教研以名校长、名教师、名班主任工作室为领头雁，以问题研究为导向开展行动研究，切实解决教学与管理方面的问题。

教研源于教学，“三名”工作室以课题研究为契机，围绕课题搞研究，围绕课题抓教学，以研兴教，以教促研，促进教师素养的提升。为了提高教师的科研能力，学校开设课题选择、论文写作等系列专家讲座。通过专家引领，激发自主发展意识，提升教学科研能力，促进教师专业成长和学校发展。

四、精致管理

精致管理是对照“追求精致，臻于至善”的办学目标，将纵向管理与横向管理有机结合，实行校长领导下的双线管理，力求做到管理高效。

“精致管理”的关键是充分发挥师生主人翁精神，对照“人人有责”要求，细化学校各部门、年级、班级和个人管理，打造以提升班集体凝聚力为重点的班级文化，全面推进以“合作学习小组”建设为重点的学生自我管理方式。

五、精致社团

精致社团要根据学校“优秀＋特长”的办学特色，本着“多一个舞台，就多一个成长机会；多一个评价标准，就多一批优秀学生”的理念开展丰富多彩的学生社团活动。

学生社团活动由团委和学生会统筹，对照“艺术教育特色学校”和“优秀传统文化传承学校”要求，把社团兴趣活动作为学校美育课程来开展，形成特色校本课程，并与每年艺术节、体育节、社团文化节和师生联欢晚会结合起来，让学生的兴趣得到真正的发展和实践。

第四节　打造“名师工程”，唱响“精致教育”品牌

教育需要传承，成长需要帮扶。学校依托省、市“三名”工作室，以“精致教育”的实践推动教师队伍建设，围绕重点课题“核心素养下‘精致教育’实践研究”开展系列子课题研究，结合“走出去、请进来”等方式培养业务骨干，打造“名师工程”，促使一大批青年教师快速成长，师生精气神发生质的变化；同时，通过组织示范课、专题讲座、经验交流会、教育论坛等形式发挥示范辐射作用，促进、引领全校教师和本区域的中小学校长、教师、班主任专业成长，在区域内形成“人人谈精致、人人学精致、人人参与精致、人人实践精致、人人研究精致”的良好局面，唱响“精致教育”品牌。

第二章　管理制度

第一节　精致教学管理制度

年级部管理委员会实施方案

为落实精致管理要求，充分体现学校分层管理、分层负责的管理特色，加强基层组织责任，发挥年级部在学校管理中的实际作用，扩大年级自主发展空间，特制订本方案。

年级部管理委员会是以年级为学校教育教学管理的核心单元。年级部管理委员会实行年级部负责制，改变传统的通过教导处、德育处等处室统一分线的管理模式，实行以年级部为实体的线块结合管理体制，使管理、领导重心下移，使决策更科学、责任更具体、管理更到位，实现大规模办学的精细化与高效化。

一、机构职能

1. 机构设置

（1）年级部管理委员会设 1 名年级部校级分管领导、1 名年级部管理主任（可由中层兼任）、1 ~2 名年级部副主任（由专任或中层兼任，分管教学和德育）。

（2）学校设四个年级部管理委员会：初一年级、初二年级、初三年级和高中部。

2. 管理职能

（1）年级部校级分管领导：年级部主要负责人，根据办学理念指导、监督、协调年级全面工作。

（2）年级部管理主任：年级部直接责任人，主管年级部全面工作，负责年级部计划、布置、督导与评估等整体工作，并侧重教学管理。

（3）年级部教学副主任：协助主任负责年级部教务工作、学科竞赛、业务考核、考勤等工作，对接校长办公室、教导处和教研室等处室。

（4）年级部德育副主任：协助主任负责年级部的德育工作、安全工作、财产管理工作，对接德育处、总务处、体卫艺、团委、保卫处等。

二、管理细则

1. 教学工作管理

（1）制定工作目标，将学校工作目标进行分解，细化为年级部工作目标，使全体教师都有明确的工作目的和努力的方向。制订本年级部教学工作计划，推广教学工作经验，做好阶段性和学期末的工作总结。

（2）负责对本年级部备课组长的管理，落实本年级部教师教学的常规管理，包括教案撰写、集体备课、听（评）课、作业布置与批改、学科竞赛、课表安排、代课安排等，组织周清、月测、期中考、期末考，并做好质量分析等工作。

（3）主持年级部管理委员会例会。例会一般每周召开一次，由年级部主任主持，参加人员为年级部委员会成员，并请主管校领导参加，必要时备课组长或教师代表可列席。会议内容为汇报总结上周教学、教师思想政治学习、学生管理方面的工作落实情况和存在的问题，并提出改进意见，制定改进措施，商定、布置学校和年级的各项工作。

（4）落实“三生”责任制度。负责各班目标生、临界生、责任生的培优补差工作，以班主任为中心，各科任课教师共同参与，做到定对象、定目标、定措施（如班主任每月要至少召开一次各科任教师共同参与的班情交流诊断会）、定奖惩。

2. 教育工作管理

（1）制订本年级部教育工作计划，推广教育工作经验，做好阶段性和学期末的工作总结。

（2）抓好师德建设，落实“全员德育、全程德育、全面德育”的理念。负责本年级部教师的政治思想工作，组织召开年级部教师例会（每月一次），会议有计划、有议题、有记录、有签到。做好教师的矛盾调解工作。

（3）负责本年级部学生的政治思想教育、心理教育、卫生健康教育、法纪安全教育、文娱活动等工作，组织和主持年级学生大会及大型活动。

（4）指导班主任制订学期班级工作计划，拟定年级部班会主题，指导班主任开好各种班会，督促检查班主任的各项常规工作。每周召开班主任例会，分析、讨论学生学习和思想品德方面的情况，提出改进意见。

（5）落实学校安全工作。强化师生安全意识，每周有安全教育例会，每月开展不少于一次的安全教育专题活动；定期检查安全隐患，及时通报安全问题；负责本年级部学生楼层、楼梯的安全管理，严防踩踏事故发生；组织大型活动须经学校批准，并做好安全预案。

（6）组织本年级部值日工作（检查早操、课间操、晨检、早读、课堂和自习等时段教师到岗和学生纪律情况），并将教师一周的教学和考勤、对学生管理等情况向教导处做书面汇报（周五上午）。

（7）配合学校认真抓好学校、家庭、社会三结合教育，重视家校联系，有计划、有准备地组织召开不同类型的家长会。

3. 教师管理

（1）负责本年级部任课教师的考勤、考核、评聘、奖惩及绩效工资的计算等。

（2）负责本年级部班主任的聘用、考勤、奖惩、考核和班主任津贴的计算等。

（3）负责本年级部教师的推优评先工作。

（4）负责审批本年级部教师半天以内的请假申请。

（5）负责收集统计本年级部教师教学、科研、竞赛业绩。

4. 学生管理

（1）负责本年级部班级的评比和学生的推优评先工作。

（2）负责本年级部学生综合素质的评价和学分的认定工作。

（3）负责本年级部的学生管理和教育工作。协同校团委建立年级部学生会、团总支，培养学生自主管理能力。通过年级部学生会、团总支等组织，督促、检查学生学习和执行各项规章制度（包括学生仪容仪表、早读、“两操”、课堂纪律、卫生、墙报、出勤、课外活动、自习课、学生宿舍、学生自行车摆放等）。审批3天以内学生请假。协助班主任教育学生，有计划地召开相关学生或家长会议。负责本年级部违纪学生的处理工作，针对严重违纪学生，经年级部管理委员会讨论处理，将书面处理意见报分管领导审批执行，并呈交德育处备案（停宿处分同时呈交总务处备案）；留校察看、劝退等重大处理工作移交德育处处理，并报学校政治工作领导小组批准执行。

（4）负责收集本届毕业生情况登记表。

5. 财产经费管理

（1）任何费用的收缴须遵守上级相关规定，并征得学校同意。费用发放按上级文件精神和学校相关规定的标准由年级部负责制表，并定期向本年级部教师公示。

（2）协助总务处做好本年级部学校财产的登记、检查、修理、赔付等工作。

三、聘任待遇

1. 聘任

年级部管理成员应具有良好的政治素质、较强的业务能力和一定的组织管理能力。由校长室聘任，任期为一年，学校根据工作情况到期任免。

2. 待遇

（1）年级部管理主任出席校行政例会，享受中层副主任的职务津贴。

（2）校中层以上领导（含校领导）兼任年级部管理工作的，其年级部管理岗位职务津贴按专职的1/2计算。

（3）年级部副主任的职务津贴略低于年级主任的津贴，但不低于班主任津贴。

四、管理考核

（1）对年级部工作的具体指导和考核由德育（包括体卫艺、团委、总务三个部门）、教学和学校行政值日三个管理系统构成，并由德育处、教导处和校办牵头负责制定本系统对年级部的工作指引和考核细则。

（2）学校值日管理系统在校级领导（部门主任）的主持下，负责从教师考勤、教育教学秩序、学生日常规范、体育卫生等方面采用百分制量化考核的办法对年级部工作进行督导和检查，负责协调年级部间的联系和工作，负责组织和安排全校性集中教育教学活动。校长办公室负责对值日事务和值班人员的管理。

（3）教导处主要对各年级部的备课、教学、批改作业、辅导学习等环节进行检查，通过听课、评课等途径，或采用年级备课组交叉检查的方式，加强教学过程的考核，以便全校统一标准，夯实教学过程管理。德育处主要从落实德育常规，按照“文明养成教育方案”的要求，对各年级部学生的日常行为、违纪现象、清洁卫生、班务管理、班主任工作等方面进行综合考核，以完善育人过程。

（4）学校调控监督年级部的月度考核，统一由校长办公室会同教导处、德育处进行。校长办公室对教学考核（教导处考核）、教育考核（德育处考核）和日常管理考核（值日管理系统）三方面进行考核评分，负责统计、分析、公布值日量化考核结果和月度考核结果，据此评定出当月年级部的考核结果，得分最高的为当月先进年级部，由学校授予“先进年级部奖”，并以此作为年级部管理委员会成员评优评先的重要依据。

五、其他

（1）实行年级部管理委员会制度后，学校中层既要发挥原有的执行校长办学思路和沟通上下关系的作用，还要及时将工作任务分解到各年级部，并做好对年级部的指导、督促、考核和服务等工作，使年级部成为有特色、执行力强的管理实体。

（2）凡涉及年级部发展规划、教师人事安排、教研创新、教学奖励、学生专项活动等重大事情，由年级部管理委员会民主协商形成意见，报送校长会议审批执行。

（3）教师定岗安排一般每学年调整一次。由年级部提出教师定岗方案，报教导处审核，由校长会议审批执行。各年级部要保持教学循环的相对稳定性，学校可以根据全校工作的需要对年级部教师统筹安排，但总人数不超过年级部教师总数的30%。

（4）设立年级部管理办公室，地点由学校统一安排。

年级部教学管理工作指引

为更好贯彻湛江二中港城中学《年级部管理委员会实施方案》精神，促进教师开展教学、教研、教改、创新竞赛、中考（高考）及各项教学常规工作，落实精致管理要求，便于年级部管理委员会有效管理，特制定本指引。

一、教学日常规

（1）年级部管理委员会各成员通过“年级管理考核表”，对年级教师的晨检、早读、上课（随机）、自习与坐班、晚修等情况进行考核，于每周五下午6：00前汇总至年级部主任处，并认真填写“年级管理考核汇总表”，于下周一上午11：00前交至教导处。

（2）年级部管理委员会通过《教室日志》，对教师每一天的课堂情况进行记录，包括教师考勤（是否缺勤、迟到、早退、拖堂）、课堂纪律及课堂效果等方面。《教室日志》由各班学习委员记录，分单、双周记录，于每周五下午6：00前交年级部管理委员会进行检查，年级部管理委员会于下周一上午11：00前把汇总结果交至教导处。

（3）年级部管理委员会通过“晚修检查表”，对本年级教师晚修情况进行记录。管理委员在当天晚上检查并通报，第二天上午交年级部管理委员会统计，于下周一上午11：00前将统计结果交至教导处。

二、教学周常规

（1）年级部管理委员会通过《听课记录本》，对教师听课情况进行记录。各位教师要每周至少听1节课，并做好记录，于每周五下午5：00前把记录本交至各年级备课组组长检查；备课组组长检查汇总后，于下周一上午10：00前交年级部管理委员会检查；年级部管理委员会于下周一上午11：00前将汇总结果交至教导处。

(2) 年级部管理委员会通过“集体备课记录表”，对备课组集体备课情况进行记录。各备课组组长当天备完课，即把记录表交年级部管理委员会检查；年级部管理委员会于下周一上午 11：00 前把汇总结果交至教导处相关负责教师。

(3) 备课组组长检查“老带新”备课、听课评课、教案及作业批改、小结情况，每周五汇总后于下周一上午 11：00 前将汇总情况交至教导处。

(4) 每周五把本备课组的各项情况（包括备课、听课、上课、“老带新”情况、学生反馈及其他教学情况）进行小结，并报年级部管理委员会汇总，年级部管理委员会于下周一上午 11：00 把汇总结果交至教导处。

三、教学月常规

(1) 年级部管理委员会按规定时间安排每月测试及期中、期末考试的相关工作，把关命题人员及审题人员名单，并于考试前两周把名单交至教导处备案；做好命题及审题工作，并提前至少 5 个工作日把题目统一打包发至指定的教导处邮箱；做好考场安排并与教导处相关人员对接；安排好监考人员名单，并进行考勤统计；安排好统一评判、登分、核查、统计、反馈工作；安排好教学分析及开展总结会议（具体时间要提前一周报教导处备案）。测试结束后，一周内把考试各项工作总结情况交至教导处。

(2) 年级部管理委员会通过“作业量检查表”，采取随机抽查方法，每月随机抽查各班作业量，并及时统计反馈教导处备案，反馈结果于每月最后一周周三交至教导处。

(3) 年级部管理委员会每月最后一周周五上午 11：00 前，把当月所有教学常规检查情况进行汇总，并把表扬与存在问题汇总交至教导处。

(4) 各年级部管理委员会在教导处指导下，落实本年级中考（高考）备考各种会议。相关会议应提前两周与教导处相关负责人联系并做好会议准备工作。

四、教学学期常规

(1) 各备课组组长，每学期第一周周一上午 10：00 前上交“教学进度表”及备课时间、地点、人员名单，由年级部管理委员会汇总，于当天交至教导处。

(2) 每学期期末前一周周五上午 11：00 前，各位教师把“教学总结表”交备课组组长汇总，各备课组组长于下午 4：00 前把“教学总结表”交年级部管理委员会汇总，于下午 5：00 前交至教导处。

(3) 每学期开学第二周周一上午 11：00 前，各位教师把教学论文交各备课组组长汇总，周一下午 4：00 前交学科组组长汇总，并评选出优秀论文；周三上午 11：00 前打包电子稿件、纸质稿件及评选结果交教导处汇总。

(4) 每学期倒数第三周周五上午 11：00 前，汇总本学期的大事记及师生的获奖情况，于周五下午 4：00 前交至教导处。

五、教学学年常规

教学学年常规由教导处组织，并由年级部管理委员会落实。教师节前评选“湛江二中港城中学先进工作者”，10 月前评选“教学积极分子”“教研教改积极分子”“教学先进集体”“教研教改先进集体”，第二学期期中评选“最美教师”，9 月评选“中考（高考）先进工作者”。

第二节　精致教研管理制度

教师听课管理制度

一、听课类别认定

教师听课是指教师之间在日常教学中的听课、“老带新”相互听课、学校各类调研检查听课、各类校内教学公开课听课、各类校际教学交流活动听课。

二、听课量标准

（1）高级和中级职称任课教师，每学期听课不少于20节，其中首次担任某年级学科教学教师，每学期听课不少于25节。

（2）初级职称任课教师每学期听课不少于30节。

（3）未评定职称任课教师及参加青年教师培训的青年教师，每学期听课不少于35节（音乐、美术、体育、信息技术学科不少于20节）。

三、听课基本要求

（1）教师听课按要求填写“教师听课记录本”，对听课主要内容进行记录，及时与授课教师交流，要对所听的课进行综合评价。凡缺少上述内容的听课节数不予认可。

（2）教师个人间的互相听课和4人以下（含4人）的备课组内听课记录，课后由授课教师签名核证。

（3）参加青年教师培训的教师，跟进度听课的记录必须由指导教师签名核实。

四、听课情况检查

（1）“教师听课记录本”每周五交年级部教学委员检查，教学委员将检查结果以电子稿形式上交给教研室，由学校予以通报。每月最后一周的星期五下午第八节课以年级组为单位，将“教师听课记录本”交教研室检查并盖章，检查结果记录由教研室存档并上报主管教学校长。

（2）教研室每月将教师听课检查结果以书面形式反馈给教导处进行教学绩效考核。不按要求完成听课任务的教师，按学校教师教学考核和各类教育教学先进评选相关规定处理。

教科研先进个人评选办法

一、评选宗旨

深入推进我校的“精致课堂”教学改革，充分调动各位教师从事教育科学研究的积极性和创造性，形成浓厚的科研氛围，培养一批科研型的骨干教师队伍，全面提高我校教育科学研究的水平和质量。

二、评选对象

全校任课一年以上的在岗教师。

三、评选条件

评选者除符合教育教学的基本条件外（参见“教科研积极分子评选表”），必须具备以下几个方面三分之一以上的条件。

（一）课堂教学改革

（1）积极参与“精致课堂”教学改革，能熟练运用“三课”模式进行课堂教学。

（2）能协助教研组组长、备考组组长和年级主任带动本学科教育教学研究工作。

（3）积极主动承担校级示范课和探讨课。

（4）积极主动总结个人的教学改革实践，提供改革实施案例或论文。

（5）积极反思教学改革，能提出建设性意见。

（6）参加教学竞赛活动并取得优异成绩。

（注：无特殊情况不参加“精致课堂”教学改革或拒绝校内教研活动者一票否决。）

（二）课题研究

（1）能独立承担学校/市/省/国家级课题，或成为课题组的重要执行人，或在课题研究中能起骨干作用。

（2）科研成果突出。

①在课题研究中具有一定的成果，研究试验的论文或报告等能得到上级相关部门的肯定或奖励或发表。

②在省、市级及以上报刊上发表教育教学论文或文章，或在市级以上各种课题、论文评比中获奖。

（三）课程开发

（1）认真研究学习课程开发的相关理论，立足于我校的课程设置现状进行实践探索，参与或开发出适合我校学生实际的校本课程。

（2）在课程开发方面获得优质课或有研究论文发表或参加科技创新大赛获奖。

（四）竞赛辅导

（1）辅导过程完备（有计划、有记录、有教案）。

（2）辅导的学生在各项竞赛活动中获奖。

四、评选办法

（1）先进个人由个人申报至学科组，各学科组推荐到教研室，并填写上交“教科研先进个人申报表”。

（2）由教研室根据实际组织评定后，交校主管领导审核，最后由校长会议审议确定。

（3）按照选择性条件各项权重计分（细则另附），每年度评选10人。

五、奖励办法

(1) 对获“教科研先进个人”者，发放获奖证书和一定的物质奖励。
(2) 在教职工年度考核和学年度绩效考核等级评优及职称评聘中优先。
(3) 在外出学习交流活动中安排优先。

第三节　精致德育管理制度

班主任工作常规

为落实《年级部管理委员会实施方案》，便于有效地开展班级管理工作，特将方案中的班级管理职能细化，制定本工作常规。

一、日常规

(1) 组织学生晨检、早读、上课、自习等纪律，发现问题及时纠错，对表现优异者及时表扬。
(2) 监督、指导班干部组织课间操、眼保健操。
(3) 指导班干部做好班级卫生管理。
(4) 监督学生着装、仪表和手机管理等情况。
(5) 组织管理班级课间纪律，杜绝随意打闹及乱串班级现象。
(6) 监管班级灯、平台、饮水机等电器的安全使用并做到节能管理。
(7) 组织并指导班干部或文明班级小组建设的组长做好晨会、夕会的组织总结，及时通报当天情况，遇有班级管理或文明班级小组建设异常情况及时协调处理。
(8) 协助科任教师处理学生的问题，对违纪学生及时处理，严重者及时报告年级部。
(9) 指导和督促班级学生干部的常规管理、检查和记录，奖惩应及时、公平公正。
(10) 及时、认真、负责任地处理各种偶发事件。
(11) 完成上级交办的各项任务。

二、周常规

(12) 根据学校要求和年级部实际安排完成一周班级工作。
(13) 根据年级部班会主题安排和班级实际情况，认真备课，上好主题班会课，突出时效性和实效性。
(14) 掌握学生上课、听课、作业完成与上交情况，组织学生参加社团及其他课外活动等。
(15) 坚持家校沟通，跟踪“问题生”情况，协调家长、关联人或年级部做好教育引导工作。
(16) 经常巡查住宿生宿舍、食堂，密切关注并指导住宿生活和就餐，协助生活部管理。

（17）每周评定文明班级小组，并按要求进行推优表彰。

（18）及时完成上级交办或分发的相关统计表及资料。

（19）对班级公物、备品及清洁卫生进行监管。

（20）负责组织开展健康有益的文体活动。

（21）主持班干部例会，总结一周班级情况，对存在的问题予以监督整改。

三、月常规

（22）根据每月德育主题，督促学生出一期黑板报。

（23）负责组织召开以班主任为核心的联班会议，总结班级管理情况并及时上传年级部。

（24）班级上一月“操行评定汇总表”（文明班级小组建设学生量化考核）于每月第一周上传到年级部。

（25）负责布置年级部安排的班级相关考场及其他考务等工作。

（26）协助上级部门做好学生学科竞赛、创新活动、文体活动等工作。

（27）组织班级“每月之星”的评选、报送工作。

（28）做好家校联系、亲子教育活动及“问题生”处理工作，适时召开不同类型的家长会。

（29）做好家长学校教员工作、课程的开发与授课工作。

（30）配合年级部做好每月年级部学生、教师会议的组织与实施工作。

（31）协助年级部做好年级其他管理工作。

四、学期常规

（一）期初

（32）开学一周内制订班级工作计划并上交至年级部。

（33）根据“假期工作安排”和“致家长的一封信”检查、落实假期各项要求；全面了解新学期学生家庭状况，组织报到注册，并做好防辍学工作。

（34）配合做好开学典礼各项工作，备好并上好开学第一课。

（二）期中

（35）考试前协助年级部落实考场布置、学生考风考纪教育等各项备考工作。

（36）考试后及时总结落实“三生”的培优补差工作。

（37）分层召开班级学生代表座谈会，了解学生对班级教育教学工作的反映。

（38）根据教育教学需要，组织召开不同规模、类别的家长会。

（三）期末

（39）完成班级工作总结，对班级工作和教育教学工作提出改进措施。

（40）汇总班级期末考试成绩，并对成绩做出分析总结。

（41）按照德育处期末工作部署，完成推优评先等相关工作，及时报送其他常规管理材料给年级部。

（42）协助总务处做好班级学校财产的登记、检查、修理、赔付等工作。

五、学年常规

(43) 针对一年的教育或教学工作实际，撰写工作总结和不少于2 000字的德育论文，并积极参加学校的教育教学经验交流。

(44) 协助年级部推荐班级优秀学生，做好校级及以上推优评先工作。

(45) 完成上级交办的各项任务。

优秀班主任量化评选办法

一、评选宗旨

为进一步加强我校班主任队伍建设，鼓励班主任敬业爱岗、教书育人、多出成果、争当先进，特制定本办法。

二、评选条件

优秀班主任必须在具备以下必备条件的基础上进行评选。

(1) 热爱班主任工作，恪尽职守，为人师表，师德高尚，遵纪守法，廉洁从教，严格遵守《湛江市中小学收费“十不准”》的相关规定。

(2) 除国家有关政策规定外，年度病假累计不超过两周，年度因私事假累计不超过一周，且本学年担任班主任工作8个月以上。

(3) 教育并督促学生遵守《中小学生守则》《中小学生日常行为规范》及学校的各项纪律，本班学生无违法犯罪行为。

(4) 做好各项安全教育工作，能较好地处理好日常班务工作和本班学生的偶发事件。本班没有学生违反国家和学校规定而发生意外伤害责任事故。

(5) 努力做好本班“问题生”思想转化工作，尊重学生人格。无体罚或变相体罚学生行为。

(6) 本班无学生被给予开除处分。

(7) 本班每学期一次或每学年两次获“双优班”称号。

(8) 年级民主测评评优不少于三分之一人数。

三、量化评选内容

量化评选内容包括班主任日常工作，班级常规管理，学生德育、艺术、体育等成绩，学生学习成绩等，具体标准见《优秀班主任评比量化标准》。

四、量化评选主要依据

(1) 班主任日常工作以检查或签名为准。

(2) 班级常规管理以德育处等各处室、级组、学生会团委的检查评比为准。

(3) 德育、艺术、体育等成绩以各类评比等次为准。

(4) 学生学习成绩主要依据招生学籍中心公布的中段测试、期末考试成绩，上级各部门公布的竞赛成绩。

五、评选程序

（1）自评：参选人每学年结束前两周到德育处领取“优秀班主任审批表”，如实填写，并于每学年结束前交回德育处。

（2）级评：级组按本人提出的申请，对照条件进行初步核实，并写上级组长、级主任意见。

（3）核查：德育处对级组提供的班主任自评材料进行核实。

（4）拟批：主管校长审核。

（5）批准：校长复审及提交至校长会议审议批准。

（6）公示发文：校长会议审议批准后，将确定的优秀班主任名单进行公示，无异议后发文表彰。

六、评选名额

评选人数原则上控制在各年级班主任总数的50%以内。德育处将按总分排名先后向上级推荐。

七、评选时间

每学年结束前评选一次（“学年”按广东省教育厅公布的校历为准）。

八、奖励表彰

根据审批结果，学校给予表彰，给优秀班主任发放奖励证书，并将其存入教师个人业务档案；同时，学校给予一定的物质奖励。

九、本办法从校长会议通过公布之日起试行，由德育处组织实施

十、本办法由德育处负责解释

在实施过程中有任何意见或建议，请向德育处反映，以便今后修订。

第四节　精致社团管理制度

湛江二中港城中学学生社团管理办法

一、总则

第一条　为了进一步加强校园精神文明建设，落实学校“优秀 + 特长”的理念，推动学生社团向规范化、多元化方向发展，丰富和活跃校园文化生活，促进学生素质的全面提高，依据国家及本校有关规定，特制定此章程。

第二条　学生社团必须坚持四项基本原则，遵守国家的法律法规和学校的有关规定，贯彻国家教育方针。社团活动应遵循民主原则，严肃活泼，加强纪律管理，保证社团的健康发展。

第三条　学生社团实行登记成立、年度注册和重大活动审批的管理方法，社团的指导部门为校团委和学生会。

第四条　学生社团的社员应是在读的湛江二中港城中学正式学籍的学生。

二、社团的成立

第五条　成立条件。社团发起成立应具备下列条件：

1. 有五名以上的学生发起。

2. 有至少一名社团指导老师。

3. 有规范的社团章程，社团章程应包括社团的名称、宗旨、社员招收标准、社员的权利和义务及其他应说明的事项。

4. 有相对固定的活动场地。

5. 有以社团形式开展活动的必要。

第六条　成立程序。学生社团成立应履行如下手续：

1. 由社团发起学生到校团委提交书面申请报告、章程草案及指导教师意见、发起成员名单及基本情况介绍等。

2. 由社团筹备组负责人填写“社团申请表”，一式两份（一份存学生会，一份社团自留）。申请表经批准后，社团视为准成立，并以××社团的形式开展活动。

3. 如有必要，批准成立的社团可以筹备社团的名义申请招收社员，开展活动。

4. 批准成立的社团须接受校团委和学生会的领导，并严格执行学校有关条例和规定。

5. 批准成立的社团考察期定为三个月。考察期满后，由社团负责人向校团委提出申请，并上交考察期间的活动总结及其他需要说明的情况。学生会和校团委将根据其在考察期间的活动情况，撰写详细的考察报告，并上报审定。审定合格后，方批准该社团正式成立。

6. 经批准成立的社团应尽快以公告或其他形式向全校宣布成立。

第七条　学期注册。登记成立的学生社团要进行学期注册。

1. 登记成立的社团从登记成立之日起，每学期开学后需提交以下书面材料：

（1）上一学期社团的活动情况总结；

（2）社团的一切变更情况，如：社长换届、社员变动、社团名称更改等；

（3）社团本学期的主要活动计划。

2. 上述材料经审查合格后，由社团负责人填写“社团注册表”。

3. 社团从登记成立或注册之日起，三个月没有申请注册者，由学生会给予警告，一个学期没有申请注册者，校团委有权将其解散。

第八条　社团负责人。学生社团负责人从本社团推荐并报送指导教师，指导教师同意后由校团委认可产生。

1. 学生社团负责人主要指社团社长、副社长、部长及财务管理人员。

2. 学生社团负责人必须具备下列条件：

（1）在我校正式注册的学生；

（2）遵守校规校纪，热心于社团工作，乐于为同学服务；

（3）尊敬师长，团结同学，成绩优良，德智体全面发展，在同学中有一定威信。

3. 有下列情况之一者，不得担任社团负责人：

（1）受到过严重警告及以上处分者；

（2）曾因违反有关规定被校团委撤职的社团负责人；

（3）曾因违反有关规定被宣布解散的社团中的原负责人或主要成员；

（4）有其他不宜担任社团负责人事项者。

第九条 学生社团在发起成立时必须明确指导教师；指导教师应是我校的正式教职工或外聘有资质的老师。指导教师应熟悉该社团的活动内容并能胜任指导工作，对社团主要活动进行可行性、安全性论证。

第十条 学生社团可聘请若干政策水平较高、学术造诣较深或在某些方面有特长、关心学生社团活动的校内外专家、学者、教师、企业家担任社团的顾问或名誉社长（会长），但必须事先征得校团委同意。

三、社团管理及活动

第十一条 社团活动必须奉行公开原则，出具广告、公告等必须署名“湛江二中港城中学学生社团：×××”字样。任何社团不得盗用指导部门或其他组织的名义开展活动。

第十二条 学生社团举办以下活动要向校团委申报审批：

1. 两个或两个以上社团联合举办活动。
2. 与校外团体、单位、个人的联合活动。
3. 有外籍人士参加或涉外内容的活动。
4. 从校外邀请的讲座、报告等活动。
5. 涉及宗教、民族问题的活动。
6. 其他有关学校秩序的重大活动。

第十三条 学生社团申办以上活动须在活动一周前向学生会社团部提交申请报告及活动经费预算报告，经学生会社团部审核并报校团委同意后方可开展活动。申请报告应包括以下内容：

1. 活动的目的、内容、形式、人数、时间、地点、主办单位、负责人。
2. 涉外人员或被邀请人员的基本情况。
3. 指导单位或指导教师的意见。
4. 经费来源、组织方式。
5. 其他需要说明的问题。社团负责人应做好活动记录，在活动结束一周内将活动记录送交学生会。任何学生社团未经批准不得开展与第十二条有关的任何形式的社团活动。

第十四条 学生社团因工作需要可以创办本社团的报纸或刊物，但需符合以下规定：

1. 学生社团创办刊物必须符合下列条件：

（1）刊物内容健康积极，符合各项国家法规；

（2）有明确的编辑方针和内容范围，有确定的主办单位和指导教师；

（3）有健全的编辑部和编辑人员，主编及主要编辑成员应为本社团社员。

2. 在符合上述条件下，由社团负责人向学生会递交申请及经费预算报告，申请上应写明刊物名称、办报（刊）宗旨、编辑内容、主编、指导教师、主办单位、资金来源等需要说明的情况。经学生会、校团委同意后可开始正式编印。

3. 学生社团每期报刊出版后，应及时将刊物交学生会存底。不符规定或质量不高的报刊，学生会有对其提出整改直至停刊的权力。

第十五条　每学年开学初是社团统一招新时间，由校团委和学生会指导各社团开展。每年 12 月举办社团文化节，各社团须积极参与筹备，服从校团委和学生会的安排。

第十六条　针对违反规定的社团，学生会有权予以批评教育。社团有下列情况之一者，学生会可责令其停止活动，进行整顿：

1. 无正式负责人和组织机构。
2. 活动范围和内容与社团宗旨、章程相违背。
3. 不接受学校有关部门的各项规定和指导。
4. 财务出现较大差错和混乱。
5. 社团主要负责人员有严重违反校纪国法的行为。
6. 社团成员盗用社团名义组织活动。
7. 出现其他应予以停止活动、进行整顿的情形。

第十七条　社团严重违反规定，对该社团负责人及其他负有责任的成员，由学生会视其情节给予批评教育。对有严重错误者，报请校团委予以校纪处分。

第十八条　在社团活动中违反规定受到校纪处分的学生，未经学生会同意，不得再参加任何社团活动。

四、社团财务

第十九条　学生社团为非营利性组织，不得以任何理由、任何形式进行营利性活动。

第二十条　社团自成立起即应建立经费收支账目，并由专门人员负责。

第二十一条　学生社团财务归该社团集体所有，为集体服务，任何人不得非法占有。

第二十二条　学生社团的活动经费自行筹集。

第二十三条　社团经费由各社团自行管理和分配。

第二十四条　各社团于每学年末向有关部门及全体会员公布正式的年度财务收支总结报告。学生会和社团成员有权对各社团的经费使用进行检查和监督。

五、社团的解散

第二十五条　学生社团三分之二以上的会员同意解散时可向学生会提出申请，经校团委审核并报主管校长同意后，方能解散。

第二十六条　社团出现下列情况之一时，学生会可将其解散并备案：

1. 社团从登记之日或注册之日起，6 个月内没有申请注册者。

2. 社团社员连续两年不足 10 人者。

3. 违反国家法律政策、严重触犯校纪校规、利用社团名义从事非法活动者。

4. 一个学期未进行正常活动，机构瘫痪者。

5. 背离社团活动宗旨，影响恶劣者。

6. 停止活动予以整顿，但未见好转者。

7. 出现其他应予解散的情况。

学生志愿服务管理办法

学校志愿服务工作是践行“上善若水二中人”理念的重要途径；是新时期学校加强思想引领和价值引领，培育践行社会主义核心价值观，传播青春正能量的有效途径；是贯彻党的教育方针，坚持实践育人，全面实施素质教育，促进学生健康成长的重要抓手；是开展团员意识教育，提升团员先进性，夯实基层组织基础，凝聚广大团员学生力量的时尚载体。为贯彻落实《中学共青团改革实施方案》《关于加强中学生志愿服务工作的实施意见》的有关精神，大力推进学校志愿服务工作，特制定本办法。

一、主要目标和基本原则

（1）学校志愿服务的主要目标是立德树人，增强学生的社会责任感和社会实践能力，服务于教育工作大局，促进学生健康成长；弘扬“奉献、友爱、互助、进步”的志愿精神，培育和践行社会主义核心价值观；推动全体学生成为注册志愿者，加强团员意识教育，发挥团员先锋模范作用；完善团委职能，加强学校共青团建设。

（2）学校志愿服务工作遵循自愿、公益、安全的原则。学生参与志愿服务，应秉持自主意愿，并具有相应的民事行为能力。未成年学生可以参加与其年龄、智力相适应的志愿服务活动；其他活动根据实际情况在其监护人陪同下或者经监护人同意后进行，同时也鼓励监护人成为志愿者，与学生一同参与。团委组织志愿服务活动，要切实做好风险防控工作，加强学生安全教育、管理和保护；学生自行组织开展志愿服务时，团委应要求学生做好风险防控工作。

二、工作机制和活动方式

（1）建立健全学校“处室协调指导、团委归口负责、综合素质评价驱动、团员学生自愿参与”的志愿服务工作机制。设立志愿服务工作专项经费，纳入学校预算管理。

（2）志愿服务领域主要包括扶贫济困、助老助残、社区服务、生态环保、网络文明、文化建设等。服务内容主要包括普及文明风尚志愿服务、结对帮扶和送温暖献爱心志愿服务、应急救援知识普及志愿服务、面向特殊群体的志愿服务以及网络志愿服务等。志愿服务以学校团委组织开展为主，鼓励班级自行开展。引导学生从身边做起、从小事做起，将志愿服务融入日常生活。

三、组织实施和项目管理

志愿服务组织实施遵循“党政领导、团委负责，就近就便、注重实效，激励为主、量力而行”的原则，推行项目管理，依托广东省志愿服务网站“i志愿”进行网络化、信息化管理。团委组织志愿服务活动，班级团支部要组织动员本班同学主动参与志愿服务，并注册志愿者，报名活动，留下服务记录。

志愿服务项目实施遵循以下流程：

（1）网上注册。组织注册：学校已经注册“湛江二中港城中学志愿服务队”；个人注册：学生个人必须注册成为网上志愿者才能报名参加活动，注册志愿者流程由团委负责印发。

（2）立项发布。每项学生志愿服务活动要明确项目负责人，以团委、学生会志愿服务部为主，详细填写“i志愿”中发布活动所需内容，包括活动时间、地点、内容、联系人及电话、活动要求等。团委统筹规划，制订学生志愿服务工作计划，纳入学校相关工作安排。团委主管老师进行风险评估，对项目进行审批，协助项目负责人发布信息。

（3）录取培训。团委、学生会各部门根据工作需要且经团委老师审核后可以公开招募志愿者，并按照公开招募、自愿报名、择优录取、定岗服务的方式开展招募工作。入围的志愿者上岗前在规定时间内完成网上报名，志愿服务部根据招募部门提供的名单完成录用，负责招募的部门做好安全培训和相关指导工作。

（4）开展服务。开展志愿服务活动，需要志愿者和负责招募的部门全程参与了解，密切支持配合，及时记录学生表现和服务时长并向学生会志愿服务部反馈。学校、学生志愿者、服务对象应遵循《志愿服务条例》规定的志愿者权利义务、服务对象权益保障等。

（5）认定记录。时长记录严格过程监督，确保记录清晰、准确无误。由志愿服务部根据时长记录为参加活动的志愿者统一录入时长。志愿者可随时查询或打印志愿服务活动情况。

（6）表彰激励。团委利用“五四”表彰暨学校标兵表彰对参加志愿服务工作积极、志愿服务时长较长的志愿者进行颁奖，并推荐到市一级参加志愿服务标兵评选。

四、综合评价和注册管理

（1）团委将是否注册志愿者、是否达到一定数量的志愿服务时长作为团员年度考核以及各项推优评先的必备条件，争取学校支持把志愿服务时长作为综合社会实践的内容管理。志愿服务指导教师在工作日之外参加的志愿服务工作按学校加班制度给予报酬。

（2）依托广东省志愿服务网站“i志愿”（www. gdzyz. cn），推动全体学生申请成为注册志愿者，利用“3·5中国青年志愿者服务日”广泛发动、集中开展注册工作。入团积极分子必须完成8小时志愿服务时长才能入团。将团员成为注册志愿者情况纳入团委基础团务工作和考核内容，加强注册志愿者账号管理工作。

五、强化服务和加强领导

（1）拓展服务项目。在校内设立图书馆、维洁、文明督导等志愿服务岗，拓展校级、班级志愿服务项目。发挥区域化团建优势，完善供需对接机制，为我校学生志愿者走进社区、走进企业、走进社会开展志愿服务的行为提供项目支持。继续巩固已有的校外服务站，进一步开发适合我校学生的志愿服务项目和岗位。整合当地资源，借助家长委员会设立校外志愿服务基地、拓展项目资源等。

（2）加强教育培训。利用团队日、班会及课余时间开展志愿理念、志愿精神、志愿服务基本要求与知识技能、志愿者权利和义务、志愿服务安全知识等通用培训；在少年团校和业余党校中设置专门学时开展应急救援、心理辅导知识等专业培训；根据志愿服务实际需要开展有针对性的专项培训。

（3）健全工作机构。主管副校长任学校志愿服务队队长，团委书记担任副队长，学生会设志愿服务部负责具体活动。

（4）落实职责分工。团委负责向上级汇报、拓展项目、考核表彰、评估风险、指导工作；志愿服务部管理志愿服务账号和专项志愿服务活动；团委、学生会志愿服务部负责组织实施、督促报名、时长记录；班级负责组织班级学生注册成为志愿者和开展志愿活动等工作。

第三章　资料选编

第一节　规划报告

湛江二中港城中学 2021—2025 年五年发展规划

为认真贯彻落实习近平总书记关于教育的重要论述和全国教育工作大会精神，湛江二中立足发展新阶段，落实立德树人根本任务，不断深化学校教育教学改革，全面提升综合办学水平，助力我校“一流教育集团”和“理想学校”的建设，推动我校向更高质量方向发展。现结合学校实际情况，特制订湛江二中港城中学 2021—2025 年五年教育发展规划。

一、总体指导思想

未来五年，学校将全面深入贯彻落实党和国家的重大教育方针，秉承二中“上善若水”理念，强化创新意识，积极探索适合本校的发展模式，围绕“立德树人”教育根本任务，以培养“全面发展的人”为核心，以创建“精致教育”特色学校为目标，深入推进特色文化建设、团队建设、班级建设、特色教育等，提升服务质量和管理水平。以“敢为人先”的创新精神、“合作务实”的求真品格、“关爱包容”的人文情怀和“追求卓越”的大志胸怀，完善“精致教育”体系，办成一所“质量一流、特色明显、品位高雅”的民办品牌学校，在本地区发挥示范作用。

二、主要目标任务

（一）学校定位

（1）办学理念：品牌立校、依典办校、民主治校、文化育校、科研兴校。

（2）办学特色：“优秀 + 特长”——让优秀成为一种习惯，让特长成为一种优势。

（3）育人目标：修品行，善学习，强体魄，美志趣，树理想，敢担当。

（4）教风：全面发展，因材施教。

（5）学风：乐学善学、合作探究。

（6）文化形象：“上善若水二中人”。

（二）办学规模

按照主管部门审定，保持教学班 78 个、学生 3 900 人左右的规模。

（三）办学目标

根据《中华人民共和国民办教育促进法》及其上级主管部门有关规定，符合国家中长期教育改革和发展规划的要求，执行学校《办学章程》，依托二中集团，重点建设，整体提升；基于核心素养理念更新教育教学管理理念，以“精致教育”理念引领学校发展，努力打造二中集团优质生源基地；“精致教育”从五个维度展开：一是以实施“精致课堂”为核心推进“精致教学”，二是以“三项教育”为内容落实“精致德育”，三是以“问题研究”为导向开展“精致教研”，四是以“责任担当”为内涵实现“精致管理”，五是以“社团文化”为形式打造“精致社团”。

三、主要工作措施

（一）提高政治站位，加强党团建设，为学校发展提供政治思想保障

坚持以习近平新时代中国特色社会主义思想和党的十九大系列会议精神为指导，认真落实新时代党的政治建设总要求，强化“四个意识”，践行“两个维护”，以严明的政治纪律维护良好政治生态。

1. 以党的政治建设为统领，凝聚正能量

一是加强学习。深入学习贯彻落实党的十九大精神、习近平总书记在全国教育大会上的讲话精神，并以此为学校当前和今后一个时期的重要任务；加强党性、党风、党纪、党规教育，坚守道德底线和纪律红线；加强党建文化长廊、党（总）支部阵地、基层支部党员示范岗等党建阵地建设，利用主题党日开展党内组织生活，加强教师职业行为教育引导，在学习中锤炼党性、凝聚人心、建设师德。二是领导学校工会、共青团等群团组织。做好统一战线工作；借助“学习强国”App平台，倡导自觉学习意识；引导党员干部和广大教师学习新理念、新思想、新战略，凝聚正能量，争当“四有”好老师，提升教师队伍整体素养。三是树立先进楷模。弘扬高尚师德，促进学校内涵不断向优质发展。

2. 强化团队组织思想引领，以党建带团建

一是加强意识形态引导。提高团员、团干的政治思想意识，从严治团，严把团员入口关，未来五年继续控制团员发展数量，高三毕业班团员人数控制在40%左右，初三毕业班团员人数控制在30%左右。二是加快推进班团一体化。按班建立团支部，推行班级团支部与班委会一体化运行机制；依托智慧团建系统，在团员报到、组织关系转接、团费交纳、团员教育评议、年度团籍注册、入团志愿书上传等方面精准管理团员，争取每年100%达标。三是规范社团管理。组织精致社团，借助全国学生资助管理信息系统和广东“i志愿”平台，推动扶贫济困和志愿服务相结合，实现全部团员在“i志愿”平台上注册志愿者，100%达到时长要求。四是融入仪式教育。通过入团离队仪式、国旗下的演讲等，以广播站、钉钉群、公众号、企业微信等阵地，让青少年在沉浸式的仪式氛围中接受思想道德熏陶；引导青少年规范自身行为、抵制错误言论，积极弘扬网络正能量，帮助青少年提升网络素养。

（二）依法治校常态化，人事和后勤服务化，为学校发展做好保障

1. 推进依法治校，维护学校和师生的合法权益

一是根据《中华人民共和国教育法》和《中华人民共和国民办教育促进法》等法律法规，执行学校《办学章程》，建立现代学校制度，推进依法治校，将落实《依法治校示范校》的规范纳入学校重要议程，维护学校和师生的合法权益。二是规范并完善学校管理制度，着力优化“级组+年级委员会”的管理模式，彰显人文精神，激发各部门和广大教师的主体意识，提升管理水平。三是推进岗位设置、岗位聘任、岗位考

核评价及绩效工资改革，推行年级部委员会领导小组的管理、评价和效能提升举措，不断完善学校分层管理机制，落实年度考核和评估办法，提升管理效能。四是及时组织招聘活动，补足缺额学科教员；做好教职工年度述职和考核定级工作；结合督导组评价，计发教师绩效奖金。

2. 强化学校安全工作，建设平安校园

把校园安全摆在首位，完善和落实校园安全各项规章制度，推动更高水平的平安校园建设。一是增强忧患意识，树立底线思维，筑牢安全防线，提升对教育安全与政治安全、意识形态、网络阵地管理等领域潜在重大风险和挑战的预判能力。二是守住教育开放的安全底线，加强师生的政治思想教育，维护学校稳定，为学校发展规划的顺利施行提供和谐平台。三是推进校园安全设施智能化，五年内实现监控全覆盖，修订各项应急预案，组织有效安全演练，确保校园、校舍、校产安全及广大师生的财产安全；进一步规范小卖部管理，提升学校食堂管理水平和服务质量，实行领导陪餐制度，确保师生就餐安全。四是优化校园健康体系，完善健康教育细则，狠抓卫生工作，切实抓好校园疫情防控工作，加强传染病、常见病预防、控制工作，保障师生的生命安全和身体健康。

3. 坚持五育并举，加强体育、美育和劳动教育

一是围绕“立德树人”教育根本任务，树立科学成才观念，坚持以德为先、能力为重、全面发展，坚持因材施教、知行合一，创新德智体美劳过程性评价办法，完善综合素质评价体系，引导学生坚定理想信念、厚植爱国情怀、加强品德修养、增长知识见识、培养奋斗精神、增强综合素质。二是树立健康第一的理念，开设体育与健康课，提供体育选修模块；开设信息、通用、艺术选修、劳动教育等课程，创新志愿服务内容，科学设计课内外劳动项目、综合实践活动课程，统筹通用技术选修与校本课程的融合。三是推动教育评价改革，继续落实因材施教理念，加强常规教学管理；根据学生个人的学习能力和特长方向设计教学内容与作业，健全分层分班教学和分层评价教学机制，营造促进学生全面发展而又富有个性的教育生态，完善过程与结果有机结合的分层学业考评制度。四是加大督导组对教师的教学督导，进一步加强对常规教学活动的指导与管理。五是加强体育、美育和劳动教育，打造活力校园，让学生享受体育运动、艺术活动和劳动的乐趣，打造特色项目，增强学生体质，提升学生素养，锤炼学生品质。六是切实开展流行病、传染病的预防和宣传教育工作，规范和完善学校传染病疫情防控系列制度和校园卫生管理系列制度，力争解决学校保健室人员和设施配备难题。七是认真落实创文、巩卫等工作，全面推行垃圾分类政策，力争创建市一级垃圾分类示范学校。

4. 提升总务后勤管理水平，建设智慧校园

一是配合上级要求发展“互联网＋教育”，增设多媒体电脑室，探索和推进创造基于云计算、物联网、传感器、3D 打印等新技术和大数据系统的智能学习环境，建设创客空间等信息化场地。二是加强节水节能的制度建设和宣传教育，推进节水节能器具使用，应用新技术，采用智能控制水电等系统，推进校园绿化与办学特色、环境育人的结合。三是更新改造学校各项设备设施，完成学校网络及电话线升级改造，使网络 WLAN 覆盖全校，分期分批更新实验器材。四是提升教学硬件配置水平，参照已做好的 C810 教室样板，对全校 80 多个教室、功能室及办公室、会议室墙体进行翻新，更

换教室、办公室智能防眩光照明、智能课堂管控平台、授课学习终端等设备设施。五是完善校园建设，给师生营造更安全舒适、现代科学的环境，完成食堂“明厨亮灶”建设的监控改造升级，改造运动场，重建1 500平方米跑道和5 000平方米的篮球场及羽毛球场。六是加装电梯，为缓解学生上下电梯的拥挤，计划在教学楼加装观光电梯。

（三）加强管理，锻造队伍，支撑学校高质量发展

1. 完善学校管理制度，提升各部门管理效能

规范并完善学校管理制度，彰显人文管理精神，激发干部创新发展意识，提升管理水平。着力优化“级组+年级委员会”的管理模式，推进岗位设置、岗位聘任、岗位考核评价及绩效工资改革，推行年级部委员会领导小组的管理、评价和效能提升举措，实施学校分层管理机制，落实配套评价，推进中层干部竞争上岗，出台考核和评估办法。

2. 加强教师队伍建设，促进教师专业成长

坚持人才引进和自身培养相结合，依托省、市“三名”工作室，以“精致教育”的实践推动教师队伍建设，结合“走出去、请进来”等方式培养业务骨干，打造“名师工程”，着力打造一批学科带头人和优势学科群体，为提高教学质量和拓展特色空间奠定基础；建成一支“道德+知识+智慧+敬业”的教师队伍，促进教师“七项专业能力”的发展：有较高水平的专业知识技能，有较高的信息技术水平及应用于教学的能力，有较强的校本课程开发及课程资源开发的能力，有较强的教科研的能力，有承担校级以上公开课、研讨课等教学活动任务的能力，有一定的艺术素养，有较强的教育管理学生的能力。同时，形成金字塔形的国家课题、省级课题、市级课题、校级课题体系，五年内教师课题研究参与率达到70%及以上；促进课题研究与教育教学成果奖评比同步发展，争取获市级成果一等奖1项以上。

3. 适当提高教育培养收费标准，提升教职工待遇

近年来同类民办学校教师待遇不断提高，特别是与新办学校的高薪待遇相比，我校教职工待遇有了较大的落差，导致优秀教师不断流失，更难以吸引高质量人才来应聘。为此，学校向上级有关部门申请，适当提高我校教育培养收费标准，增加的收费用于改善学校办学条件，提高教职工待遇，力争与市区同等层次民办学校相当，稳定教师队伍。

（四）全面建构“精致教育”育人体系

“精致教育”立足培养适应未来社会发展需要的人才，对接总校的“上善教育”“成才先成人”教育理念，落实“立德树人”教育根本任务，全面提升师生核心素养。

1. 以实施“精致课堂”为核心推进“精致教学”

“精致教学”就是抓住课堂教学的本质和核心，从提高常态课的精致程度入手，全面推行基于学生学习主体意识培养的“三环五步”精致课堂教学法。

“三环五步”精致课堂教学法要求学生先通过预先编印的自读设计进行自主学习和小组交流，教师则通过讲读设计进行导学，课堂教学结构的这种变化，从根本上改变了以知识灌输为主的课堂教学结构，彻底去除“满堂灌、一言堂”的弊端，达到了“在教学主题的提炼上体现精练深刻，在教学内容的整合上体现精当合理，在教学方法的设计上体现精巧有效”的要求，从而实现了课堂教学效益的最大化。

同时，要加强教学环节的精准管理，抓严抓实培优转困工作，组织系列化的“精

致教育教学开放日”活动，用好网络平台资源等线上资源辅助教学和管理；完善年度、月度绩效考核，制订合理化的考核方案，全面促进教师教学的积极性；强化教导监督管理功能，改进教师教学评价方式，使学生对教师的评价更真实有效，针对教师队伍的差异化做出适当的岗位调整。

招生方面依托多种平台做好引导工作，发挥自媒体平台的时效性优势，宣传学校的亮点，让优秀生带动更多优秀生走进港城；提升高中招生质量，发挥传媒艺术班、日语班的优势，吸引更多优秀学生报读；对往届外流和保留回二中的尖子生情况进行跟踪，并做比对分析，创新今后的尖子生动员及报考工作的思路和方法；从新生开始进行“二中情怀”引导，培植师生的“二中情怀”。

2. 以“三项教育”为内容落实“精致德育”

“精致德育”就是坚守“以学生的发展为本”的原则，通过学校教育、家庭教育和社区教育构建德育工作立体框架，坚持“让优秀成为一种习惯”和“进步就是优秀”等理念；从“文明养成”教育入手，在实践中形成以养成教育、“三情”教育、自信教育为主要内容的“三项教育”家校共育模式。

以“王海波名班主任工作室”工程建设经验为指导，在学校遴选2~3个“学校名班主任工作室”，引导一批骨干班主任向专家型班主任发展，带动和引领年轻班主任成长；加强手机管理，继续深化、细化“文明习惯养成教育”，细化、规范化评比文明班级，完善文明班级评比制度，增加班级成绩评价因素，完善班主任考评制度，提升班级管理质量；继续加强文明校园提升工程建设，在做好硬文化建设的基础上，充分发挥软文化建设的作用，让“文明班级小组建设、文明习惯养成教育、班徽班训班歌展评”这三个德育品牌更好地为班级建设服务，为班级管理助力；强化思想引领和仪式教育，助力湛江创建全国文明城市；完善“三环六阶层进：家庭教育家校互动亲子教育活动”体系，发挥广东省“家庭教育指导品牌项目”辐射作用，编辑出版《三项六阶层进——家校互动家庭教育之亲子教育活动案例集》；继续加强安全教育，形成禁毒教育、交通安全教育、防溺水教育、网络安全教育、学宪法教育等常态化机制并扎实推进落实；加强心理咨询室建设，编写心理健康教育校本教材。

3. 以“问题研究”为导向开展“精致教研”

教研源于教学，以课题研究为契机，围绕课题搞研究，围绕课题抓教学，以研兴教，以教促研，促进教师素养的提升。为了提高教科研能力，学校开设了系列专家讲座，内容包括课题的选择、论文的写作、论文写作瓶颈的突破、精致教育理念下的备考策略等。通过专家引领，激发了全体教师的自主发展意识，提升了教科研能力，并将此作为教师专业成长的关键能力，从而促进了研究型教师队伍的发展。

发挥好“三名”工作室示范引领作用，“三名”工作室围绕“基于核心素养下的‘精致教育’实践与研究”主课题开展系列子课题研究，申报了省、市教科研成果奖，并进行成果的转化；切实做好校本研修和送教下乡等工作。

4. 以“责任担当”为内涵实现“精致管理”

“精致管理”要对照“追求精致，臻于至善”的办学目标，充分利用原有的“校级领导—中层管理—年级、学科管理”纵向管理模式，与改革后的“年级（部）管理”横向管理模式有机结合，实行校长领导下的双线管理，力求管理高效。

“精致管理”的关键是充分发挥学生的主人翁精神，细化班级管理，打造以提升班集体凝聚力为重点的班级文化，全面推进以“合作学习小组”建设为重点的学生自我管理方式。

同时通过组织示范课、专题讲座、经验交流会、工作论坛等形式发挥骨干教师的示范辐射作用，促进、引领全校教师和本区域的中小学校长、教师、班主任专业成长，在区域内形成“人人谈精致、人人学精致、人人参与精致、人人实践精致、人人研究精致”的良好局面，唱响“精致教育”品牌。

未来，各部门要在实践“精致教育”的过程中，主动适应新时代新发展理念，贯彻落实党的教育方针，不忘初心、牢记使命，改革创新，扎实工作，致力提升学生核心素养，用工匠精神将我校打造成一所质量一流、特色明显、品位高雅的示范性的民办学校。

5. 以“社团文化”为形式打造“精致社团”

“精致社团”要根据学校“优秀 + 特长”的办学特色，本着“多一个舞台，就多一个成长机会；多一个评价标准，就多一批优秀学生”的理念，开展丰富多彩的学生社团活动。

学生社团活动由团委和学生会统筹，将体育、美育和劳动教育结合起来，对照“艺术教育特色学校”和“优秀传统文化传承学校”的要求，把社团兴趣活动作为学校美育课程来开展，形成特色校本课程，并与每年的艺术节、体育节、社团文化节和师生联欢晚会结合起来，让学生的兴趣得到真正的发展和实践。

引领教师更新观念，开展体育、美育课题研究，探索我校体育、美育的教学教研特色；充分发挥作为省、市版画特色学校的优势，组织师生参与版画作品展，打造学校特色教育名片，出版特色教育专著。

2021 年 1 月 18 日

秉承二中上善若水理念，全面夯实精致教育体系

——第二届第四次教代会上学校工作报告

各位代表：

2020 年，在董事会的支持下，在二中总校杨校长和分管领导伍佑强副校长的具体指导下，学校以“精致教育”理念作统领，各项工作扎实有效推进，进一步擦亮了二中港城的教育品牌。

下面我代表学校向教代会做 2020 年工作总结和 2021 年主要工作设想的报告，请代表们审议，也请列席代表提出意见。

一、2020 年工作总结

2020 年，学校围绕“精致办学”开展工作，师生素质全面提升，各方面成果丰硕。

（一）上下齐心，共同进退，全方位防控疫情，联袂共渡难关

一场突如其来的新冠肺炎疫情，牵动了每个人的心，在这场没有硝烟的疫情防控

阻击战役中，学校以体卫艺处为主体，成立了疫情防控指挥办公室，坚决贯彻落实党中央、国务院决策部署和省、市的工作要求，全力做好新冠肺炎疫情防控工作。

（1）接受任务，快速反应，首先形成系列方案，使工作有了明确方向。工作以校长（林华庆）为第一负责人，分管副校长（4 月前为杨春曲、4 月后为许瑞恩）为直接负责人，防控办主任（殷志伟）为部门负责人，副主任（余伟君）为主要联系人，制订了湛江二中港城中学《传染病防控工作方案》《传染病防控应急安全预案》《开学前清洁卫生方案》《防控新型冠状病毒感染的肺炎疫情卫生清洁消毒指引及消毒记录》《开学防疫方案》《疫情防控网格化管理试行方案》《开学防疫工作安排》等一系列文件，全力做好全校防控连接工作，并及时与市教育局、开发区教育局、市疫情防控指挥办、社区等部门开展联防联控。

在上级指导下，防控办完善了相关传染病防控制度，包括传染病疫情及突发公共卫生事件报告制度，晨午晚检制度，因病缺课登记制度，追踪制度，复课证明查验制度，健康管理制度，免疫接种证查验制度，环境卫生检查通报制度，传染病防控的健康教育制度，通风、消毒制度等；尤其是规范了师生和员工的晨午晚检、因病缺勤登记与报告、隔离和复课等制度，为学校防疫工作做好了制度保障。

（2）在二中总校指导下开展工作，依据学校《传染病防控工作方案》和《传染病防控应急安全预案》精神，认真落实“四精准六分一”独立要求。强调“疫情就是命令，防控就是责任”，及时召开防控指挥领导小组紧急会议、疫情防控工作专题会议，全面贯彻上级防控工作有关精神，落实防控措施，部署和指导师生防控疫情和疫情期间停课不停学等工作。全员、全过程、全方位周密防控，摸清了学校 300 多名教职员工、4 000 多名学生的具体情况，及时汇总每一位教职员工与学生的情况，做到每日一报、每事一报，确保无死角、无遗漏、无盲区。同时加大了宣传力度，通过学校平台、电子屏、宣传栏、横幅、微信、“致家长的一封信”等途径对全校师生及家长进行宣传教育，形成工作合力，确保校园安全和师生健康。

（3）在校董事支持下，由钟景华副校长牵头，总务处购入全自动体温检测仪等防控设备和各类防控防疫物资，加装了洗手台等设施；家长、校友、社会人士纷纷捐赠物资，保障了学生安全复学。同时大力开展爱国卫生运动，做好“除四害”消杀、全方位消毒、清理卫生死角等工作，创造了良好的校园环境。

（4）各年级委和志愿者成为一道亮丽的风景线，发生疫情后，校园实行封闭性管理，在防控办协调下，各年级主任、各班主任做了大量的工作，广大党员、团委、学生会、家委会、值班教师、保安、后勤人员自觉成为志愿者。是他们一直坚持为学生撑起护航大伞；是他们处理校园突发情况、跟踪返湛人员情况、带领保健人员对校园进行全方位消毒；是他们落实了“五个一律”（未经学校批准，学生一律不准提前返校，校外无关人员一律不准进校门，师生进入校门一律核验身份和检测体温，对发烧咳嗽者一律实行医学隔离观察，不服从管理者一律严肃处理）；是他们为学校的绝对安全提供了保障，真正落实了“四精准”守护师生健康。

（二）线上线下“精致教学”成果显现，中高考成绩突出

网络教学期间，在分管副校长田飞虎的组织下，教导处及时召开科组组长、备课组长会议，制订和落实《“停课不停学”线上网络教学与管理方案》，组织网络培训，创新开展“停课不停学”工作，开展特色教学，组织特色活动，培训教师掌握网络教学操作方法，科学安排网络教学课程表，骨干教师带头制作优质课件，有序组织各年级进行线上学科授课、辅导、作业批改以及线上考试检测。同时，开展了线上教学的专项督导，语文、物理等科组的一批骨干教师还承担起市教研室布置的录制微课任务，录制微课给全市的学校使用，受到社会和广大师生、家长的一致好评！

返校复课期间，及时制订了《复学分批返校教学方案》并不断修改完善，最终确定了可行的错峰返校课程表，学生返校过程秩序良好有序；结合年级、协同学科，修订和实施了《任课教师年度绩效考核方案》；加强了“上善班”课程建设和管理考核制度，探索初中尖子生的培养和保留路径；教导处和教研室合作编订了“三本”——教师辅导记录本、作业批改记录本、错题本，指导教师使用，及时了解并解决学生的学习问题。

高考方面，5 人达高分层分数线，87 人上本科线，超额完成市本科线，付玉丽、刘向锋、黄飞云、林华庆等四人被评为“湛江市高考先进工作者”。

中考亮点突出，超过湛江市二中等省市重点中学录取线的学生有 210 人，超过湛江市省一级学校录取线的学生有 861 人；高分层突出，霞山片区前 10 名占 6 人（前 5 名占 4 人），最高分 899 分（2 人），890 分以上 4 人；880 分以上 9 人；850 分以上 53 人；830 分以上 105 人；800 分以上 217 人。高分层各分数段人数及比例均居霞山片区第一；单科成绩骄人，英语等 6 个学科获得市单科第一名，英语、化学、历史、生物、地理、体育等单科满分超 200 人次。

“精准招生”是本年度的突出亮点。针对今年的摇号招生新政策，开展合理有效的招生宣传，做到“精准招生”，初一、高一招生人数均超额完成任务。初一学生质量高，高分层人数为往年的三倍，平均提高了 20 多分。

（三）“精致教研”成果丰硕，“三名”工作室引领辐射教师专业成长

在各个维度上推进“精致教育”，并已取得丰富成果。在科研课题方面，成功申报省市“十三五”教育科研规划课题，其中省级课题 2 项、市重点课题 1 项、市级一般课题 1 项。我校今年顺利通过中高级、正高级职称评审分别为 31 人、1 人。“三名”工作室积极开展教研活动，影响辐射省市近 1 000 人；林华庆名校长工作室承担 2019—2020 年度校长任职资格培训工作，完成了对 39 名市城乡校长的跟岗培训；林华庆名校长工作室及田飞虎名师工作室在市考评中获评为优秀等级。

教师专业成长快，在第二届青年教师基本技能大赛中，获市直一等奖 6 人、二等奖 17 人；其中田雪莲、邓春燕两人获市一等奖，并代表湛江参加省赛获奖。物理实验教师实验技能比赛中黄德汉老师获一等奖。湛江市首届实验创新比赛中，物理科组共获一等奖 5 项、二等奖 4 项。在省市“双融双创”比赛中，李琳等 3 位老师获市一等奖，吴转兰等 13 位老师获市二等奖，黄飞云等 15 位老师获市三等奖；李琳老师获省二等奖，叶连枝老师获省三等奖。

（四）“精致德育”活动形式多样，家校建设卓有成效

及时跟进心理健康教育和危机干预工作，积极主动推进创文工作。家长学校建设抢前抓早，9 月 18 日就召开起始年级家长会，林华庆校长做了“家校同心培素养，师生协力绘前程”专题讲座，受到家长广泛赞誉；完成了家长委员会换届暨全国家庭教育建设推进会议，指导家长委员会开展家长学校工作。

活动建设丰富多彩，先后开展诗词朗诵比赛、爱国主义书法比赛、手抄报比赛、演讲比赛、征文比赛、湛江市中华经典诵读比赛等系列活动，还举行了“迎国庆 颂祖国”庆祝中华人民共和国成立71周年系列活动启动仪式；召开了全校班主任德育工作部署会暨班级管理工作培训会议，王海波开展了“新时代背景下德育管理的路径和策略”讲座；举办了“全国家庭教育创新实践基地”建设推进会暨家长学校亲子教育活动案例分享主题德育论坛；各类竞赛收获颇丰，如市宪法知识竞赛，5名学生获奖，禁毒宣讲比赛，李语桐获得湛江市一等奖。在全体师生的努力下，我校荣获国家级“全国家庭教育创新实践基地”称号。

（五）“精致社团”成果突出，“优秀+特长”特色明显

1月在霞山区步行街举办了“黄江版画作品迎春展”，5月在学校举办了“众志成城齐抗疫，港城师生来助力——湛江二中港城中学学生绘画作品展”，7月举办了“师生版画作品展”，展出了师生220多幅优秀作品，录制的《版画的制作过程》被上传到“学习强国”App，版画作品超过100幅获省、市奖项，版画社荣获“湛江市优秀学生社团”称号。科技社黄祺源等9名同学参加了市青少年科技创新大赛终审，获奖多项，其中《太阳能自追光系统》获科技创新成果市一等奖并进入了省赛；李语桐的《我想叫你一声，妈妈》获湛江市“校园禁毒宣讲小卫士”初中组一等奖。文学社组织参加“学习十九大，唱响新时代”校园师生诗歌原创大赛荣获2个一等奖。武术社参加霞山区“国防教育杯”中小学生射击比赛荣获团体总分第一名。

特别是第六届社团文化节全面展示了各社团的风采，发扬社团文化，对学校发展和学生成长具有不可估量的作用。为期两天的高二、初一级班级文化展评可谓百花齐放、异彩纷呈，各班级的凝聚力和素养特长得到了充分展现！学校获评“湛江市少先队工作先进学校”，学生会被评为“广东省优秀学生会”。

（六）党政人事、总务后勤尽力做好保障

4月，调整了学校领导班子和部分中层干部，许瑞恩升任副校长，林冠佳、谷丽分别升任教导处主任、副主任。党办根据党委部署，完成了学校党总支换届选举工作，选举了新一届党总支委员会，林华庆为党总支书记，许瑞恩为纪律委员，许骥腾为组织委员，王海波为宣传委员，殷志伟为统战与群工委员；下设三个党支部，许瑞恩、许骥腾、殷志伟分别兼任第一、第二、第三支部书记；建立了政治安全隐患台账，每月上报风险隐患数据，多种渠道收集舆情信息，完善了党建资料，强化了正面宣传引导，组织全体党员开展了“不忘初心、牢记使命”系列活动。

办公室参照省教育部颁发的《非营利性民办学校章程》样本，修订了本校的办学章程，已提交校长会议审议，列入校事会议程及教代会审议；对照广东省义务教育标准化学校验收细则的标准，牵头创建“义务教育标准化学校”和“广东省依法治校达标学校”，均已通过验收；完成了2019年度中小学教师职称中、高级评审和聘用的相关工作；完成了“湛江市高层次人才的申报认定”工作，办理了教职工续约、解约、新聘的相关手续，协助完成了新学期教职工子弟报读等。

总务处全面整改升级了学校网络、电话线路；新购学生课桌椅500套，修复学生课桌椅500多套；新购教室平台用的投影机30台，修复25台；新购实物展台30台，修复43台；新增学生宿舍18间共238个床位；食堂新购100张不锈钢餐桌（含1 000个座位），按上级“明厨亮灶”要求，粉刷食堂全部天花板及墙壁，面貌焕然一新；由食品药品质监局派人对食堂监控进行升级改造（正在施工），食堂监控进入全市联网；

把C810教室改造成多功能样板教室；等等。

各位代表，2020年二中港城人成绩可喜，是全体教职工不计报酬、团结协作，用智慧和汗水换来的，在此，我代表学校向同事们表示衷心的感谢！

二、2021年主要工作设想

展望未来，我们要总结经验，开拓创新，进一步明确各部门的职责，倡导“敢为人先”的创新精神、“合作务实”的求真品格、“关爱包容”的人文情怀和“追求卓越”的大志胸怀，妥善处理好处室与年级（部）管理的关系，使学校管理更加高效。按照“立德树人”教育根本任务和“发展核心素养”的总要求，秉承二中“上善若水”理念，全面推进“精致教育”，办成一所具有鲜明特色的民办品牌学校，在本地区发挥示范作用。

（一）坚持“活动育人”，将立德树人、思想建设、核心价值观践行等落到实处

以“王海波名班主任工作室”工程建设经验为指导，在学校遴选2~3个“学校名班主任工作室”，主持人主要从王海波名班主任工作室成员或学员中产生，培养班主任向专家型班主任发展，带动和引领年轻班主任成长；也为参选湛江市名班主任工作室主持人做人才储备；继续加强文明校园提升工程建设，在做好硬文化建设的基础上，充分发挥软文化建设的作用，让“文明班级小组建设、文明习惯养成教育、班徽班训班歌展评”三个德育品牌更好地为班级建设服务，为班级管理助力；强化思想引领和仪式教育，助力湛江创建全国文明城市；完善“三项六阶层进：家庭教育之亲子教育实践教育案例”体系，发挥广东省“家庭教育指导品牌项目”辐射作用，编辑出版《三项六阶层进——家校互动家庭教育之亲子教育活动案例集》；加强手机管理，继续深化、细化“文明习惯养成教育”，细化、规范化评比文明班级，完善文明班级评比制度，增加班级成绩评价因素，完善班主任考评制度，班级管理质量再上新台阶；继续加强安全教育管理，形成禁毒教育、交通安全教育、防溺水教育、网络安全教育、学宪法教育等常态化机制并扎实推进落实；加强心理咨询室建设，编写心理健康教育校本教材。

（二）对照“精致教学”理念抓好常规课堂，确保教学的规范化和落实的全面化

加强精准管理，针对教师队伍的差异化做出适当的岗位调整；进一步强化教导监督管理功能，改进教师教学评价方式，使学生对教师的评价更真实有效；利用钉钉、微信等线上资源进行辅助教学和管理，完善年度、月度绩效考核，制订合理化的考核方案，全面促进教师教学的积极性。组织“精致教育”教学开放日活动；完善“上善班”课程建设和管理考核制度，抓严抓实培优班教学，保证尖子生培养的有效性，使中考、高考有新的突破；对往届外流和保留回二中的尖子生情况进行跟踪，做比对分析，创新今后的尖子生动员及报考工作的思路和方法，从新生开始进行“二中情怀”引导，进一步培植师生的“二中情怀”。

（三）依托多种平台做好招生宣传工作

要对广大家长和学生的咨询和问题做好耐心的解析和引导；发挥微信平台的时效性优势，宣传学校的亮点，提前落实部分意向生，让优秀生带动更多优秀生走进二中港城。高中招生也要做好宣传工作，特别利用我校的传媒艺术班、日语班的优势，吸引更多优秀学生报考。

（四）发挥好“三名”工作室的作用，以研促教，引领教师专业成长

组织老师进行公需课和教师职务培训，完成我校首届教师命题能力大赛和青年教师讲课比赛（入职5年的老师全部参与），完成第三届解题说题能力比赛，组织物理、化学和生物科参加省、市实验课比赛，推选骨干教师参加第三届湛江市青年教师教学能力大赛，组织老师参加省市“双融双创”比赛；协调师生参加“小小科学家”等省、市比赛活动。

课题方面，做好“基于核心素养下的‘精致教育’实践与研究”主课题及系列子课题的结题工作，全面推进资料的整理工作，争取7月份完成结题工作，申报省、市教科研成果奖，并进行成果的转化。组织完成2021年省市课题的申报，力争在数量和级别上有所突破，并分批完成2021年度省、市课题开题工作。

“三名”工作室方面，完成第一届名校长工作室和第二届省市名师、名班主任工作室的终期考核工作，组织第二届名校长工作室和第三届省市名师、名班主任工作室的申报工作，召开新一届省市工作室的揭牌仪式，协调2021年省市工作室的研修和送教等工作。

（五）发挥好体育、美育的重要作用

高中开设日语班；严抓体育、美育课堂教学规范，积极开展课堂教学研讨活动，引领教师更新观，开展体育、美育课题研究，切实抓好体育、艺术类常规课堂和中考、高考备考工作；探索我校体育、美育的教学教研特色；充分利用早读时间和大课间时间开展跑操活动，确保每天一小时体育活动，增强学生体质；举行校运会、艺术节；配合团委开展好社团活动，培养学生体育、艺术方面的兴趣和特长；组队参加主管部门主办的各类比赛或活动；组织师生参与版画作品展，出版《学生版画作品集》（第二册）。

（六）加强疫情防控常态化管理，确保师生安全

2020年也是百年未遇之大变局的一年，国际形势风云变幻，特别是新冠肺炎疫情在全球范围内的蔓延，增加了人们对未来的担忧。可幸的是，我们的祖国秉持科学精神，成为第一个成功遏制疫情蔓延的国家，让我们平安健康地在学校学习生活，真正体验到什么叫“有幸生在华夏家”，什么是“社会主义制度优势”，真正理解透了“四个自信”。

在新冠肺炎疫情十分复杂的背景下，我们仍然要紧抓晨午晚检，切实开展流行病、传染病的预防和宣传教育工作，做好因病缺勤追踪记录，按时上报广东省儿童青少年健康监测网络系统，严格把关复课诊断证明查收，发热、咳嗽、乏力、腹泻、呕吐等症状按医嘱进行治疗，退热48小时或腹泻呕吐症状消失72小时后，凭正规医疗机构出具的诊断证明，若无传染性，经学校保健室查收，方可回校上课。认真落实巩固、爱护国家卫生城市工作。加强对学生个人良好卫生习惯的培养和健康文明教育，全面推行垃圾分类政策；做好一年一度的学生体检工作，建立学生健康档案。定期进行学生健康检查工作。对有疾病的学生，应及时通知家长将其带到医院就诊，防止意外事故的发生。

（七）发挥好党、团、队的模范带头作用

以党的政治建设为统领，强化“四个意识”，践行“两个维护”，以严明的政治纪律维护良好的政治生态。深入学习贯彻落实党的十九大精神、习近平总书记在全国教育大会上的讲话精神，并以此为学校当前和今后一个时期的重要任务。加强党性、党风、党纪、党规教育，坚守道德底线和纪律红线。利用主题党日开展党内组织生活，加强教师职业行为教育引导，在学习中锤炼党性、凝聚人心、建设师德。借助“学习强国”App平台，倡导自主学习意识。引导党员干部和教师学习新理念、新思想、新战略，凝聚正能量，争当“四有”好老师，提升教师队伍整体素养。树立先进楷模，弘扬高尚师德，促进学校内涵不断向优质发展。

团队组织强化思想引领。加快推进班团一体化，按班建立团支部，推行班级团支部与班委会一体化运行机制；规范社团管理，成就精致社团，借助全国学生资助管理信息系统和广东“i志愿”平台，推动扶贫济困和志愿服务相结合；融入仪式教育，通过入团离队仪式、国旗下的演讲等，以广播站、钉钉群、公众号、企业微信等阵地，让青少年在沉浸式的仪式氛围中接受思想道德熏陶；引导青少年规范自身行为、抵制错误言论，积极弘扬网络正能量，帮助青少年提升网络素养。

（八）依法治校工作常态化，人事和后勤做好保障服务工作

依法治校方面，将《依法治校示范校》的规范纳入学校重要议程，继续补充完善所欠缺的资料，迎接2021年复评抽检。组织招聘活动，补足缺额学科教员；做好教职工年度述职和考核定级工作；结合督导组评价，计发教师绩效奖金。

总务后勤的工作重点放在学校各项设备设施的整改上，继续完成学校网络及电话线升级改造，使网络WLAN覆盖全校。参照已做好的C810教室样板，对全校80多个教室及会议室的平台进行升级改造，力争暑假完成，2021年9月开学投入使用。继续抓紧食堂“明厨亮灶”建设的监控改造升级，除质监局派员完成5支摄像枪外，另增加15支摄像枪，做到食堂餐厅及厨房无死角。力争明年暑假改造运动场，重建1 500平方米跑道和5 000平方米的篮球场及羽毛球场。为缓解学生上下楼梯的拥挤，董事长经过考察，计划在F栋楼1室前面平台的两边，各加装一部观光电梯。

各位代表、老师，近一年来，学校发展的瓶颈依然存在，教职工的激励机制仍未如人意，但大家能围绕学校发展的大局，尽心尽力做好本职工作，我代表学校表示感谢！新的一年，在国家实现第一个百年奋斗目标之际，学校提出“秉承二中上善若水理念，全面夯实精致教育体系”的工作主题，我相信，我们二中港城人团结一致，一定能创造湛江二中港城中学更加辉煌的明天！

林华庆

2020年12月29日

第二节　林校长讲管理

汲取传统文化精华，促进学校教育改革

——在全校落实优秀传统文化进校园工作会议上的讲话

文化是民族生存和社会发展的重要力量。人类社会的每一次跃进，人类文明的每一次升华，无不伴随着文化的历史性进步。没有文明的继承和发展，没有文化的弘扬和繁荣，就没有中华民族伟大复兴中国梦的实现。习近平总书记指出："中华民族创造了源远流长的中华文化，中华民族也一定能够创造出中华文化新的辉煌……要坚持社会主义先进文化前进方向，坚定文化自信，培育和践行社会主义核心价值观。"

习近平总书记形象地说过："当高楼大厦在我国大地上遍地林立时，中华民族精神的大厦也应该巍然耸立。"一个国家要强大，既要有硬实力，也要有软实力。总书记强调，如果没有共同的核心价值观，一个民族、一个国家就会魂无定所、行无依归。

在当代中国，我们的民族、我们的国家应该坚守的社会主义核心价值观，就是十八大提出和倡导的"富强、民主、文明、和谐，自由、平等、公正、法治，爱国、敬业、诚信、友善"，把涉及国家、社会、公民三个层面的价值要求融为一体，回答了我们要"建设什么样的国家、建设什么样的社会、培育什么样的公民"的重大问题。因此，我们要"用社会主义核心价值观凝魂聚力，更好构筑中国精神"，通过"教育引导、舆论宣传、文化熏陶、行为实践等，使社会主义核心价值观内化于心、外化于行"。

每一位肩负祖国未来使命的同学，从现在开始，要修德善学、明辨是非、求实创新，身体力行社会主义核心价值观，争当学习和实践核心价值观的模范；每一位肩负祖国育人重任的教育工作者，要把社会主义核心价值观的基本内容和要求渗透到教育教学之中，用自己的学识、阅历、经验点燃学生对真、善、美的向往，使社会主义核心价值观的种子在祖国下一代心中生根、发芽。

中华文明绵延数千年，有其独特的价值体系。优秀传统文化已经成为中华民族的基因，根植在中国人内心，潜移默化地影响着我们的思想方式和行为方式。今天，我们提倡和弘扬社会主义核心价值观，必须从传统文化中汲取丰富的营养，否则就不会有生命力和影响力。

中华优秀传统文化的思想核心是讲仁爱、重民本、守诚信、崇正义、尚和谐、求大同，湛江二中杨校长在今年秋季开学典礼上专门做了题为"从中华民族优秀文化中汲取智慧，努力践行文化育校、文化育人的办学理念"的讲话。杨校长指出，孔子是中国人心中的第一位教育家，是中国教师的鼻祖，被后世公认为"万世师表"，今天在座包括我在内的老师们，与孔子当年一样，从事着传道、授业、解惑的工作，实践着孔子的教育理念。

中华优秀传统文化是中华民族的"根"和"魂"。实现中华民族伟大复兴的中国梦需要以传统文化的发展繁荣为条件。5 000 多年连绵不断、博大精深的中华文化，积

淀着中华民族最深沉的精神追求，包含着中华民族最根本的人文基因，代表着中华民族独特的文化标识，是中华民族生生不息、发展壮大的丰厚滋养。儒家思想是中国传统思想文化中的优秀成分，包括了中国优秀传统文化丰富的哲学思想、人文精神、教化思想、道德理念等，是我们国家、民族传承和发展的根本，如果丢掉了儒家思想，就等于割断了精神命脉。

孔子通过周游列国将他的思想广播天下，今天，孔子思想又一次走出了国门，再次周游列国。2004 年 12 月第一所海外孔子学院在韩国成立；2016 年，海外新建 84 所孔子学院和中小学孔子课堂；截至 2016 年底，共有 140 个国家设立了 513 所孔子学院和 1 073 个孔子课堂。中外专兼职教师总数 4.6 万人，各类面授学员 155 万，网络注册学员 59.7 万。目前仍有许多国家的大学正在积极申办孔子学院，由此可见，东方文明给西方文明带来了强力冲击。2009 年 10 月 28 日，美国众议院高票通过了一项纪念孔子的决议，决议指出：孔子的“己所不欲，勿施于人”和“己欲立而立人，己欲达而达人”是道德品行的典范，能够促进人类的和谐。

孔子的教育思想和教育内容，值得我们广大师生去践行。孔子的教学内容主要是“六艺”，也就是礼、乐、射、御、书、数。在当时科学不是很发达、科学学科不被重视的情况下，孔子的教学内容是重视素质的全面发展。他对学生学习方法的要求也深深启发着我们，比如“学而不思则罔，思而不学则殆”“温故而知新，可以为师矣”“人不独亲其亲，不独子其子，使老有所终，壮有所用，幼有所长”“吾日三省吾身”“克己复礼”，这是孔子希望的非常理想化的社会民风，也是他的大同社会的政治理想，对后世产生了深刻的影响。我们践行的社会主义核心价值观中的“文明、和谐、诚信、友善”，不正是对儒家思想的继承和发展吗？我们都认同《三字经》：“人之初，性本善。性相近，习相远。苟不教，性乃迁。教之道，贵以专……”都读过《弟子规》：“首孝悌，次谨信。泛爱众，而亲仁。有余力，则学文……”耳熟能详，润物无声，我们不正感受着儒家思想的存在和影响吗？

作为湛江二中人，“上善若水二中人”教育理念已深入人心。回溯我们的办学历史，学校的老办学理念“尊师重道、因材施教”不正是对孔子的教育思想及中华优秀文化传统的传承吗？现在的办学理念“爱国、敬业、求实、创新”，不正体现了传统文化与时代潮流相结合的价值取向吗？学校以“优秀 + 特长”为办学特色，不正是时代对高素质人才的具体要求吗？

近年来，我们二中港城校区在总校办学理念的基础上，根据学校的实际，提出了“精致办学”目标，倡导“乐学善教、合作探究”的教改理念，明确了以“精致课堂”为主要内容的新课程改革方向，并明确学校的育人目标为“修品行，善学习，强体魄，美志趣，树理想，敢担当”，这些都是基于儒家思想文化而提出的教育思想，也与国家倡导的社会主义核心价值观相吻合。

在教学方面，从孔子的“不愤不启，不悱不发”“教学相长”到陶行知的“教学做合一”，结合当前新课程教学改革理论，要求按“乐学善教”的理念落实“以学生为课堂主体”的意识，为此，我们提出以“精致课堂”为核心的“精致教学”。精致课堂在教学本质上就是提高常态课的精致程度，在“教学主题的提炼上体现精练深刻，在教学内容的整合上体现精当合理，在教学方法的设计上体现精巧有效”，努力做到用最少的时间使大多数学生获得最佳的学习体验、最大的学业进步和最好的能力发展，也就是实现课堂教学效益最大化；精致课堂教学充分体现学生的主体性，注重培养学生的自主学习能力和创新能力，注重在教学全过程中落实细节，把常规工作做到极致，与孔子所提出来的“因材施教、有教无类、教学相长”等理念相一致。

在德育方面，对照学校“修品行，善学习，强体魄，美志趣，树理想，敢担当”育人目标，我们提出了“精致德育”理念，全面开展以“安全文明、礼仪文明、学习文明、生活文明”四个文明为主要内容的“文明习惯养成”教育活动，倡导“让优秀成为一种习惯”和“进步就是优秀”。通过开展文明养成系列主题活动，评选学校周、月和学期的“文明之星”，推评年度“最美学生”和湛江市“美德少年”；在教师中评选表彰先进工作者、港城“最美老师”和“魅力班主任”。通过推优活动，树立多层次优秀和进步的典型，倡导案例式教育教学经验，召开“激励教育”论坛等专题研讨会，全面提升学校正能量。

在办学特色及学生社团方面，近年来，作为一所市直属民办中学，我校在素质教育的探索与实践方面一直走在湛江市民办学校中的前列。我们深信中学生社团是学校实施素质教育、传承和培育校园文化的重要途径，是提升中学生综合素质、培养学生实践和创新能力的有效方式。丰富多彩的社团活动将给校园文化建设增添新的活力，促进校园文化向多渠道、多层次、高质量方向发展。目前，我校已建有文学类、体育类、艺术类、传媒类和综合类等学生社团，建成了一批“社团活动小舞台”“社团作品展”等活动和展示的场所。近年来，许多社团建设已取得了令人瞩目的成绩，如“舞动校园”获湛江市中小学生排舞大赛一等奖等。

依托二中教育集团“优秀 + 特长”的办学特色，我校着重打造“双英语教材特色”和“版画特色”。在培养英语特长方面，我们秉承二中总校英语资源优势，同时采用人教版和牛津版英语教材，营造深厚的英语学习氛围，培养学生的英语特长，成为国家级“牛津版 + 人教版”双英教材试验基地。在其他特长方面，鼓励学生参加音乐、美术、体育、科技竞赛和学科竞赛，并取得辉煌成绩。特别是在“华罗庚杯”数学竞赛和“亚奥”赛中，我校获得第十九届、第二十届、第二十一届全市一等奖，全市一等奖中，我校占霞山片区的 80%，考生获奖率、高分层学生比例位列全市首位。

需要特别指出的是，广东省教育厅批准我校为全省唯一一所“本土文化特色的版画和版画藏书票特色”发展项目学校，2014 年 12 月被评为湛江市“版画特色文化学校”，2015 年 12 月成为岭南少年儿童版画教育研究会理事单位。学校将美育作为素质教育的重要抓手，成立学生版画社团，传承湛江二中版画传统，与本土文化相结合，以版画创作为切入点，培养学生审美情趣，提升素质教育内涵。

版画创作是一项手脑并用的艺术活动，不仅能激发学生的感知能力、反应能力、脑和手的协调能力，而且能活跃他们的思维，激发他们的潜能和创作灵感。实践证明，参加版画社团的学生，在版画创作活动中既陶冶了情操，收获到创作的成就感，还普遍提升了学习成绩，成为品学兼优、特长发展的好学生。

俗话说：一分耕耘，一分收获。近年来，我校培养了许多版画文化爱好者，学生版画社团创作了近千幅版画作品，展示在校园的连廊、楼梯、走道和廊柱上，为校园文化增色不少，深受广大师生的好评，许多学生的作品在国内外和省市举办的展览中获得大奖。据不完全统计，近年获得金奖的有 28 幅，银奖的有 36 幅，在省、市举行的青少年书画或艺术大赛中，获得市级以上特等奖的有 38 幅，获一等奖的有 63 幅，许多学生的作品被单位或个人收藏。2016 年 11 月我校在湛江市博物馆成功举办了学生版画专题展览，学校被评“广东省版画特色学校”“湛江市青少年版画教育示范基地”“岭南少年儿童版画教育基地”，为湛江版画的发展做出了贡献。

正因为教学理念正确，我校近年的中高考特别是中考取得不俗成绩。现在作为市重点中学的二中总校高中部，各班级许多学生干部都来自港城校区初中部，入选二中“上善班”的学生中，来自港城的更高达60%。港城学生的素质和后劲很好。我校连续几年获评“湛江市中考先进单位”。

在全国各地全面开展创建文明城市的今天，我们每一位教师、每一位同学都有自己的理想和抱负。作为新时代青少年，我们的抱负是成为社会主义建设的人才，就是要以“让优秀成为一种习惯”为目标，培养在学校“有个性、会学习、知荣辱”，在家庭“有孝行、会自理、敢担当”，出社会“有教养、会共处、守公德”的新一代好公民；作为教师，最现实的抱负首先应该是为社会培养出一批批有道德的合格社会公民。“有学者，可教人；有德者，可育人”，想要成为一名优秀的教师，除了要提高自身学识修养外，还要加强人格修养，树立师表形象。“德高为师，身正为范”，以人格塑造人格，让我们的学生去实现更多、更大的抱负和梦想。只有我们全体二中人“用社会主义核心价值观凝心聚力，从中华民族优秀文化中汲取智慧”，我们才能在行动上自觉实践“上善若水二中人”的理念。

让每一位老师都成为“精致办学”行动研究的实践者
——在全校教研工作会议上的讲话

2015 年 3 月，湛江市名校长培训班专题学习的主要内容是行动研究法。此前我虽然对行动研究一词有所耳闻，却不甚理解。通过培训班专题学习，我才对行动研究法有了较为全面的理解。我校于 2015 年初，在“乐学善教、合作探究”教改理念基础上，提出实现“精致办学”概念，积极倡导和全面推进以“文明养成”和“精致课堂”为核心的教育与教学改革，这其实就是行动研究的组成部分，即从基本实践上升到理论研究的高度，提炼出教育教学规律。

一、行动研究与教育行动研究的含义

传统上“行动”与“研究”两词常被视为不同范畴的两个概念，前者指实际工作者的实践性活动，后者指专家、学者、研究人员的学术性探索活动。

美国社会工作者约翰·科里尔、著名社会心理学家勒温提出了一种社会科学研究的新思路。以行动研究把两种活动有机地结合起来，一边探索一边行动。从实际问题出发，通过研究、实践，解决问题，探索新理论，进一步指导实践。凯米斯对行动研究过程步骤的描述更多地继承了勒温的思路，认为行动研究是一个螺旋式发展的过程，每一个螺旋发展圈都包括了四个互相联系、互相依赖的环节，即计划、行动、观察和反思。

行动研究是从实际工作需要中寻找课题，在实际工作过程中进行研究，由实际工作者与研究者共同参与，使研究成果为实际工作者理解、掌握和应用，从而达到解决

问题、改变社会行为的目的。

教育行动研究是指针对教育情境中的日常工作，教师在研究人员的指导下研究本校、本班或本学科的实际情况，解决日常教育教学中的问题，并以改进教育行动为目的，以教育行动为研究对象，运用各种教育研究方法进行的综合性研究活动，旨在提高社会具体情境中的行动质量，是对该社会情境的研究，是一种适合于广大教育实际工作者改进教育教学工作的研究方式。教育领域行动研究概念的使用大约出现于20世纪50年代。当时，美国哥伦比亚师范学院院长柯瑞大力倡导将社会科学领域诞生的行动研究应用于教育，并于1953年出版了颇有影响的著作《以行动研究改进学校实践》。

在当今教育界，教育行动研究的意义主要体现在三个方面：第一，教育行动研究可以提高教育教学的质量和效益，改进教育教学工作。第二，教育行动研究是“教师即研究者”的活动，有利于教师的专业化成长。第三，教育行动研究通过沟通教育理论与教育实践，促进教育理论向实践的转化。

当前，湛江市正全面推行新一轮课堂教学改革，倡导“自主学习、合作探究、精讲释疑、训练检测”四环节学习，我校则以办成“粤西品牌学校”为目标实施多项改革，实践和丰富学校提出的“修品行，善学习，强体魄，美志趣，树理想，敢担当”的育人理念，贯彻市教育局关于加强教学监管工作会议的精神，以“精致教学、高效课堂”建设为重点，以推进课改为引领，深化“乐学善教、合作探究”的教改理念，推进特色文化建设、团队建设、班级建设、特色教育等，提升服务质量和管理水平。同时，我们还将重新规划课程，保证心理课、健康课的有效开展，增加课程改革指导课、学生活动课，成立“文学社”“英语角”“民乐团”“醒狮团”“摄影社”“红树林爱护协会”“广州湾历史研究协会”“红土文化社团”等多领域的学生社团，给第二课堂和社团活动更多的时间，丰富学生学习生活，提升学生综合素质。

二、教育行动研究法的几个特征

从研究目的看，是改进教育实践路径而进行的研究，它不是为了探索新的理论或发现普遍规律，而是为行动而研究。

从研究对象看，是抓住行动中值得关注的问题进行的研究，是对行动的有效性进行的研究。

从研究环境看，是在行动过程中进行的研究，它不需要在特别的实验室里进行，而是在教师工作的实际环境进行。教师在自身的教育教学行动中发现问题、分析和研究问题、解决问题，从而改进自身工作。

从研究人员看，是一线教学工作者开展的研究，他们一边工作，一边研究，研究的结果直接运用于自己的工作，直接将探索研究结果和运用研究结果结合起来。

从研究范围看，是研究者当前行动所涉范围的研究，不去研究工作范围之外的对象，只研究自己工作中涉及的具体问题，而问题的解决及由此得到的经验只限于在自己特定的工作范围内有效，不一定能普遍适用，但可能给其他行动研究者以启示。

从研究进程和方法看，是边行动边调整的研究，要通过研究者的行动去干预无法预知的设定，是动态性的研究，研究者要根据情况变化边实践边修改。

从研究结果看，是行动的改进、发展的研究。行动的改进和发展有双重含义：一是学生的成长和发展，主要是学科素养和品德素养的发展；二是教师专业素养和师德素养的提升。

从以上几个特征来看，广大教育工作者是一线教师，是教育行动研究的主体，其教育管理、教学工作特别是教改工作本身就是教育行动研究的主要环节。

三、教育行动研究的实质

教育行动研究的实质就是以研究的态度和方式走入教育行动研究，让广大教师在实践中通过行动与研究的结合，创造性地运用教育理论研究解决不断变化的教育实践过程中的具体问题，从而不断提高专业实践水平。由实践主体带着实践中的问题进行现场研究，比如，我们学校的“精致课堂”教学模式研究和“学生文明习惯养成教育”研究就是研究主体与实践主体共同探讨面临的问题。

在“精致课堂”教学模式研究和“学生文明习惯养成教育”研究中，教师成为自己实践情境的研究者，既开放性地不断改进教学，又通过批判和修正不断提高自身的理论水平，从而使自身的教育实践具有较强的理论吸纳能力。

在这个互动的过程中要强调研究主体与实践主体的合作，使问题得以解决。这种合作互补了二者研究的不足，既克服了研究主体的研究成果难以向实际转化的不足，又克服了实践主体特别是中小学教师开展研究缺乏理论指导的不足，解决了教育理论与教育实践脱离的顽症，在教育一线直接找到可行的解决方法。

四、教育行动研究的基本类型

1．案例研究

我们教师应把重心转向对自身开展的“精致德育”“精致教学”工作实践的经验教训的回顾与反思上，围绕大量鲜活的教育实例展开研究。教师的“案例研究”类似医生的“病例研究”、律师的“案例研究”和军事学的“战例研究”。

我们提倡一线教师通过案例研究，一面改进自己的工作，一面从事教育研究。教师首先需要把教育工作中发现的问题以及处理问题的全过程写成案例，进而围绕案例展开研讨和分析，并通过对同类案例的研究总结出一定的教育策略，然后在此基础上形成“案例研究报告”。案例研究能够充分尊重和吸纳教师已有的教育经验，唤起教师进行教育研究的兴趣。

2．问题研究

教师在开展“小组合作”、构建“高效课堂”的过程中经常会遇到各种困惑，这些困惑都可能成为教育的研究对象或课题。教师从工作的实际问题出发，以解决实际问题为目的，改进教育和教学工作的行动研究被称为“问题研究”。

一线教师发现可研究的问题之后，需要先对研究课题的范围和性质加以界定，寻找问题研究的各种视角，可以通过观察、调查或文献研究等方法，分析问题的成因或症结所在，然后形成解决问题的设想和方案，构建一个行动研究的“微课题”，再实施研究方案。注重收集各种数据，分析研究教育措施与教育效果的关系，最后形成自我反思，与同行专家进行探讨，使研究结果得以升华。

3．合作研究

我们要求学生开展小组合作探究，教师首先要善于合作研究。在行动研究领域合作研究一般指教师与教育理论工作者之间的合作研究，也可以是教师相互间的合作研究。可以与专家或理论工作者联合立项，由理论工作者进行规划，一线教师配合实验或提供数据；也可由教师立项，请专家学者来指导。

五、开展教育行动研究的现实意义

教育行动研究的意义在于它本身就是一个学习过程，同时又是沟通教育理论与实践的桥梁，只要教师真正投入研究，都会收获到成果。

1. 教育行动研究通过改变教师的角色，实现教师教育观念的转变

教育行动研究是培养“研究型教师”的重要途径。比如在探讨解决常规教育和教学实践中要求的诸如“小组合作”“日清”“周清”“月清”等问题时，如何做才能达到“合理、科学、有效”的目标呢？有一个重要理念是“教师即研究者”，其倡导者布克汉姆认为，好教师在研究中教学，在教学中研究。实际上，研究与教学之间是一种“共生互补”的关系，行动研究就是让教师与专家、学生在平等民主的气氛中共同合作，教师从传统的知识传授者与灌输者变为“研究者”与“学习者”。

“革新必先革心”，教育观念的更新是教育改革成功的前提。按照行动研究的理念，教师是研究者，不是单纯的任务执行者，所以教师要学会主动寻找问题、解决问题，要有对自己教育行为的反思意识，同时，这种认知也要符合我们学校“以人为本、百花齐放”的理念。我们提倡“让行动研究成为教师专业成长的主要方式”“让课堂实践成为教育创新发展的主要阵地”。

2. 教育行动研究有利于教师解决教育实践的实际问题，促进教学改革

教育活动是千变万化的，与自然科学研究不同，教育研究不是以客观的自然界为对象，而是以潜能变量无限的人为对象。教师在合作研究中，常常感到实际工作中有大量影响教育教学效果、值得探讨研究的问题，该用什么教学方法才能使教学效果达到最优？该怎样处理和解决学生纪律和行为习惯方面的问题才更有效？该如何在让所有学生得到发展的前提下又兼顾到个别差异？

为了解决这些问题，保证实际工作合理、科学和有效地开展，许多教师都加强了新课程教育教学改革理论的学习，然而作为一线的教育工作者，更需要的是在岗位实践过程中发现问题并开展相应的行动研究。一线教师对一线的问题最有发言权，教师在充满不确定的教学环境中，把所学的知识、原理和教学实际结合起来，不断优化教学实践模式，并做出深入分析和总结。这样既可以解决教育实践的问题，更能形成具有特色的教学改革案例，助力完善新一轮的教改理念。

3. 教育行动研究是教师专业成长的有效路径

许多人认为教师的工作是一种重复性劳动，经验丰富的教师不需要备课都可以上课，事实上不然，教育对象在不断变化，教师的专业成长关键是在不同的教育教学情境下对学生因材施教、因势利导。这对教育、教学的成败具有最直接的影响。教育心理学的研究和教育实践证明了“教师的专业学科知识与学生的成就之间并不存在统计上的相关性”，丰富的学科知识并不是成为好教师的唯一条件。

成为一名好老师需要在教育教学工作中投入大量的精力，并将理论应用于自身的实践中，在理论指导下敏锐地洞察、深入地分析、恰当地解决教育教学情境中的具体问题，形成改进教育教学实践的方案或措施，这才是教师专业成长有效的路径。

4．教育行动研究是落实学校“科研兴校”理念的重要途径

科研兴校是许多学校也是我校的核心理念之一，科研兴校最重要的途径是教师把自己看成教育者和研究者统一的人，其参与实际教育教学研究过程就是一次系统的能力提升过程，从问题的发现、假设的提出到研究方案的拟订和组织实施，从边行动边调整到做出总结性结论、归纳和解释等，都是一次科学研究的统一规范和程序的学习，参与其中的教师和学生都将受益。

当前，我校正在探索的“精致教学”课堂教学模式正是典型的教育行动研究课题。我们要运用行动研究理论来指导课改工作，落实“走出去、请进来”课改工作理念。一方面，我们将邀请各级课改工作专家来校举办专家讲座，指导年轻教师开展课堂实践；另一方面，我们将组织各学科骨干教师前往课改开展较好的学校学习经验，同时将湛江市新一轮课堂教学改革“自主学习、合作探究、精讲释疑、训练检测”四环节和学校提出的“堂清、日练、周测、月考”训练体系及“希望之星”成长档案辅导体系结合到行动研究中去。我校将推出一批“精致课堂”课例进行公开展示，努力将我校打造成为市课堂教学改革的重要基地。

开展综合实践活动，培养学生素养情怀

——在高一年级综合实践活动（军训）动员会上的讲话

尊敬的各位教官、老师、同学：

大家上午好！今天，我们高一年级全体同学正式开始为期五天的新生综合实践活动，这既是军训，更是一种纪律教育和集体教育。这次活动得到湛江市国防教育雏鹰实践基地领导的重视和支持，在任务特别繁重时安排一批优秀的官兵参加我们的活动。在此，我代表学校，对基地的各位领导和教官表示崇高的敬意，对参加这一活动的老师们和同学们致以诚挚的问候！

同学们，开学三周了，在学校“精致教育”理念下，你们用行动证明了，你们都是合格的湛江二中港城中学学子。但不可否认，由于同学们来自不同家庭，毕业于不同的学校，有着各不相同的生活习惯、学习习惯和行为习惯，如何尽快适应新环境，熟悉新同学，融入新集体，建设高中优秀班级，是摆在每一位同学面前的首个课题，也是作为一名高中生的必修课，所以有了今天的军训和纪律教育。

通过军训和纪律教育，我期望能培养以下五种情怀：

第一，培养热爱学校的情怀。热爱学校是学生的天职。今天你们成了“二中港城人”，在二中大家庭里沐浴学校、老师关爱的同时，要爱惜母校，努力为学校争光。

第二，培养关爱同学的情怀。在短暂的军训和纪律教育过程中，以及在未来相对较长的三年里，你们都会跟同学朝夕相处。既然缘分让我们相遇在一个学校、一个班级、一个宿舍、一个军训的方阵里，我们就要珍惜这种不是兄弟姐妹，却胜似兄弟姐妹的同学情谊！

第三，培养尊敬师长的情怀。今天的教官和老师，是你们步入高中生活遇到的第一批师长。他们是你们成长成人的领路人，希望你们以感恩之心领悟、体会他们宽厚的爱和辛苦的指导，当然也包括善意的批评。

第四，培养团队合作的情怀。在成长道路上，没有孤独的成功者。一个人在成长中离开他人帮助将寸步难行。生活上如此，训练上如此，读书也是如此。请同学们放下“自我中心”的思想，丢掉“娇生惯养”之气，融入团队的怀抱，以收获团队合作和成功的快乐。

第五，培养吃苦耐劳的情怀。吃苦耐劳这个词汇，似乎远离了我们的生活，但是，在被大家淡忘的同时，它却成为成功人生的“稀有金属”。炼钢没有稀有金属不能形成好钢，人生没有吃苦耐劳这一情怀，同样不会铸造出生命的光彩。

老师们、同学们，通过军训和纪律教育活动，希望你们能获得新的人生体验：心胸能得到开阔，视野能得到拓展，意志能得到磨炼，境界能得到升华！能以旺盛的精力和健康的心态顺利完成高中学业！

最后，预祝我们这次新生综合实践活动圆满成功！

附　录

基于核心素养下的“精致教育”实践与研究

（湛江市中小学教育科学“十三五”规划重点课题，
课题号2019ZJZD017，主持人：林华庆）

创建“精致教育”特色学校，是对《国家中长期教育改革和发展规划纲要（2010—2020年）》（以下简称《纲要》）的具体实践。2010年7月29日，国家正式颁布了《纲要》，《纲要》指出：“加强教育宏观政策和发展战略研究，提高教育决策科学化水平。鼓励和支持教育科研人员坚持理论联系实际，深入探索中国特色社会主义教育规律，研究和回答教育改革发展重大理论和现实问题，促进教育事业科学发展。”“建立以提高教育质量为导向的管理制度和工作机制，把教育资源配置和学校工作重点集中到强化教学环节、提高教育质量上来。”“创造有利条件，鼓励教师和校长在实践中大胆探索，创新教育思想、教育模式和教育方法，形成教学特色和办学风格。”“创新人才培养体制、办学体制、教育管理体制，改革质量评价和考试招生制度，改革教学内容、方法、手段，建设现代学校制度。”这要求我们在教育教学管理中要强化创新意识，认真研究分析学校的实际情况，积极探索适合学校发展的管理模式。“精致教育”理念与《中国学生发展核心素养》所涵盖的“文化基础”“自主发展”“社会参与”三层面、“人文底蕴”“科学精神”“学会学习”“健康生活”“责任担当”“实践创新”六大素养一致。“精致教育”是学校自身发展的选择。学校通过了近十年的发展，已由原来的几百人的规模发展成为具有85个教学班、4 000多人的规模。以往老一套的教育教学管理模式已远远不能够满足学校自身发展的需要，各方面的矛盾制约着学校的进一步发展。不管是学校的管理制度、德育建设，还是学校的教学教研和校园文化特色建设，都需要有更高效发展的“精致教育”理念的引领。“精致教育”理念的推行，正是家长及社会对优质学位的需要，也是湛江二中港城中学的必然选择。

学校根据国家政策、教育方针，以及自身发展的需求和教育教学的规律，创新治理模式，全面提升师生的核心素养，从而提出了构建“精致教育”的理论体系。学校申报的本课题为湛江市中小学教育科学“十三五”规划重点课题。

为了推进构建“精致教育”的理论体系，学校开展多项课题研究。通过市重点课题“构建中学生文明素养养成体系”，从德育方面进行“精致教育”理论的阐述；通过省级课题“教育现代化背景下的‘三环五步’精致课堂教学高效模式研究”，从教学教研方面进行阐述；通过推进“本土文化特色——版画和版画藏书票特色发展项目”，从学生的素养、“精致活动”角度对“精致教育”理念进行了阐述。各大课题及项目，为“精致教育”理念的完善打下了基础。

学校以“精致教育体系的构建与实践”作为名校长工作室的工作方向和发展特色。在此基础上，通过开展本课题，由学校老师、处室部门和“三名”工作室进行子课题的行动研究，努力打造一个全新的“精致教育”理论体系，落实“立德树人”理念和发展学生核心素养的目标，全面打造精致办学的品牌。

通过本课题研究，“精致教育”理念成为学校有效德育、高效课堂教学改革、学校管理、文化建设、教师专业成长、教育教学质量提高、学生核心素养提升等方面的内驱动力。

一、研究背景与研究价值

（一）研究背景

创建“精致教育”特色学校，是对《纲要》的具体实践。《纲要》指出：“加强教育宏观政策和发展战略研究，提高教育决策科学化水平。鼓励和支持教育科研人员坚持理论联系实际，深入探索中国特色社会主义教育规律，研究和回答教育改革发展重大理论和现实问题，促进教育事业科学发展。”“建立以提高教育质量为导向的管理制度和工作机制，把教育资源配置和学校工作重点集中到强化教学环节、提高教育质量上来。”“创造有利条件，鼓励教师和校长在实践中大胆探索，创新教育思想、教育模式和教育方法，形成教学特色和办学风格。”“创新人才培养体制、办学体制、教育管理体制，改革质量评价和考试招生制度，改革教学内容、方法、手段，建设现代学校制度。”这就要求我们在教育教学管理中要强化创新意识，认真研究分析学校的实际情况，积极探索适合学校发展的管理模式。

“精致教育”理念与《中国学生发展核心素养》所涵盖的“文化基础”“自主发展”“社会参与”三层面、“人文底蕴”“科学精神”“学会学习”“健康生活”“责任担当”“实践创新”六大素养一致。早在20世纪80年代，为适应新时期改革开放与社会主义现代化建设事业的需要，“素质教育”作为我国教育发展的基本战略思想被提了出来。2016年9月13日，受教育部委托，北京师范大学联合国内高校近百位专家共同组建的“中国学生发展核心素养”课题组正式发布权威研究成果——《中国学生发展核心素养》。这份报告在科学认知学生身心发展规律的基础上，以科学、专业的思考指出了未来人才培养的目标与方向，提出“核心素养”的育人目标体系，即以培养“全面发展的人”为核心。2013年，学校提出“致力提升学生核心素养，用工匠精神打造质量一流、特色明显、品位高雅的示范性学校”的目标，倡导以“修品行，善学习，强体魄，美志趣，树理想，敢担当”为育人目标，深化“乐学善教、合作探究”的教改理念，通过推进特色文化建设、团队建设、班级建设、特色教育等，提升服务质量和管理水平。

学校处于霞山滨海人口密集区，学生与家长素质相对较高，人员较多较杂，对优质学位的需求更高。“精致教育”围绕“立德树人”教育根本任务，根据学校的育人目标，发展学生核心素养，培养全面发展的人，更好地满足广大家长及社会的需求。

（二）研究价值

1. *应用价值*

“精致教育”根据“立德树人”教育根本任务，创新教育管理的新方式，提供新的教育管理方式，促进教师教育教学观念的转变，从而促进师生核心素养的提升。通过开展实践，探索一套可操作性强的学校运作管理评价系统、一套学生文明习惯养成的评价系统、一套学科教学高效模式及评价系统和一套结合自身特色的校园文化建设方案。

2. 学术价值

“精致教育”为学校管理提供了新的途径，创新了学校治理的模式；“精致教学”以“三环五步”精致课堂模式来提高常态课的教学质量；“精致德育”从学生文明习惯的养成方面入手培养学生的能力，提高其思想素质；“精致管理”对学校内部管理进行了纵横式相结合的管理新尝试；“精致教研”以“三名”工作室为领头雁，以课题科研为切入口，努力提高教师核心素质；“精致活动”更是以打造特色校园文化为方式来研究。

二、研究现状及概念界定

（一）研究现状

1. 国内研究现状

在现代教育背景下，各学校都在谋求自身的特色发展及美好愿景，各类学校都有其规划，学校的改革势在必行。衡水中学、毛坦厂中学、杜郎口中学、洋思中学等，虽然它们都有各自的特点，但也有许多的共性，其中最突出的就是管理细致，以教学改革为突破口。而我校的“精致教育”与其有共同点，更有自己的创新做法：一是全面性，以切实提高师生素养为目标，以“精致办学”为主线，贯穿学校各方面的规划；二是分点突破，再合而推进，形成“合力”，全面推进，逐步深入。

2. 学校研究现状

我校于2015年就进行了学校各部门的纵横式相结合的管理，收到了很好的效果，为“精致管理”打好了基础。2017年完成了“初中学生文明素养养成教育研究——以湛江二中港城中学为例”德育课题，为“精致德育”的完善做好了准备。2018年完成了“教育现代化背景下的‘三环五步’精致课堂教学高效模式研究”教学教研课题，为“精致教学”“精致教研”体系奠定了基础。多年的社团课程建设，社团活动的开展，为“精致活动”积累了经验。再加上省市“三名”工作室力量雄厚，无论是从学科专业上来看，还是从教育教学管理上来看，学校都是佼佼者，具有丰富的教育教学管理经验，为课题的推行提供了更大的可能性。总而言之，各方面的研究现状为学校的“精致教育”做好了准备。

（二）概念界定

“精致”，从字面上来理解是“精到极致”，是着眼于教育的主题之精练深刻、内容之精当合理和方法之精巧有效。我们推行的“精致教育”，就是围绕“立德树人”教育根本任务，以“为党育人、为国育才”作为教育者的初心使命，对照发展学生核心素养的要求，高质量培养全面发展的人。“精致教育”主要是从“精致教学”“精致德育”“精致管理”“精致教研”“精致活动”五方面开展教育管理实践。

总体目标：拟实践研究得出一套可操作性强的“精致教育”学校构建、运作、评价模式，构建“精致教育”的理论体系，为学校管理提供新的途径，创新学校治理的模式，全面提升学校师生的素养。总体目标分解为“精致教学”“精致德育”“精致管理”“精致教研”“精致活动”，从这五方面抓落实。通过“精致教学”的实践，提高常态课的教学质量，构建一套基于常态课的高效课堂教学模式。通过“精致德育”的探索，建构一套涵盖学校、家庭和社区的立体德育模式。通过“精致管理”的实践，提升集体凝聚力，细化学校层面、年级层面、班级层面和个人层面的有效管理方式。

通过“精致教研”的行动研究，引领教师专业成长。通过“精致活动”，发展学生社团，弘扬传统文化，创建学校文化特色。通过以上的教育实践，努力使学校师生的关系和谐发展，素养全面提升。

三、研究内容与研究方法

（一）研究内容

“精致教育”对接学校育人目标，弘扬学校“全面发展，因材施教”教风及“乐学善学、合作探究”学风，培养适应未来社会发展需要的人才，全面提升师生核心素养。

“精致教育”立足于新时代，对焦于高品质，着力于师生成长，探索和建构符合学校实际的全面育人体系。“精致教育”从五个维度推进：一是探索以“精致课堂”为核心的“精致教学”，二是建构以“三项六阶”为抓手的“精致德育”，三是实施凸显“责任担当”主体意识的“精致管理”，四是开展以“问题研究”为导向的“精致教研”，五是打造“社团活动”等多种形式的“精致活动”。

（1）“精致教学”就是抓住课堂教学的本质和核心，从提高常态课的精致程度入手，基于学生学习主体意识培养的“三环五步精致课堂教学法”——学生先通过预先编印的自读设计进行自主学习和小组交流，教师则通过讲读设计进行导学，从根本上改变了以知识灌输为主的课堂教学结构。要求“必须在教学主题的提炼上体现精练深刻，在教学内容的整合上体现精当合理，在教学方法的设计上体现精巧有效”，从而实现课堂教学效益的最大化。课题拟完成“精致课堂”的“三环五步”操作办法及评价体系，以提高教师的教育教学素养。

（2）“精致德育”就是坚守“以生为本”原则，通过学校教育、家庭教育和社区教育构建德育工作立体框架，坚持“让优秀成为一种习惯”和“进步就是优秀”等理念；从“文明养成”教育入手，在实践中形成以养成教育、“三情”教育、自信教育为主要内容的“三项教育”家校共育模式。

个人的行为习惯、生活习惯和思维习惯将决定一个人起点的高低。规则意识、感恩意识、责任意识既是“三项教育”不同阶段的具体目标，也是德育不同层次目标（个人教育、公民教育、政治教育）的具体体现。通过养成教育，培养学生良好的行为习惯，牢固学生的规则意识；通过情感教育，培养学生的高尚情操，牢固学生的感恩意识；通过自信教育，培养学生的健康心理，牢固学生的责任意识。通过开展“特色班级文化”展评活动，在学科教学过程中对学生渗透德育教育，落实“全员德育、全程德育、全面德育”理念。课题拟完成“学生文明习惯养成教育”操作办法及评价体系，以提高学生的核心素养。

（3）“精致管理”要对照“追求精致，臻于至善”的精致办学目标，充分利用原有的“校级领导—中层管理—年级、学科管理”纵向管理模式，与改革后的“年级（部）管理”横向管理模式有机结合，实行校长领导下的双线管理，力求管理高效。充分发挥学生的主人翁精神，细化班级管理，打造以提升班集体凝聚力为重点的班级文化模式和以“合作学习小组”建设为重点的学生自我管理方式。课题拟完成学校管理制度、“年级（部）管理”制度、班级文化建设及学生小组合作学习管理制度与评价机制。

(4)“精致教研”以“三名”工作室为领头雁，促进教学研究出成果，以问题研究为导向开展行动研究，切实解决教学与管理方面的问题。

教研源于教学，“三名”工作室以课题研究为契机，围绕课题搞研究，围绕课题抓教学，以研兴教，以教促研，促进教师素养的提升。为了提高教科研能力，学校开设系列专家讲座，内容包括课题的选择、论文的写作、论文写作瓶颈的突破、精致教育理念下的备考策略等。通过专家引领，激发全体教师的自主发展意识，提升教师的教科研能力，并将此作为教师专业成长的关键能力，从而促进研究型教师队伍的发展。课题拟完成教研管理操作办法及评价体系，以促进教师队伍专业成长。

(5)“精致活动”本着“多一个舞台，就多一个成长机会；多一个评价标准，就多一批优秀学生”的理念，彰显学校“优秀 + 特长”的办学特色，由团委和学生会统筹各学生社团，把社团兴趣活动变成美育课程来开展，形成特色校本课程。着力打造艺术教育特色学校和优秀传统文化传承学校，每年举办艺术节、体育节、社团文化节和师生联欢晚会，让学生的兴趣得到真正的发展和实践。课题拟完成社团特色的建设的管理操作办法及评价体系，以促进学生全面发展，创建特色文化校园。

(二)研究方法

本课题分解成“精致教学”“精致德育”“精致管理”“精致教研”和“精致活动”五个部分进行实践，并在实践的基础上，灵活结合行动研究法、经验总结法、案例分析法等研究方法进行“精致教育”的实践研究。

行动研究法：在“精致教学”实践当中，课题负责人和课题组成员围绕研究主题，结合自身教学特点和需要，自选研究小课题，并定期开展教学研究和课题实践活动，通过备课、上课、观课、议课、课例点评、专题研讨等研修和实践活动，找出某一学科、某一课型、某一知识模块教学精致化的一般规律，并不断检验、完善，最终形成“精致教学”的一般模式。在“精致德育”实践当中，通过班会课、国旗下的讲话、家长课堂、养成教育等德育活动开展实践研究。在“精致管理”方面，主要是从学校的“年级（部）管理”的实践、班级文化建设、学生小组合作学习三个方面展开，特别是在班级文化的“班歌、班训、班徽”活动、学生学习小组的组建及课堂内外的活动中展开实践。在“精致教研”实践当中，针对在教学研究当中出现的问题进行实践研究，积极开展公开课、探索课等，进行教学研讨活动。在“精致活动”方面，主要是通过社团的组建，课程的安排，活动的开展、评价与考核等进行实践研究。

经验总结法：本课题主要是通过对“精致教学”“精致德育”“精致管理”“精致教研”和“精致活动”五个部分的实践经验进行总结，对在实践中形成的课改成果进行全面完整地归纳、提炼，确定具有普遍意义和推广价值的方法。在“精致教学”实践中，总结归纳“三环五步”操作办法及评价体系。在“精致德育”实践中，总结归纳“学生文明习惯养成教育”操作办法及评价体系。在“精致活动”实践中，总结归纳社团特色建设的管理操作办法及评价体系。在“精致管理”实践中，总结归纳学校管理制度、“年级（部）管理”制度、班级文化建设及学生小组合作学习管理制度与评价机制。在“精致教研”实践中，总结归纳“教研管理”操作办法及评价体系。通过以上五个维度的总结归纳，构建“精致教育”理论体系。

案例分析法：本课题主要是通过“精致教学”“精致德育”“精致管理”“精致教

研”和“精致活动”五个部分的实践，在具体实践活动当中，结合已有的学校师生案例进行分析与总结。

（三）研究步骤

1. 第一阶段（准备阶段）：2015 年 9 月—2019 年 9 月

（1）2015—2017 年，拟初步完成“学生文明习惯养成教育”操作办法及评价体系，以提高学生的核心素养。

（2）2015—2018 年，拟初步完成“精致课堂”的“三环五步”操作办法及评价体系，以提高教师的教育教学素养。

（3）2015—2018 年，主要构建“精致教育”的基本框架。“精致教育”包括“精致教学”“精致德育”“精致管理”“精致教研”“精致活动”五个部分。

（4）2015—2019 年，拟初步完成社团特色建设的要求及展示平台的推进。

2. 第二阶段（实施和研究阶段）：2019 年 9 月—2020 年 12 月

2019 年 9 月—2020 年 12 月，主要完成“精致教学”“精致德育”“精致管理”“精致教研”“精致活动”等的可操作办法及评价体系。

3. 第三阶段（实施和结题阶段）：2020 年 12 月—2021 年 12 月

2020 年 12 月—2021 年 12 月，主要汇总各项成果，整理资料，完成一套“精致教育”的可操作办法及评价体系。

四、理论研究过程与结果

（一）开展“精致教学”的研究

1.“精致教学”的研究问题

“精致教学”研究主要问题分解：“精致教学”基本环节实施原则研究；“精致教学”课堂操作模式；“精致教学”教案编写使用；“精致教学”课堂组织。

2.“精致教学”的研究过程

首先是分析教学现状，统一思想，推进“精致教学”研究。2015—2019 年，学校领导针对学校发展的情况进行调研，在校长会议上统一思想，明确精致教学研究的目标。由主管教学副校长担任组长，由教导处牵头制订“精致教学”研究方案。通过全校教职员工会议进行宣布，通过学科组组长、备课组组长会议进行具体任务布置，由各学科教师具体执行落实。

其次是充分讨论，明确“三环五步”常态课堂模式。中学的学科主要分为文科与理科，而文科与理科各有不同的特性。课堂教学的模式是否可以统一，一节课当中有什么可以统一，又有什么不可以统一等。通过研讨，找出文科与理科的差别，找出决定课堂高效的共同点是什么。通过研讨与实践论证，最后明确为三个环节：确定目标、当堂自学、适当讲练；五个步骤：预习反馈—呈现目标—自学讨论—展示提升—检测巩固。三个环节是课堂组织的基本结构，五个步骤是落实三个环节的操作过程，是精致教学的外在表现形式。

最后是进行“三环五步”常态课模式实践，示范引领，稳步推进。在探索“三环五步”常态课模式过程中，为了更直观有效，主要通过以下四种方式进行研究：一是通过校内公开课和探索课的形式，挑选精心准备的文科与理科课程进行示范，课后进行全校教师的研讨点评，找出课的特色及操作的办法，使“三环五步”直观可视化，给全校各学科的教师进行示范，使文理科的教师都可以在示范引领过程中吸收适合自己的要素。二是通过学校对外公开课，邀请市教研员及教学专家前来评估点评，找出存在问题，进一步推进课堂改革。三是进行校际公开示范，推进“三环五步”常态课模式。通过一段时间的校内“三环五步”常态课的推进，要求每一位教师都要上一节过关的公开课，此公开课必须按“三环五步”形式进行。在校际公开课推进过程中进行校际研讨交流，以促进学校“三环五步”常态课模式改进。四是通过参加省市青年教师教学技能大赛推进“三环五步”常态课模式的研究。在2019—2020年的青年教师教学技能大赛中，我校语文、英语、历史、物理、化学、体育等多个学科都获得了市一等奖，多个学科代表市参加省赛，并且获得好成绩。

3.“精致教学”研究具体策略措施

具体内容参见本书“精致教学”相关章节，此处略。

（二）开展“精致德育”的研究

1.“精致德育”的研究问题

学校将学生文明素养养成作为学校的落实重点，是每一个教学班的教育重心。“精致德育”以“学生文明习惯养成教育”操作办法及评价体系作为课题研究的重点。从2015—2021年，通过6年时间2个循环行动研究，形成了“三项六阶层进”家庭亲子教育模式，为学校各年级家委会和班级互动开展家庭教育提供了范式。

2.“精致德育”的研究过程

第一，明确研究方向，定义“三项六阶层进”研究主问题。学校德育的实效离不开学校、家庭、社会的共同努力。学校确立了以“三项教育”为核心，以“六个学期”为阶段，将学校教育和家庭教育紧密结合，以亲子活动为载体，逐层递进式推进以亲子活动为主要途径的家庭教育活动。

三项：指学校围绕学生健全人格的培养，构建了以养成教育、“三情”教育、自信教育为主要内容的“三项教育”德育工作体系。通过养成教育，培养学生良好的行为习惯，牢固学生的规则意识；通过“三情”教育，培养学生的高尚情操，牢固学生的感恩意识；通过自信教育，培养学生健康的心理，牢固学生的责任意识。良好的习惯、高尚的情操和健康的心理是健全人格的三大支柱。

“规则意识、感恩意识、责任意识”既是“三项教育”不同阶段的具体目标，也是德育不同层次目标（个人教育、公民教育、政治教育）的具体体现。“人因规则而文明”，遵守规则的人，一定会成为高素质的人；“人因感恩而善良”，懂得感恩的人，一定会成为具有爱心的人；“人因责任而伟大”，懂得责任的人，一定会成为充满幸福感的人。

六阶：“三项教育”针对不同年级的特点，贯穿始终而又各有侧重。按照初中三年分为六个阶段（六个学期）实施。根据六个阶段，层层深入推进，根据不同学年段特点逐层稳步推进。初一年级以养成教育为主。一个人的行为习惯、生活习惯和思维习惯将决定一个人起点的高低。学校的最大作用应在于提升一个人做人的底线，培养规则意识。学校抓住“守时、守纪，文明、礼貌，循规、专注，卫生、健体”16个字。这16个字涵盖了德、智、体诸方面的要求，也是一个人立足社会、融入社会、求得生存发展的基本保障。

第二，成立学校、学年、班级三级家长委员会，把德育工作落实到位。学校成立了家庭教育指导小组，在小组的领导下，成立了学校、学年、班级三级家长委员会。每学期开学，学校与家长委员会研讨德育计划，各年级部家长委员会结合学校德育计划和本学年特点制定本年级部的亲子教育活动纲要。各家委会在班主任指导下，根据学年亲子教育纲要，研究分析班级学生特点和家委会教育资源情况，形成具有本班特色和教育预设效果较好的教育方案。

整个活动由家委会组织并实施。方案中明确教育目标、实施过程、具体操作流程等，形成方案后发布给每一个家长，经家长同意后开始具体实施。制订的方案要与学校德育目标大体一致，内容丰富，形式多样，组织严密，协同推进。实施过程因以家委会为主要组织者，很多丰富的社会资源得到广泛开发和利用，在全面落实“三项教育”的同时，开阔了学生的视野，对学生树立理想、规划职业都有很大帮助。例如，学生可以走进部队与士兵同吃住，触摸先进的武器，产生当职业军人的愿望，使养成教育得到有效落实；走进敬老院、特殊学校、贫困乡镇，亲历、感受、反思、践行，让学生从学会爱父母、爱老师、爱他人，再到爱集体、爱社会、爱国家、爱大自然，使“三情”教育促进人格发展；走进律师事务所，走进模拟法庭，学生既产生对法律的敬畏之心、责任之感，还产生对正义的尊重；以班级为单位在社区广场开展禁毒教育晚会，学生责任意识、自控意识都得到加强，学生的潜力得到挖掘，特长得到培养，学生的自信得到激发。

第三，根据课题研究推行的过程，不断总结反思，提炼成果。首先，学生文明素养养成教育促使学生素质得到发展。学生在文明素养养成教育中核心素养得到了提升。其次，学生文明素养养成教育促进了教师教育方式的改变。课题研究促使教师提高对自身文明习惯的要求；促使教师更加关注学生良好文明素养的培养；促使教师自身素质的提高。最后，学生文明素养养成教育促进学校教育理念的转变和办学质量的提升。校园精神面貌得以改观，学校教育理念得以转变，办学质量得以提升。

通过不断总结研究成果，学校的办学成效不断受到社会各界的肯定，近三年先后被评为湛江市“文明校园”、湛江市“中考先进单位”、湛江市“百系列评选先进学校”。现在，学校“学生素质与成绩齐飞，学校质量与特色并进”。让每一位学生都能扬起希望的风帆，成为素质教育的受益者；让每一位教师都能领略育人的乐趣，成为素质教育的引领者；让每一位家长都能享受子女成才的喜悦，成为素质教育的收获者。

3.“精致德育”研究策略与措施

第一，坚持德育为首，以“文明养成”教育为抓手，形成全员德育、全程德育、全面德育的格局；第二，重视起始年级的养成教育，抓住合适的养成教育契机；第三，构建科学合理的文明素养养成评价标准和反馈机制；第四，以小组合作为基础，努力培养学生文明养成的自主意识；第五，建立家校联系的习惯教育网络；第六，创造适合文明素养养成的校园文化。

（三）开展“精致管理”的研究

1.“精致管理”的研究问题

“精致管理”主要是以学校管理制度、年级（部）管理制度、班级文化建设及学生小组合作学习管理制度与评价机制为主要研究问题，并兼顾其他方面管理制度体系的研究。

2. “精致管理”的研究过程及措施

第一步，根据学校管理方式由原来的纵向管理向纵横向管理转变，在校长会议上，把学校管理制度交由学校办公室进行制定；年级（部）管理制度交由初中各年级进行制定，高中部即交由年级主任进行制度的编写；班级文化建设管理制度及评价机制主要由德育处负责研究推进；学生小组合作学习管理制度与评价机制交由教导处与德育处两部门协调进行，以德育处为主，班主任负责施行。

第二步，制定年级（部）管理制度后，在推行的过程中，最主要的是要处理好年级（部）与各处室之间的关系，把学校的各项工作与各处室的关系进行梳理。如：学校期中考试由教导处统一布置，试题交由班级（部）命制；试题命制的要求由教导处布置，具体试题命制工作由年级备课组完成，教导处对年级（部）的试题命制质量进行监测。也就是说，教导处具有指导与督查、考核与评价的作用，而年级（部）负责实施执行。

第三步，班级文化建设管理制度与评价机制主要由德育处制定并推行。德育处在每学年的新初一、新高一年级中进行班级文化建设的各项活动，重点是在起始年级进行班级文化建设。对于其他年级的学生，重点在班级文化建设的内容深化方面开展研究。

第四步，学生小组合作学习管理制度与评价机制主要是在德育处的指导下，由各班班主任根据本班的实际情况开展小组合作学习的方案编制及相关活动。小组建设最大的难点是如何相对均衡地进行分组，另一个难题是如何在课堂上开展小组学习与评价。小组合作学习的主要任务之一是在课堂上的小组学习工作，还有一个重要任务，即通过小组进行“日清”与“周清”工作，实现教学活动的有效性。

第五步，做好评价与激励，使课题研究充分落地开展。

第一，根据实际需要，进行有效评价。从评价时间上来讲，分为堂堂比、天天比、周周比、月月比、学期比；从评价主体上来讲，分为教师评价、学生自评、生生互评；从评论内容上来讲，分为“精致课堂”和“文明习惯养成”两大块评价。

第二，从学校、班级两大方面进行激励，使小组学习充分有效。

学校层面：每周各班级评选出一个“周冠军小组”，由年级部每周一在年级宣传栏上通报表扬（在年级部教师办公室黑板和年级部廊道张贴公布）；每月各班级评选出一个“月冠军小组”，由德育处在下月第一周升旗仪式上通报表扬，同时在年级部宣传栏上公布（楼道宣传板公布，下月 5 号前完成，特殊情况可延后但不能晚于下月 10 号）；每学期各班级评选出一个“学期冠军小组”，在散学典礼上通报表扬，在下学期开学典礼上颁发证书，同时在学校宣传栏进行展示。学校将各类星级学生的评选统称为“文明之星”，年级部每月可参照班级层面的学生称号推选各类杰出学生，每月每班推选出一类星级学生报由学校进行宣传展示，其他没有宣传展示的学生，在年级部范围内表扬或奖励（年级部会议或宣传板上表扬）。各年级部将各类周、月、学期小组评比评选结果按照时间节点发德育处备案。

班级层面：各班级可以根据本班级特点，创新评价方式与评价办法，可按照周、月、学期的时间段，评选各类星级学生，例如评选出星级班干、星级组长、星级组员、探究之星、展示之星、自学之星、对子帮扶之星、合作之星等，激发学生参与学习、自我管控的兴趣和对小组学习愿景的共同期望；或在课堂上颁发小证书，唤醒学生的主体意识、主动意识、创造意识，使每一个学生实现全面发展、自由发展、自主发展。

（四）开展“精致教研”的研究

“精致教研”主要研究教研管理操作办法及评价体系，以问题研究为抓手，促进教师队伍专业成长。具体可分解为如下三个问题：

1. 研究问题1：教师专业成长路径

精致教研主要是通过跟踪研究个案方法进行研究。

研究的主要对象：李琼老师（班主任）、高明阳老师（文科老师）、谭振兴老师（理科老师）。

研究过程：全年跟踪记录每位教师参与的培训活动、发表的论文、所做的示范教学和讲座。分析其积极参与培训活动的动机，了解其学习的具体情况，从中清楚其学习收获对个人专业成长的影响。再进一步研究教师个人的示范引领效果。

研究结论：其一，内驱力是关键，培训活动必不可少。其二，输出式是骨干教师向名教师转化的最佳路径。

2. 研究问题2：如何提高新教师业务水平

（1）通过集体备课提高整体课堂教学水平。

（2）通过“老带新”模式的师德及业务培训提升新教师业务水平。

（3）通过举办教师解题、说题、命题能力比赛提升教师业务水平。

（4）通过“走出去、请进来”形式，以专题讲座方式提升教师业务水平。

（5）通过双融双创提高教师信息技术能力，从而提升教师业务水平。

3. 研究问题3：输出式学习对专业发展的促进

（1）“三名”工作室联合活动以输出促进教师专业成长。

（2）通过课题研究和论文撰写促进教师深度思考。

（五）开展“精致活动”的研究

“精致活动”主要是研究社团特色建设的管理操作办法及评价体系，以促进学生的全面发展。具体以“理顺机制、自主发展、科学管理、提升品位”的原则进行社团改革，健全和完善学生社团的管理体制。

1. “精致活动”的研究问题

从2016年起，以主管副校长、团委、体卫艺处、各年级部、各社团指导教师为主要管理主体，以学生社团为主要管理对象，研究社团特色建设的管理操作办法及评价体系，健全和完善学生社团的管理体制。主要是从社团的自主管理及学校的干预引导这两个方面进行研究，以促进“精致活动”全面推进。

2. “精致活动”研究过程及相关措施

第一步，从教师的角度入手，规范各项管理措施，以促进社团工作的开展。通过制定社团管理办法，对申请程序、社团注册等方面做出规定，召开社员代表、社长、社团指导教师会议，指导教师根据自己的个人特长，结合学科特点开设社团，在对学生社团现有情况进行调查的基础上，根据实际情况制订社团招募计划。

第二步，从学生的角度入手，规范社团管理制度及社团章程，以提高社团管理的有效性。通过成立社团及招新，每学年换届招新进行社团名册更新、制订课程计划等；组织各学生社团制定章程；规范各项社团管理制度。

第三步，从课程入手，制定社团课程表，融入学校课程，积极推动开展重要节点的社团活动：9 月招新，12 月社团文化节，4 月开放日。

第四步，成立督查机构，制定管理评价制度，确保社团活动正常有效开展。学校团委定时定点对社团课程活动进行督查，对社团课堂进行考核。

第五步，通过省市各项竞赛，提高社团开展特色活动的积极性。学校指导各社团积极参加省市级竞赛，在各项竞赛中都获得了很好的成绩，以赛促教，以赛促学，这是一种非常有效的方法。

第六步，通过打造展示舞台，以“多一个舞台，就多一个成长机会；多一个评价标准，就多一批优秀学生”为原则，每年举办社团文化节，为学生社团提供展示舞台，促进社团的健康发展。

五、课题阶段性成果

（一）成果一：《精致教育：建构全面育人体系》专著

（1）本书为本课题主要成果。

（2）完成“精致教育”理论体系内容：①“精致课堂”的“三环五步”操作办法及评价体系；②“学生文明习惯养成教育”操作办法及评价体系；③教研管理操作办法及评价体系；④社团特色的建设的管理操作办法及评价体系；⑤学校管理制度、年级（部）管理制度、班级文化建设及学生小组合作学习管理制度与评价机制。

（二）成果二：“精致教育”相关专著

序号	成果名称	形式	作者	字数（字）	刊物名称	发表日期
1	《精致教育：建构全面育人体系》	专著	林华庆、田飞虎	约 40 万	待出版	待定
2	《“三环五步”精致课堂教学研究与实践》	专著	田飞虎、林华庆	41.1 万	暨南大学出版社。书号 ISBN 978－7－5668－2348－9	2018 年 4 月
3	《精致教育情怀》	专著	林华庆	14.5 万	暨南大学出版社。书号 ISBN 978－7－5668－2921－4	2020 年 7 月

（三）成果三：“精致教育”相关论文

正式发表相关论文 16 篇（具体略）。

（四）成果四："精致教育"相关国家、省、市级学校集体荣誉（部分）

序号	荣誉名称	获得者	级别	时间
1	全国家庭教育创新实践基地	林华庆、王海波、田飞虎等	国家级（教育部办公厅、全国妇联办公厅）	2020 年 3 月
2	全国中小学中华优秀传统文化传承学校	林华庆、许瑞恩、黄江等	国家级（教育部）	2021 年 12 月
3	广东省中小学中华优秀传统文化传承学校	林华庆、许瑞恩、殷志伟、余伟君、黄江等	省级（广东省教育厅）	2019 年 12 月
4	广东省中小学艺术教育特色学校	林华庆、许瑞恩、殷志伟、余伟君、黄江等	省级（广东省教育厅）	2019 年 12 月
5	广东省家庭教育品牌项目（30）	王海波、田飞虎、乔莉莉	省级	2019 年 12 月
6	《版画特色学校建设》获广东省第二届中小学特色学校建设成果二等奖	林华庆、许瑞恩、殷志伟、余伟君、黄江等	省级（广东省教育研究院）	2019 年 3 月

（五）成果五："精致教育"教师成长（20 余人次，下面节选部分）

序号	荣誉名称	获得者	级别	时间
1	广东省正高级教师	林华庆	省级	2018 年 12 月
2	广东省特级教师	林华庆	省级	2021 年 8 月
3	湛江市优秀教育工作者	许瑞恩	市级	2020 年 8 月
4	广东省百千万人才工程初中文科名教师	许瑞恩	省级	2021 年 8 月
5	广东省百千万人才工程初中理科名教师	尤小蓉	省级	2021 年 8 月
6	广东省百千万人才工程初中名班主任	李琼	省级	2021 年 8 月
7	南粤优秀教师	戴凝	省级	2021 年 8 月
8	第七届广东省中小学班主任专业能力大赛三等奖	赖玉琳	省级	2019 年 11 月
9	论文《"探究酵母菌细胞呼吸方式"实验的优化与创新》获一等奖	戴凝、邓连芳	国家级	2021 年 8 月

（六）成果六："精致教育"学生成长

获得市级以上荣誉 21 人次（名单略）。